30대 경제생활 완전정복

내집마련부터 돈 걱정 없는 노후까지

30대 경제생활 완전정복

최성우 지음

북스토리

 책을 시작하며

30대, 그리고 미래를 준비하는 모두를 위하여

　30대, 이룬 것보단 이뤄야 할 것이 많고, 가진 것보단 앞으로 가질 것이 더 많은 나이. 누구나 경제적인 자유를 꿈꾸지만 현실은 과거보다 더 어려워지고 있다. 치솟는 물가, 감당하기 힘든 사교육비, 월급으로는 어림도 없는 주택 마련, 그리고 생각만으로도 부담스런 노후 40년. 단순 나열만으로도 숨이 턱 막히는 이 상황은 바로 대한민국 30대가 처해 있는 지금의 현실이다. 하지만 이 상황을 놓고 엄살을 피울 필요는 없다. 오히려 다른 세대에 비해 가장 희망을 가질 수 있는 세대 또한 30대이기 때문이다.
　그럼 주어진 소득으로 주택 마련, 자녀 학자금 그리고 노후 준비까지 모두 가능할까?
　가능하다. 30대이기 때문에 가능하다. 단지, 마인드를 조금 바꿔야 한다. 과거와 같은 마인드와 투자 패턴은 과감히 버리고, 바뀐 시대에 새로 적응해야만 가능하다.

따라서 이 책은 독자가 새로운 경제 패러다임에 적응하는 것을 돕기 위한 목표로 쓰여졌다.

세상에는 3가지 유형의 경제·재테크 전문가가 있다. 현장에서 직접 고객과 상담하는 현장 전문가, 저술이나 집필 및 연구활동 등 이론에 강한 연구자형 전문가, 그리고 강연을 통해 경제·재테크의 포인트를 짚어주고 쉽게 전달할 줄 아는 강사형 전문가이다. 이 중 가장 중요한 전문가는 뭐니 뭐니 해도 고객과의 최접점에 서 있는 현장 전문가다. 현장 경험 없이는 연구자형 전문가나 강사형 전문가가 될 수 없기 때문이다.

그리고 3가지 유형 중 가장 어려운 전문가 역시 현장 전문가다. 같은 경제 현상, 같은 투자상품을 놓고도 고객의 나이, 성별, 직업, 성격, 과거 경험 및 가족관계 등에 따라 해석과 접근방식이 천차만별이기 때문이다.

물론 필자는 위 3가지 유형에 모두 해당하는 멀티형 전문가다. 하지만 필자가 쓰는 책만큼은 이론서가 아닌 상담 현장에서 고객이 느끼는 '애로사항 모음집'이라 할 수 있다.

따라서 이 책은 앞서 언급한 것처럼 '30대'를 표방하고 있지만, 좀 더 크게는 우리나라에서 경제생활을 하고 있는 이라면 누구나 한 번쯤은 궁금해하고 알고 싶어하는 경제와 재테크에 관한 질문들에 대한 답변이다.

작게는 급여명세서를 보는 것에서부터 크게는 부자들의 선험적 노하우까지, 세상을 살면서 부딪히는 경제·재테크에 대한 궁금증을 가급적 초보 눈높이에 맞춰 상세히 기술하려 노력했다.

또한 이 책은 기존에 없었던 '통합 경제·재테크 책'이라는 데 가장 큰 의의가 있다. 기존의 경제·재테크 책들은 금리·환율 등에 대한 경제지식 분야, 주식·펀드·보험 등에 대한 금융 재테크 분야, 그리고 토지·주택·상가 등에 대한 부동산 재테크 분야 등으로 나뉘어져 있다. 하지만 현장에서 실제 재테크를 해나가야 하는 독자 입장에서는 각 분야의 책들을 읽고 나면 실천은커녕 혼란만 가중되는 경우가 다반사였다.

'도대체 누구의 말이 맞는 거지?'
'그래서 무엇을 하란 얘기지?'

하지만 이 책은 다르다. 돈에 대한 지혜와 경제에 대한 감각을 키우면서도 현실에서 바로 써먹을 수 있는 금융 재테크(주식, 펀드, 채권, 보험, 대출, 예·적금, 연금 등), 그리고 부동산 재테크(주택, 수익형 부동산, 토지, 부동산 서류 등) 실전 노하우를 모두 한 권으로 집대성했다.

경제를 전혀 모르는 왕초보부터 지금도 시장에 잘 대응하고 있는 재테크 고수까지, 이러한 필자의 의도와 배려가 잘 전달되기 바라며, 이 책을 읽은 후 독자들이 돈에 대한 관점이 바뀌거나 미래에 대한 준비를 시작하게 된다면 필자는 뛸 듯이 기쁠 것이요, 그것이야말로 필자가 바라는 바임을 밝힌다.

책을 쓰면서 항상 감사한 분들.
필자가 현 위치까지 올 수 있었고, 또 앞으로 더 큰 발전을 할 수 있도록 항상 지혜의 샘을 채워주고, 때로는 채찍질도 마다하지 않는 고객분들.
책 집필 때문이 아니더라도 항상 바쁘다는 핑계로 제대로 신경 쓰지 못해 미안한 내 가족들.
사랑하고, 또 감사합니다.

2011년 어느 늦가을
최성우

CONTENTS

책을 시작하며 4

CHAPTER 1 30대, 부자 마인드를 가져라:
구체적인 목표를 하나씩 실행해 나가는 투자의 시기

부자원칙
- 001 우리나라 부자들의 투자 비밀 17
- 002 원금의 크기가 미래를 결정한다 21
- 003 부자 동네 사람들은 다르다 25
- 004 합리적인 순간이 가장 위험하다 28
- 005 조화로움은 재테크의 시작이다 32
- 006 가지고 있는 것보다 가질 수 있는 것에 집중하라 34
- 007 과정을 즐겨라 37

CHAPTER 2 새는 돈을 먼저 잡아라:
수입과 지출 관리

4대보험
- 008 궁민(窮民)연금? 국민연금? 45
- 009 급여명세서의 상식: 산재보험, 고용보험 48
- 010 건강보험료를 많이 내야 할 때 51

돈관리
- 011 지혜로운 신용카드 사용법 54
- 012 가계부 안 써도 이건 꼭 적어라 57
- 013 최소 월 10만 원! 돈이 불어나는 통장 관리법 60

연말정산
- 014 연말정산, 나무를 보지 말고 숲을 보라 64
- 015 사람으로 절세하기 68
- 016 아파서 절세하기 72
- 017 배워서 절세하기 74
- 018 금융상품으로 절세하기 76
- 019 많이 써서 절세하기 80

CHAPTER 3 당신의 돈에 날개를 달아라:
투자의 전략과 전술

투자전략
- 020 투자, 꼭 필요한가 87
- 021 덮어놓고 투자하면 거지꼴을 못 면한다 89
- 022 랩으로 갈까, 펀드로 갈까 92

펀드

023 거치식 펀드는 하지 마라 95
024 펀드, 관리 안 할 거면 가입하지 마라 97
025 펀드 보고서, 이것만 보면 된다 100
026 같은 펀드인데 1탄, 2탄, 3탄 수상하네… 106
027 정말 인덱스 펀드가 답인가 109
028 채권, 투자할 만한가 113
029 해외펀드 투자법: 환헤지와 세금 117

실물투자

030 금에 투자하는 모든 방법 123
031 원자재에 투자하는 모든 방법 127

금융투자

032 ELS는 영어학원이 아니다 130

헷갈린다, 단숨에 정리하자! 1. ETF 정도는 알고 있어야 한다
2. MMF, MMT, MMW | 3. BW, CB, EB

금융투자

033 위기의 저축은행, 잘 고르면 돈 된다 145
034 일반과세, 세금우대 그리고 비과세 149
035 수시 입출금 통장, 잘 보고 고르자 152
036 비과세 금융상품 154

누구냐 넌? : 수익률을 높이는 데 꼭 필요한 주식 용어 158
1. 기본용어 | 2. 선물 | 3. 옵션 | 4. 장외주식과 우회상장
5. 성장주, 가치주, 배당주 | 6. 공모주, 유상증자, 무상증자
7. 가치투자를 위한 재무지표

CHAPTER 4 부동산, 절대 어렵지 않다:
월급으로도 준비할 수 있는 내집마련

기본전략	037	부동산을 대하는 우리의 자세 181
	038	부동산에 영향을 주는 요인 184
	039	나에게 맞는 주택 고르는 법 189
대출	040	당신이 아는 대출에 관한 모든 것 192
	041	CD금리, COFIX금리 195
	042	금리가 오를 때 대출 관리법 199
	043	고정금리로 갈까, 변동금리로 갈까 203
	044	대출 먼저 갚을까, 투자를 할까 206
청약과 분양	045	청약통장 제대로 아는 이 의외로 없다 209
	046	아파트 분양받는 절차 213
	047	나도 보금자리주택 갈 수 있을까 217
부동산 서류	048	다른 건 몰라도 등기부등본은 볼 줄 알아야… 225
	049	지상권, 지역권, 전세권, 저당권 231
부동산 세금	050	취·등록세, 재산세, 종합부동산세 234
	051	내가 산 부동산 팔 때 세금 안 내려면… 240
부동산 판세	052	재개발, 재건축 그리고 뉴타운 243
	053	대한민국은 21개의 용도지역으로 나뉜다 248
	054	오피스텔과 도시형 생활주택 258

누구냐 넌? : 수익률을 높이는 데 꼭 필요한 부동산 용어 263
1. 경매와 공매 | 2. 공시지가, 기준시가 | 3. 시행사와 시공사
4. 전용면적, 공용면적, 공급면적 | 5. 다가구, 다세대, 아파트
6. 토지이용계획확인서, 토지대장, 지적도, 건축물관리대장

CHAPTER 5
10퍼센트의 확률을 무시하지 마라:
인생 전반에 걸친 위험에 대한 대비

보험

- 055 보험, 꼭 필요한가 277
- 056 종신보험, 꼭 필요한가 282
- 057 변액보험이 필요할 때는 언제? 285
- 058 자동차 보험과 운전자 보험 288
- 059 의료실비보험 따져 고르기 290
- 060 비갱신형으로 가라 293
- 061 보상하는 손해, 보상하지 않는 손해 296
- 062 보험 기간에 따른 보험료 비교 300
- 063 어린이보험, 실버보험, 상조 303

CHAPTER 6
얼마나 일찍부터 시작하느냐가 관건이다:
현금이 넘치는 노후 40년 만들기

노후설계

- 064 늙어서 가난하지 않으려면? 311
- 065 노후 준비에서 인플레이션이 중요한 이유 314
- 066 이보다 더 쉬울 순 없다 : 초간단 노후자금 계산법 317
- 067 국민연금, 이것만 알면 된다 320
- 068 퇴직연금은 별로다? 324
- 069 소득공제용 연금 활용법 327
- 070 나에게 맞는 변액연금 고르기 330

노후설계	071 주가지수연계형 연금의 아쉬움 335
	072 월 지급식 금융상품 338
	073 주택연금으로 이득을 보려면… 344
	074 현금이 나오는 부동산 347
	075 소득을 늘리는 것이 가장 확실한 재테크다 351
	076 다양한 부업의 종류 355
	077 자기계발도 부업이다 359
	078 당신도 상속세를 낼 수 있다 362

CHAPTER 7 상위 1퍼센트만이 아는 경제 정보:
세상을 움직이는 경제학 이야기

경제상식	079 물가가 오르는 진정한 이유 369
	080 물가와 금리, 환율의 관계는? 374
	081 꼭 알아야 할 자본 시장의 버블 379
	082 미국은 고용, 중국은 소비자물가 386

CHAPTER 1

부자원칙

30대, 부자 마인드를 가져라:

구체적인 목표를 하나씩 실행해 나가는 투자의 시기

001 | 우리나라 부자들의 투자 비밀

부자원칙

    현대사에서 을사늑약 이후 최고의 굴욕으로 평가되는 1997년 IMF 구제금융 요청 사건. 우리는 IMF를 떠올리면 '대량 해고' 등 안 좋은 사진들이 먼저 눈앞에 지나가지만 경제 통계 측면에서는 한 가지 주목할 만한 사실이 있다. 바로 IMF 이후 부자들의 수가 급증했다는 것이다. 위기였지만 현금이 있었던 사람들은 반토막 아래로 내려앉은 주식과 부동산을 사 모을 수 있었기 때문이다. 또 '재테크'라는 단어가 일반 사람들에게 퍼지기 시작한 것도 이때부터였다.

    그렇다면 우리나라에는 부동산 부자가 많을까, 주식 부자가 많을까?

    이 질문에 오답을 얘기하는 사람은 없을 것이다. 당연히 우리나라 부자의 90퍼센트 이상은 부동산 부자다. 그럼 또 문제 하나! IMF가 한창이던 1998년 말부터 최근 2010년 말까지, 12년 동안 코스피와 강남 부동산의 수익률을 비교해보면 무엇이 더 월등할까? 지난 12년 간 코스피 수익률은 약 520퍼센트, 강남 부동산 평균 수익률은 약 350퍼센트이다. 게임 자체가 안 된다.

첫 번째 비밀, 수익률은 중요하지 않다!

예를 들어보자. 당신이 매달 100만 원씩 적금을 부어 1년 뒤 만기가 되면 1,200만 원 조금 넘는 목돈이 생긴다. 그런데 이 시기마다 참 알 수 없는 일이 벌어진다. 적금 만기가 되면 갑자기 차에 이상이 생기진 않았나? 아니면 후배나 동료가 와서 돈을 빌려달라고 하질 않나, 심지어는 부모님이 갑자기 병원에 입원하신다.

만약 같은 상황에서 1,200만 원 남짓 되는 자산이 '적금'이 아닌 산간 도서 벽지에 사놓은 '토지'였다면 당신은 어떻게 처신했을까?

짐작하다시피 금융은 손대기가 쉽다. "한 주식을 3년 이상 팔지 않고 가지고 있는 분 계십니까?" 필자가 강의 때마다 던지는 질문인데, 거의 매번 'Yes 응답률'은 5퍼센트 이내다.

부동산은 워낙 큰 돈이 움직이는 데다, 거래 과정 및 현금화하는 시간 자체가 오래 걸리고, 세금 때문에라도 최소 3년 이상 보유를 하게 된다. 하지만 금융은 그렇지 않다. 보통 소액으로 굴리다 보니 쉽게 중도해지하고, 마음만 먹으면 바로 현금으로 인출할 수 있다. 그래서 금융자산은 '금리나 시장의 하락 리스크'보다 '중도해지의 리스크'가 더 크다. 하지만 많은 사람들이 이러한 중도해지 리스크는 인지하지 못하고 오로지 수익률만 쫓아다니고 있다.

두 번째 비밀, 수익률이 아닌 '투자 기간'이 중요하다!

앞선 12년간 수익률 비교에서 알 수 있듯이 우리나라 부자들의 투자 노하우는 수익률이 아니다. 한 번 투자했으면 황소걸음 걷듯 천천히 걸어갈 줄 아는 '투자 기간'에 그 비법이 있다. 물론 오래 보유한다고 무조건 자산가치가 오르는 것은 아니다. 하지만 우리가 지금껏 투자에 실패한 이유가 잘못된 투자 결정보다는, 기다림 없는 단기투자 성향 때문이었다는 사실은 부정할 수 없을 것이다.

태양계의 각도도 변하듯, 자산시장의 트렌드도 변하고 있다. 어른들의 경험에서 나오는 진리 '집은 무조건 일찍 사고 볼 일이다'의 신화 또한 말 그대로 과거 신화로 전락하고 있다. 앞으로 돈을 굴려 나가는 데 있어 금융자산이 포함되지 않으면 재테크 성공의 길은 요원하다는 얘기다.

그리고 금융자산을 굴릴 때 꼭 명심해야 할 것은, 금융자산도 부동산처럼 최소 3년 이상의 투자 기간을 보고 시작해야 한다는 점이다.

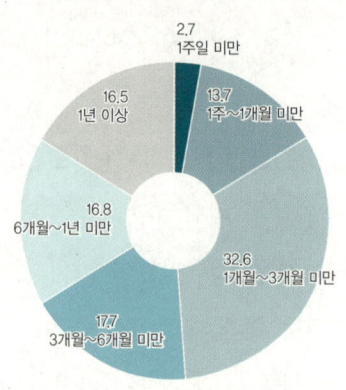

[표 1-1] 개인투자자 평균 주식 보유 기간 (단위 : %)

- 2.7 1주일 미만
- 13.7 1주~1개월 미만
- 32.6 1개월~3개월 미만
- 17.7 3개월~6개월 미만
- 16.8 6개월~1년 미만
- 16.5 1년 이상

설문조사: 금융투자협회(2009년 말 기준)

물론 3년 동안 손 대지 말라는 이야기가 아니다. 주식 종목이나 펀드는 상황이 안 좋아지면 당연히 중간에 갈아탈 수 있다(자세한 이야기는 펀드에서 하겠다). 단지, 금융 투자 마인드를 부동산 투자하듯 '장기간 적정 수익'으로 바꾸라는 이야기다. 이러한 마인드를 갖지 않는다면, 장담컨대 '부(富)'로 가는 길은 멀고도 험하기만 할 것이다.

002 원금의 크기가 미래를 결정한다

부자원칙

건강을 측정하는 4가지 지표가 있다. 혈압, 혈당, 맥박, 콜레스테롤이다. 하지만 아쉽게도 식이요법만으로 이 4가지를 모두 낮추는 것은 불가능하다. 오로지 하나, 운동만이 이 모든 것을 동시에 낮출 수 있다.

재테크도 마찬가지다. 예를 들어 어떤 사람이 운이 좋아 1년에 100퍼센트의 수익을 냈다고 치자. 하지만 원금이 1만 원이면, 이 사람의 수익은 1만 원이 전부다. 직장인일수록 이와 비슷한 경험을 많이들 한다. 저축 여력이 많지 않다 보니 수익이 나도 표가 나지 않는 것이다.

그래서 재테크에도 더 큰 효과를 볼 수 있는 '운동'이 필요하다. 바로 '저축 원금'의 크기다. 저축 원금의 크기를 키우지 않고 수익률만 신경 쓰는 것은, 운동은 전혀 안 하면서 보약을 먹는 것과 같다. 운동은 안 하고 보약만 먹으면 살만 찌고, 늙어서는 아파 죽겠는데 죽지도 않는다. 마찬가지로 저축 원금을 늘릴 생각은 안 하고 수익률만 쫓아다니면 성공할 확률은 5퍼센트를 넘지 않는다. 우리나라 부자 대부분 역시 저축 원금이 큰 사람들이다.

투자를 하다 보면 누구나 한두 번씩 실패를 한다. 이때 저축 원금의 크기에 따라 회복력은 천지 차이다. 실제 사례를 들어보자. 얼마 전 한 투자자문사 대표가 본인을 믿고 투자한 사람들의 자산 300억 원을 날리고 잠적한 사건이 있었다. 그 가운데 약 1억 원을 피해 본 한 중소기업 직장인이 모자이크된 얼굴로 하소연을 했다.

"목숨과 같은 돈이죠. 월급 2백 얼마 받아 가지고 제 젊음을 희생해 모은 돈인데……. 이 사람은 내년엔 내 가게를 차릴 수 있다는 꿈을 앗아간 거예요!"

같은 피해자로 전문직 의사, 현직 검사들도 포함되었다고 한다. 문제는 여기서 갈린다.

월 200만 원 남짓 버는 중소기업 직원을 A, 의사를 B라고 해보자. A는 한 달에 약 30만 원을 저축해왔다. 그리고 B는 월 3천만 원 저축이 가능하다. 잘못된 인연을 만나 둘 다 1억 원의 손해를 보았다. A가 손해를 만회하려면 월 30만 원의 저축 원금 가지고는 남은 인생을 다 바쳐도 쉽지 않아 보인다. 하지만 B는 3~4개월이면 손실 복구가 된다. 그러고는 '에이 퉤, 다시는 저런 놈 안 만난다' 하면 그만이다. 문제는 A다. 한순간의 실수로 인해 그가 긴 시간을 또 고생해야 할 것을 생각하니 필자의 마음까지 아프다.

투자의 세계에서 승패는 병가지상사(勝敗兵家之常事)다. 누구나 한두 번은 실수를 한다. 문제는 넘어졌을 때, 얼마나 빨리 회복하느냐의 차이다.

저축 원금이 작으면 A처럼 인생이 흔들린다. 여기에 패배자의 감정 노동까지 고려하면 1억 원보다 훨씬 큰 금액을 손해 본 결과가 나온다. 하지만 저축 원금이 큰 사람은 큰 영향을 받지 않는다. 오히려 이런 경험을 통해 교훈을 얻고, 더 큰 투자 기회를 만나기도 한다. 돈이 돈을 버는 이유가 바로 여기에 있다.

따라서 직장인들처럼 수입을 늘리기 어려운 구조에서는 '어디 좋은 투자처 없나'를 따지기 전에 '새는 돈은 없는지'를 먼저 살펴야 한다. 30만 원밖에 저축할 수 없는 상황이라면 내가 정말 30만 원밖에 없는 사람인지 진지하게 고민해볼 필요가 있다. 통장 관리, 카드대금 결제 등도 제대로 신경 쓰지 않으면서 '나는 저축할 돈이 없어' '나는 항상 부족해'라고 말하는 것은 넌센스다. 장담컨대 이러한 사람들은 은퇴 후에는 몇 십만 원짜리 국민연금만으로 노후 40년을 보낼 가능성이 높다.

그렇다면 어떻게 원금을 키울 수 있을까? 지금 당장 월급통장을 정리하고, 이번 달 카드 명세서부터 꼼꼼히 따져보라. 그 안에 길이 있다.

003 부자 동네 사람들은 다르다

　필자는 경제학, 경영학, 재테크, 세금, 재무설계 등 여러 종류의 강의를 하고 있지만, 그 중 가장 많이 하는 것은 역시 재테크 관련 강의다. 규모를 떠나 직장인들이 어떻게 월급과 자산을 관리하면 되는지, 각각 나이대와 청중의 성격에 맞춰 강의를 진행하고 있다. 상황이 이렇다 보니 '같은 시기'에 '같은 성격의 청중' 앞에서 강의하는 경우가 종종 있다. 가장 대표적인 것이 문화센터에서 실시하는 주부 대상 재테크 강의다.

　수 년간 여러 지역을 다니며 강의를 하면서 재미있는 현상을 발견했다. 바로 '부자 동네'와 '안 부자 동네' 사람들의 차이였다(참고로 '안 부자 동네'가 못사는 동네를 의미하는 것은 아니다. 단지 부자가 덜 사는 동네일 뿐이다. 구체적인 지명은 밝히지 않겠다). 필자가 최근 3년 간 약 100여 회의 주부

대상 강의를 진행하면서 발견한 특징은 다음과 같다.

1. 부자 동네 사람들의 특징

- '부'와 '자산 증식'에 대한 관심이 매우 높다.
- 단점보다는 장점을 먼저 보는 경향이 있다.
- 약속을 하면 최대한 지키려 한다.
- 대체로 계획적이다.
- 개방적이다. 그래서 새로운 기회에 대해 열려 있다.

2. 안 부자 동네 사람들의 특징

- '부'와 '자산 증식'에 대한 관심이 대체로 낮다.
- 장점보다는 단점을 먼저 보는 경향이 있다.
- 약속에 대한 긴장감이 적다.
- 대체로 충동적이다.
- 새로운 기회 자체를 포기하는 경우가 많다.

부자 동네 사람들은 자산 증식 혹은 자녀 교육 등을 목적으로 타 지역에서 이주한 사람들이 많기 때문에 부의 축적에 관심이 많고, 새로운 것에 대한 적응력이 빠르다. 대체로 계획적이고 긍정적인 마인드를 가지고 있다. 하지만 안 부자 동네는 이와는 반대인 케이스가 많다.

2009년 금융 위기 직후에는 자산시장에 대한 두려움이 컸던 시기라, 일부 지역은 수강 인원 부족으로 강의가 취소되는 경우가 몇 번 있었다. 공교롭게도 취소되는 횟수나 수강 인원 숫자는 각 지역의 소득 수준과 관련이 있었다. 강의를 진행하면서 느끼는 청중의 반응과 관심도 역시 지역별로 많은 차이가 났다. 집중도가 높고 반응 속도도 빠른 동네가 있는 반면에, 일부 지역은 강의 처음부터 끝까지 표정 변화조차 없는 경우도 있었다.

　마지막으로 강의가 끝난 이후. 보통 해당 지역을 한 번만 방문하지는 않기 때문에 추후 강의 일정이 있을 때 원하는 사람들에 한해서 간단하게 재무설계나 재테크 상담을 해주는 시간이 있는데, 이때 약속 취소율과 취소할 때의 태도 역시 극명하게 차이가 난다. 아무래도 부자 동네의 약속 취소율이 확실히 낮은 편이고, 혹 취소를 하더라도 사전에 미리 양해의 메시지를 전달하는 반면, 안 부자 동네는 사전 연락도 없이 일방적으로 불참하거나 '내가 언제 약속을 했냐'는 반문을 제기하는 경우도 있었다. 사소한 차이 같지만, 이 모든 행동들이 이후에 크게 다른 결과를 가져온다.

　당신은 어느 동네 사람인가?

합리적인 순간이 가장 위험하다 — 004

인간은 중요한 결정을 내릴 때에 이성의 영역인 좌뇌가 아닌 감성의 영역 우뇌가 그 역할을 담당한다고 한다. 가장 합리적이어야 할 순간에 우뇌가 등장하는 것이다. 우리나라를 조선대국으로 이끈 고 정주영 회장의 '5만 분의 1 지도 사건'은 매우 유명한 일화이다. 그는 500원짜리 지폐와 허허벌판 울산 미포만 지도 사진만으로 거액의 조선 계약을 따냈다. 당시 계약 당사자였던 그리스 선박왕 라바노스의 얘기를 들어보면 더 재미있다.

"만나서 얘기해보니 믿을 만한 사람 같았다. 그것뿐이다."

엄청난 이성이 필요한 거액의 비즈니스 계약도 감성의 영역에서 이뤄지는 것을 단적으로 드러내는 사건이다. 이러한 사례는 사회 곳곳에서 발견할 수 있다. 예를 들어 사회적으로 높은 지위에 있는 사람들이 중대한 결정을 앞두고 점쟁이를 찾아가는 것도 비슷한 맥락이다.

투자를 결정할 때도 마찬가지다. 지금까지 성공했건 실패했건 그 투자를 결정할 때 무엇이 당신을 이끌었는지를 곰곰이 생각해보자. 정말 기업의 재무제표를 꼼꼼히 분석하고, 신규 사업들에 대한 리스크와 미래 예상 수익을 하나씩 비교하며 계산했는가? 또는 펀드 매니저의 과거 운용 이력을 보고, 그 매니저가 선호하는 주식군이 향후 장세 예상 흐름과 어느 정도 일치할 것이라는 판단하에 펀드를 가입했는가? 아쉽지만 필자가 방금 언급한 내용은 전문가들의 영역이다. 따라서 일반인들이 투자에 나선다면 역시 본인의 느낌 혹은 주변 사람(전문가 포함)의 자신감 넘치는 태도나 단어 몇 개에 꽂혀 투자에 나서는 경우가 많았을 것이다.

투자한 다음에도 마찬가지다. 자존심이 센 사람일수록 본인의 실수를 인정하려 들지 않기 때문에 좌뇌가 '지금이라도 돈을 빼야 해'라고 말해도 '아니야, 지금 팔았는데 내일부터 오르면 어떡해'라는 생각에 그 늪에서 헤어 나오지 못하는 경우도 부지기수다.

꼭 투자가 아니라도 마찬가지다. 동일한 액수임에도 불구하고 그 돈을 어디서 어떻게 얻었는지에 따라 마음에 두는 가치는 천차만별이다. 여기서 필자가 몇 가지 질문을 해보겠다.

1. 당신은 복권 1등에 당첨되어 10억 원이라는 거금을 손에 넣었다. 하지만 바로 다음 날 어머니의 임종을 지켜보아야 했다. 그후 유산으로 10억 원을 얻었다. 당신은 두 10억 원에 대해 같은 가치를 부여하는가?
2. 당신은 신용카드가 없고, 모든 구매를 현금으로만 결제해야 하는 상황이다. 꼭 현금을 써야 하는 상황에서 돌아볼 때 지난달 카드 사용내역 가운데 불필요한 소비는 없었는가?
3. 당신이 주식이나 펀드에 투자할 때 이익이나 손해가 나는 경우 그냥 HTS상의 금액만 바뀌는 것이 아니라 매일 은행원이 당신을 방문해 이익만큼 현금으로 손에 쥐어주거나, 반대로 손해난 만큼 당신 지갑에서 털어간다고 해보자. 당신은 오르고 있는 주식 혹은 떨어지고 있는 주식을 그대로 보유해 나갈 자신이 있는가?
4. 당신은 2월에 받은 급여와 세금 환급금을 동일하게 생각하고 있는가?

위 4가지 질문에 모두 'Yes'라고 말하는 사람은 거의 없을 것이다. 하지만 내 일(주관적)이 아닌 남의 일(객관적)이라면 모두 같은 금액일 뿐이다. 느끼는 감정에 따라 돈의 가치가 달라진다.

우리는 의도적으로 이러한 '감정적 회계'에서 떠나는 훈련을 해야 한다. 예를 들어 어머니 유산을 너무 소중하게 여긴 나머지 일반 은행에 넣어놓고 10년간 묵히는 것은 어리석은 일이다. 신용카드로 결제할 수 있었기 때문에 이루어지는 소비는 역시 없어야 한다. 투자에 임할 때는 HTS상의 금액이 사이버 머니가 아니라 현금이 눈앞에서 오가는 것으로 인식해야 한다. 세금 환급금도 마찬가지다. 작년에 나의 급여 가운데 더 걷은 세금을 돌려주는 것뿐인데 우리는 이를 공돈이라 생각한다. 단언컨대 세금 환급금은 내 노동의 당연한 대가이다.

재무설계, 자산관리, 재테크에 있어서 당신이 합리적이라고 생각하는 순간, 투자를 잘하고 있다고 생각하는 순간이 가장 위험한 순간이다. 모든 돈의 가치는 같으며, 돈은 결국 자만하는 사람의 지갑을 지나 겸손한 사람의 지갑 안으로 들어간다.

조화로움은 재테크의 시작이다   005

최근 지어진 빌딩이나 각종 건축물을 보면 그 화려함과 미적 감각에 경탄을 금치 못할 때가 있다. 하지만 아무리 아름다운 건축물이라 할지라도 지하에 있는 기초를 보면 정말 투박하기 짝이 없다. 땅을 파고 파일을 올려서 수압과 토압을 막고 수만 톤에 달하는 건물을 지탱하기 위해 철로 된 강재를 심고 콘크리트를 부어 넣는다. 그 다음에야 아름다운 건물이 올라서게 되는 것이다.

영화도 마찬가지다. 훌륭한 연기를 펼친 주연 배우 옆에는 항상 명품 조연들이 있다. 역사적인 모든 명작들이 증명하듯, 우리가 무엇인가로부터 아름다움을 느꼈다면 그건 일면의 화려함보다는 전체적인 조화로움 때문이다.

그런데 사람들은 자산관리나 재테크에 있어서는 조화로움을 무시하는 경향이 있다. 기초가 약하면 건물이 무너지고, 조연 배우가 부실하면 극의 재미가 사라지듯이 예·적금이나 채권 등과 같은 안전자산이 빠지면 자산관리는 투자가 아닌 투기가 되고, 이때부터는 극한의 감정노동이 시작된다. 많은 사람들이 주식시장의 등락에 따라 이 조화로움을 쉽게 무너뜨린다. 장이 좋다고 주식 비중을 한 번에 확 늘리는 경우가 대표적인 예다.

이는 투자를 아예 하지 않는 상황에서도 해당된다. 투자에서 오는 스트레스를 피하기 위해 안전자산으로만 운용한다면 결코 물가를 따라잡지 못한다. 단기간 안정감을 느낄 수는 있겠지만 장기적으로는 가난해질 위험이 커진다.

조화로움은 재테크의 시작이다. 원금 손실 가능성이 있지만 기대 수익이 높은 위험자산과, 원금 손실 가능성이 없거나 낮지만 기대 수익은 낮은 안전자산 간의 조화는 자산시장 상황에 따라 비율의 차이만 있을 뿐 항상 적정선에서 유지되어야 한다. 예를 들어 주식장이 좋을 때는 위험 대 안전의 비율을 7대 3, 반대인 경우에는 3대 7 이런 식으로 지켜야 할 기본 라인이 바로 '재테크의 조화로움'이다.

그리고 재테크에서 무엇보다 주의해야 할 것은 대박 심리다. 본인은 그 바람에 흔들리지 않겠다 생각하지만 조화로움에 대한 원칙이 없다면 그 광풍에 휩쓸리기 쉽다. 당신이 대박을 꿈꾼다면 차라리 복권을 사라.

006 가지고 있는 것보다 가질 수 있는 것에 집중하라

시장은 우리가 투자를 처음 시작할 때 가정하는 것처럼, 평탄하게 연 8퍼센트의 수익을 가져다주지는 않는다. 급등하는 일부 구간에서는 순식간에 50퍼센트 이상의 수익을 가져다주기도 하지만, 반대로 급락하는 구간에서는 앞에서 얻은 수익 모두를 까먹고 지하 5층으로 내려가기도 한다. 즉, 우리 자산의 수익률은 급등과 급락하는 일부 극히 짧은 구간에서 결정된다.

미국의 한 연구에 따르면(미국 미시건대학교 금융학과 네잣 세이헌 교수, 1994년) 1963년부터 1993년까지 미국 다우존스 주가는 연평균 약 12퍼센트지만, 이 기간 동안 가장 급등했던 40일을 빼고 나면 수익률은 7퍼센트 수준으로 떨어진다고 한다. 30년, 즉 7,802일 중 40일은 전체 기간의 0.012퍼센트에 불과하다. 그런데 이를 놓친 결과는 매우 크다. 30년 전 1천만 원을 투자 했을 때 현재 얻을 수 있는 돈 2억 3,300만 원. 하지만 이 40일을 놓친 사람은 8천만 원이 전 재산이 된다.

그리고 투자를 오래 해본 사람은 크든 작든 대부분 급락장에 대한 트라우마가 있다. 주식시장이 제대로 하락할 때는 정말 파죽지세로 떨어지기 때문에, 손 쓸 틈도 없이 전개되는 패닉은 이전의 투자로 인해 행복했던 모든 순간을 쓰나미처럼 한 번에 날려버린다. 하지만 우리는 미국의 대문호 마크 트웨인이 남긴 말에 귀 기울일 필요가 있다.

"20년이 지나면 당신은 했던 일보다 하지 않았던 일을 더 후회하게 됩니다."

단기적으로는 '저지른 일'에 대해 후회를 하지만, 장기적으로는 '하지 않은 일'에 후회를 한다는 이 말은 투자에 있어서도 전하는 바가 크다.

몇 개월간의 고통에 대한 기억을 미래로 확대하여 평생의 기회비용을 날려버리는 우를 범해서는 안 된다. 보통 우리는 현재 '가지고 있는 것'에만 집중하고 '가질 수 있는 것'은 도외시하는 경향이 있는데, 이는 투자 위험보다 물가 상승으로 인한 구매력 하락의 위험이 더 크다는 것을 모르기 때문이다. 그렇다고 당신에게 무분별한 투자를 권하는 것은 물론 아니다. 앞장에서 이야기했듯이 투자의 기본은 조화로움이라는 것은 잊지 말아야 할 것이다.

우리 인생 또한 그러하다. 나의 미래를 위해 '하지 말아야 할 것'이 아닌 '무엇을 어떻게 할 수 있는가'에 집중해보자. 답은 멀리 있지 않다.

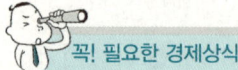
꼭! 필요한 경제상식

- **미국의 한 조사 결과:**
  2005년 말 기준, 과거 10년간 미국 주식 시장에 투자한 경우 연평균 수익률은 9.49퍼센트. 하지만 이 기간 수익률이 가장 좋았던 10일을 제외하면 연평균 수익률은 4.44퍼센트로 급감한다. 그런데 가장 수익률이 좋았던 20일을 놓친 경우에는 0.61퍼센트, 가장 수익률이 좋았던 30일을 놓친 경우는 -2.70퍼센트, 그리고 40일을 놓친 경우에는 연평균 수익률이 -5.48퍼센트로 오히려 큰 누적 손해가 발생한다. 시장을 함부로 떠나지 마라.

007 | 과정을 즐겨라

부자원칙

2000년 초 '10억 만들기' 열풍이 휩쓴 적이 있다. 온라인에는 그에 대한 정보들이 넘쳐나고 관련한 커뮤니티가 활성화되었다. 그 가운에 성공한 이들의 재테크 노하우가 책으로 쏟아져 나왔다. 몇몇 이들은 자린고비도 울고 갈 정도로 지옥하게 돈을 모은 사람도 있었다.

"무조건 1억부터 모으자."

"됐고, 일단 10억 모으는 게 목표입니다."

종자돈을 모으는 개념은 부동산 시대에 형성되었다. 아무래도 부동산은 덩어리가 크다 보니 종자돈 없이는 투자 자체가 힘들었다. 하지만 금융의 시대에는 매월 발생하는 소액으로도 충분히 굴려 나갈 수 있다. 꾸준한 관리를 통해 내집장만, 자녀 교육비, 노후자금을 계속 만들어 나가는 것이다.

주택 마련이나 노후 준비 등 삶 속에서 함께하는 재테크가 아닌 단지 몇 억이라는 금액만을 목표로 삼는다면, 학생이 아무런 꿈도 없이 1등만을 목표로 공부하는 것과 다를 바가 없다. 꿈도 없이 1등 자체가 목적인 학생은 공부 스트레스로 인해 정작 1등을 하기 어렵고, 설사 1등을 하더라도 그 성취감은 오래 가지 못한다.

이는 미래의 10억 원을 위해 현재 행복의 많은 부분을 포기하는 스트레스를 견디며 실제 10억 원을 모은 사람의 이야기이기도 하다. '일단 모으면 행복하겠지'라는 막연한 목표설정은 당연히 금물이다. 또한 정작 목표하는 돈을

모은 후 잘못된 유혹의 손길에 빠질 수도 있다. 앞서 말했듯이 투자는 감성의 영역이기 때문이다.

고시 합격이나 복권 등은 디지털이다. 합격 순간, 당첨 순간 그 삶은 확 바뀌기 때문이다. 하지만 재테크는 디지털이 아니라 아날로그다. 어느 순간에 어느 정도의 돈을 모았다고 갑자기 달라지는 것은 아무것도 없다. 당신이 가진 자산 가치, 그 이상도 이하도 아니기 때문이다.

과정을 즐겨라.

그렇지 않으면 행복해지지 못할 것이다.

'허대리
- 최고의 인기남은 누규?

CHAPTER 2

| 4대보험 | 돈 관리 | 연말정산 |

새는 돈을 먼저 잡아라:

수입과 지출 관리

008 | 궁민(窮民)연금? 국민연금?

4대 보험

급여명세서를 보면 세금 말고도 빠져나가는 돈이 몇 가지 더 있다. 소위 말하는 4대 보험이라 하는 국민연금, 건강보험료, 산재보험, 고용보험이다. 하지만 급여에서 직접 빠져나가는 것은 국민연금, 건강보험료 그리고 고용보험 정도다. 산재보험은 근로자는 내지 않고 회사만 부담한다.

그럼 국민연금은 얼마나 빠져나갈까? 간단하게 급여의 4.5퍼센트라고 보면 된다. 원래는 월 소득의 9퍼센트가 국민연금으로 책정되나 직장인에 한해서는 절반인 4.5퍼센트는 회사가 부담하기 때문에, 급여가 200만 원이면 약 9만 원을 직접 부담하게 되는 것이다.

그렇다면 국민연금은 언제부터 받을 수 있을까? 일단 10년 이상 국민연금을 불입해야 하고, 1969년 이후에 태어난 사람은 만 65세부터 국민연금을 받게 된다.

그럼 얼마를 받을 수 있을까? 이는 국민연금관리공단 사이트(www.nps.or.kr)에 가면 본인의 예상 연금 수령액을 쉽게 알 수 있다. 국민연금 최대 소득 기준은 월 375만 원으로, 이보다 월 소득이 많더라도 375만 원을 기준으로 국민연금이 책정된다. 즉 168,750원 이상을 매월 국민연금으로 내는 직장인 없고(375만 원의 4.5퍼센트), 337,500원 이상을 내는 사업자도 없다는 뜻이다(375만원의 9퍼센트).

우리가 일반적으로 생각하는 국민연금은 구체적으로 노령연금이라고 하며, 부양가족이 있는 경우에는 다음과 같은 부양가족 연금액이 추가되어 지급된다.

[표 2-1] **부양가족 연금액**

지급 대상	요건	부양가족 연금액
배우자	(사실혼 포함)	연간 220,870원
자녀(배우자가 혼인 전에 얻은 자녀(계자녀)포함)	18세 미만 또는 장애등급 2급 이상에 해당하는 자녀	연간 147,230원/1인당
부모(배우자의 부모 포함)	60세 이상 또는 장애등급 2급 이상에 해당하는 부모	연간 147,230원/1인당

※ 2010년 4월~2011년 3월까지 적용되는 부양가족 연금액이며 매년 물가변동률에 따라 조정된다(2010년 2.8퍼센트 인상 조정).

참고로 위 금액은 월이 아닌 연간 단위이기 때문에 실제 매월 지급되는 금액은 위 금액의 1/12이라고 보면 된다.

그럼 내가 연금을 수령하다가 사명하면 그 연금은 어떻

게 될까? 배우자가 이어 받기는 하는데, 다 받진 못하고 가입 기간에 따라 일부를 지급받는다. 만약 배우자 역시 이미 국민연금을 받고 있을 땐 어떻게 되는가? 아쉽지만 둘 다 받지는 못하고, 유족 연금액과 본인의 국민연금 중 큰 것을 택일해야 한다(국민연금의 사회복지적 성격이 드러나는 대목이다).

국민연금은 노후 준비 부분에서 다시 언급하겠지만, 은퇴 전 기간 동안 소액으로 생활비의 기초금액을 준비한다는 마인드 정도로 다가가는 것이 좋겠다.

[표 2-2] 가입기간별 유족 연금액

10년 미만	10년 이상~20년 미만	20년 이상
기본연금액의 40% + 부양가족 연금액	기본연금액의 50% + 부양가족 연금액	기본연금액의 60% + 부양가족 연금액

※ 다만, 노령연금 수급권자의 사망으로 인한 유족 연금액은 사망한 자가 지급받던 노령연금액을 초과할 수 없음.

꼭! 필요한 경제상식

공무원연금, 군인연금, 사학연금 등은 월 소득의 17퍼센트로, 공직자 본인 부담은 이의 절반인 8.5퍼센트이며, 나머지는 국가나 지자체 혹은 법인 등이 부담한다. 최근 만성적자 등으로 인해 예상 수령액은 현재 은퇴하는 공직자가 받는 연금 규모와 비교해보면 절반 이하로 줄어든 상태다.

급여명세서의 상식: 산재보험, 고용보험   009

앞서 언급한 것처럼 산재보험에 대해서는 근로자가 부담하는 것은 없다. 지역과 업종에 따라 근로자 소득의 일정 부분을 회사가 모두 부담할 뿐이다. 일반 사무직의 경우 대부분 소득의 1퍼센트 미만이며, 산업재해 위험이 큰 직종인 경우 소득의 10퍼센트 가까이 되는 경우도 있다. 따라서 근로자 입장에서는 별로 신경 쓸 것 없으나, 어떠한 경우에 어떠한 보상을 받는지 정도는 알 필요가 있겠다.

일단 업무상의 사유로 근로자의 부상, 질병, 장해 또는 사망사고가 발생하는 경우를 '산업재해'라 하는데, 이러한 사고가 발생할 경우 요양치료비뿐만 아니라 요양으로 인한 휴업 손해까지 국가적으로 보상해주기 위해 존재하는 것이 산재보험이다. 주요 업무는 현재 근로복지공단(www.kcomwel.or.kr)에서 담당하고 있다. 근로복지공단의 경우 손실 보상뿐만 아니라 피해자 가족의 생계 등을 위한 저금리 대출, 임금체불 생계비, 직업훈련 생계비, 산재자녀 학자금, 그리고 창업 지원 등도 함께 지원하고 있으니 직장인이라면 한 번쯤은 근로복지공단 사이트를 둘러보는 것이 좋겠다.

그 다음 실업급여를 위한 고용보험료는 현재 월 소득의 1.1퍼센트로 책정되어 있으며, 국민연금과 마찬가지로 이 중 절반만(0.55퍼센트) 근로자가 부담하고 나머지 절반은 회사가 부담한다. 고용보험이 근로자에게 주는 혜택은 대표적으로는 실업급여 지급이 있으며, 이외에 직업훈련 지원, 산전후 휴가급여/육아휴직급여, 그리고 구직등록 등이 있다.

참고로 6세 이하 자녀 양육을 위해 휴직할 경우 청구할 수 있는 육아휴직급여 및 임신 중 여성근로자가 청구할 수 있는 산전후 휴가급여 등도 있으니 고용보험 홈페이지(www.ei.go.kr)를 꼭 방문해볼 필요가 있겠다.

[표 2-3] 실업급여를 위한 고용보험료

1. 해당 조건 및 혜택
· 실직 전 18개월 중 고용보험 가입 사업장에서 180일(피보험단위기간) 이상 근무
· 회사의 경영 사정 등과 관련하여 비자발적인 사유로 이직
  ※ 자발적 이직, 중대한 귀책사유로 해고된 경우는 제외
· 근로 의사 및 능력이 있고, 적극적인 재취업 활동에도 불구하고 취업하지 못한 상태

2. 실업급여 지급액
· 퇴직 전 평균임금의 50% × 소정급여일수
· 최고액 : 1일 4만 원
· 최저액 : 최저임금법상 시간급 최저금액의 90% × 1일 근로시간(8시간).
  최저임금법상의 시간급 최저임금은 매년 바뀌므로 실업급여 최저액 역시 매년 바뀐다.

3. 수급기간(소정급여일수)

연령 및 가입기간	1년 미만	1년 이상 3년 미만	3년 이상 5년 미만	5년 이상 10년 미만	10년 이상
30세 미만	90일	90일	120일	150일	180일
30세 이상 ~50세 미만	90일	120일	150일	180일	210일
50세 이상 및 장애인	90일	150일	180일	210일	240일

꼭! 필요한 경제상식

고용보험 지급에 대한 예를 들어보자. 예를 들어 35세, 고용보험에 7년 가입 중이고, 월급 180만 원인 사람은 아래 계산법에 따라 매월 약 90만 원가량의 실업급여를 약 6개월간(180일) 받을 수 있게 된다.

010 건강보험료를 많이 내야 할 때

4대 보험 중 가장 큰 부분을 차지하는 것은 국민연금이다. 직장인 기준으로 국민연금은 월 소득의 4.5퍼센트, 건강보험료는 2.82퍼센트이기 때문이다(물론 건강보험도 절반은 회사가 부담한다). 하지만 연봉이나 상여금이 갑자기 늘거나, 직장 가입자가 아닌 지역 가입자로 바뀌는 경우 건강보험료 때문에 한 번쯤은 놀라게 된다. 이유는 국민연금은 월 소득 상한선이 375만 원인 데 비해 건강보험은 월 소득 상한선이 6,579만 원이기 때문이다. 이대로라면 연봉이 8억 원이면 매월 건강보험료만 170만 원이 넘는다. 물론 이렇게 연봉을 받으면 기쁜 마음으로 건강보험료를 낼 수 있겠지만 말이다.

특히 연봉 대비 상여금이 큰 경우에는 주의해야 한다. 필자가 상담한 몇몇 고객의 경우 한 달치 급여를 아예 못

받은 경우도 있었다. 세금도 매월 급여에 대해서만 지불한 후 1년 지나 정산하여 세금을 더 내야 하면 추징당하듯이, 건강보험료도 매월 기준으로 불입한 후 1년치를 재정산하여 추가 보험료가 발행하면 다음 연도에 추가 징수하기 때문이다.

문제는 지역 가입자이다. 최근 저소득 은퇴자들의 건강보험료 부담 문제가 논란이 된 적이 있는데, 이는 소득이 없어도 부동산이 있으면 부담 보험료 수준이 높아지기 때문이다. 예를 들어 2011년 8월 현재 5억 원짜리 집 한 채와 중형차 한 대가 있는 경우, 소득이 없더라도 매월 건강

보험료는 20만 원을 넘게 내야 한다. 따라서 집안에 건강보험 직장 가입자가 없는 경우 부모님의 건강보험료가 급격히 올라가게 되는 경우를 주의해야 한다. 이직 시 잠시 공백이 생기는 경우에도 역시 급격한 보험료 인상의 변수가 생길 수 있으니 주의를 요하는 부분이다.

직장 가입자는 재산 규모와 무관하게 월 소득에 대해서만 건강보험료를 지불하지만, 사업자 등과 같은 지역 가입자의 경우 소득뿐만이 아니라 보유 재산, 자동차, 나이와 성별에 따라 보험료가 증가한다.

최근 들어 재정 적자 문제 등으로 인해 지난 10년간 60퍼센트가 넘는 보험료 인상률을 보였다. 건강보험료 부담은 지속적으로 커질 것으로 보인다. 따라서 소득의 규모가 이로 인해 다소 줄어든다 하더라도 어느 정도 각오는 할 필요가 있겠다.

꼭! 필요한 경제상식

2012년 9월부터 직장인이더라도 월급(근로소득) 이외에 사업소득이나 임대소득, 배당소득 등의 합이 연 7~8천만 원 이상이면 근로소득을 제외한 나머지 종합소득에 대해서는 추가로 보험료를 부가할 방침이다. 또한 소득이 높음에도 직장인 자녀에게 무임승차하는 것을 방지하기 위해 연금소득이나 기타소득의 합이 연 4천만 원 넘는 경우에는 지역가입자로 전환되어 건강보험료를 내야 한다.

돈관리

지혜로운 신용카드 사용법　011

"신용카드는 지금 쓰고 나중에 돈이 빠져나가니 오히려 이득 아닌가요?"

맞는 말이다. 자동이체 통장이 CMA라면 카드 사용일과 결제일 사이에 작은 금액이라도 이자를 받을 수 있기 때문이다. 하지만 이론과 현실은 다르다. 신용카드의 시작은 '불편함을 극복하려는 수단'이었지만 지금은 지갑 자체를 대신하기에 이르렀다. 또한 지갑에서 돈을 꺼내 지불하는 것과, 카드 한 장을 꺼내서 계산만 하고 한 달 후에 출금시키는 것과는 심리적 차이가 있다. 실제 인터넷 경매 등에서 카드 결제와 현금 결제를 동시에 진행했을 때, 신용카드 평균 입찰 금액이 현금 결제 금액보다 두 배 가까이 높았다는 연구 사례 등은 이러한 현실을 뒷받침한다(실제 MIT 공과대학 교수들이 실험한 사례).

게다가 할부 구매는 더 좋지 않다. 신용카드 할부 구매는 미래의 소득을 미리 당겨 씀으로써 이자를 내는 금융상품인 만큼 대출의 범주에 포함시킬 수 있다. 문제는 미래 가치를 좀 많이 희생시키는 데 있다. 다음 표 2-4를 보자.

[표 2-4] 신용카드 할부 거래내역

이용일		이용금액	할부기간		수수료율
2011년 9월 15일		2,817,000원	12개월		17.00%
회차	결제일	할부원금	할부수수료	계	할부잔액
1	2009.12.25	235,300원	39,360원	274,660원	2,581,700원
2	2010.01.25	234,700원	37,275원	271,975원	2,347,000원
3	2010.02.25	234,700원	33,886원	268,586원	2,112,300원
4	2010.03.25	234,700원	27,546원	262,246원	1,877,600원
5	2010.04.25	234,700원	27,109원	261,809원	1,642,900원
6	2010.05.25	234,700원	22,955원	257,655원	1,408,200원
7	2010.06.25	234,700원	20,332원	255,032원	1,173,500원
8	2010.07.25	234,700원	16,396원	251,096원	938,800원
9	2010.08.25	234,700원	13,554원	248,254원	704,100원
10	2010.09.25	234,700원	10,166원	244,866원	469,400원
11	2010.10.25	234,700원	6,558원	241,258원	234,700원
12	2010.11.25	234,700원	3,388원	238,088원	0원
합계		2,817,000원	258,525원	3,075,525원	

위 표는 신용카드 12개월 할부 거래내역의 한 예다(12개월 수수료율 17퍼센트만 적용). 여기서 우리가 눈여겨보아야 할 부분은 실제 물건 가격과 실제 지불한 액수와의 차이다.

실제 물건 가격은 2,817,000원(한 달 평균 234,750원 원금)
실제 지불한 돈은 3,075,525원

차이는 258,525원

이는 매달 234,750원을 적립식 펀드에 불입해 '적립액당 연환산 수익율' 17퍼센트라는 수익이 날 때와 같은 경우이다. 따라서 무이자 할부가 아니라면 가급적 할부 구매는 하지 않기를 권한다.

요즘 신용카드 한 장만 가지고 있는 사람은 별로 없을 것이다. 필자도 그렇지만 보통 2~3개 정도의 신용카드를 사용하게 된다. 그렇다면 다음 두 가지는 꼭 지키자.

1. 모든 카드의 결제기간은 같은가?
2. 모든 카드의 결제일은 같은가?

카드를 2장 사용하고 있다고 가정해보자. 두 카드 모두 결제기간은 매월 25일~다음달 25일, 결제일은 매월 30일로 정해놓고, 결제일 하루나 이틀 전은 통장과 카드를 점검하는 날로 정해 지난 한 달 동안의 지출 내역을 점검해 볼 필요가 있다.

1. 평소보다 많이 쓴 내역은?
2. 그렇다면 그 이유는?

012 가계부 안 써도 이건 꼭 적어라

돈관리

　가계부를 쓰는 것은 결코 쉬운 일이 아니다. 성격적으로 정리하고 기록하는 것을 좋아하지 않는 한, 대부분의 사람들에겐 가계부라는 말 자체가 스트레스다. 하지만 많은 재무 전문가들은 입을 모아 가계부부터 쓰라고 권한다. 가계부를 써야 나를 알고, 가계부를 써야 저축원금을 더 늘릴 수 있기 때문이다. 그런데 가계부를 권하는 전문가 본인들도 직접 가계부를 쓰고 있는지는 의문이다. 그만큼 행동으로 옮기기 어려운 것이 가계부 쓰기이기 때문이다.

　필자 또한 가계부 쓰는 것을 권한다. 하지만 이를 습관화하는 것은 매우 어렵다는 사실 또한 알고 있다. 그래서 다음과 같은 원칙을 세워두면 조금 수월하게 습관화할 수 있다.

1. 매월 항상 나가는 월 지출은 쓰지 마라.
2. 하지만 1년에 한 번은 반드시 나가는 지출은 꼭 기입하라.

예를 들면 이렇다. 월 지출은 말 그대로 고정비다. 관리비, 공과금, 식비, 교통비, 통신비, 교육비, 문화비, 생활용품 등이 여기에 해당한다. 이러한 지출은 딱 봐도 알 수 있듯이 매월 대체로 일정하게 빠져나가는 돈이다. 그러므로 특정한 사유가 없는 한 적을 필요가 없다.

하지만 자동차 관련 비용(보험료, 수리비 등), 각종 세금(재산세, 자동차세 등), 명절비, 휴가비, 의료비, 경조사비, 고가품 구입(컴퓨터, 냉장고 등) 등과 같이 매월 나가진 않지만 1년에 꼭 한 번은 지출하는 항목들은 꼭 메모를 해놓아야 한다. 이유는 이러한 것들 때문에 저축을 더 안 하게 되기 때문이다.

분명 저축을 더 할 수 있는데 변동비(연 1회성 지출) 때문에 생기는 '결제 공포'로 인해 위축되어 통장에 돈을 놀리다가 어느 순간 남는 돈이라 생각하고 또 쓰게 되버린다. 저축 한 푼 하지 못하고 말이다.

다시 말하지만 가계부는 안 써도 연 1회성 지출은 꼭 적어라. 일단 적고 다음 해 시작할 때 이 메모장을 확인하

라. 그러면 매월 나가는 지출 이외에 1년에 얼마나 되는 돈을 썼는지 알 수 있으며, 다음에는 그것을 위한 통장을 따로 하나 만들면 되는 것이다. 통장을 어떻게 만들면 되느냐고? 그건 바로 다음 장에서 얘기하겠다.

> **꼭! 필요한 경제상식**
>
> - **고정비**
>   관리비, 공과금, 식비, 교통비, 통신비, 교육비, 문화비, 각종 생활용품, 대출 이자, 보장성 보험료
>
> - **변동비**
>   자동차 관련 비용(보험료, 수리비 등), 각종 세금 (재산세, 자동차세 등), 명절비, 휴가비, 의료비, 경조사비, 고가품(컴퓨터, 냉장고 등) 구입비

최소 월 10만 원! 돈이 불어나는 통장 관리법 — 013

앞장에서 연 1회성 지출을 꼭 기록하라는 조언을 했다. 인간적으로 정말 이 정도는 해줘야 한다. 그 다음부터는 통장 관리에 들어간다. 통장 관리 역시 매우 단순하다. 앞서 언급한 연 1회성 지출을 위한 통장을 따로 만들고, 연말이나 연초 상여금이나 소득공제 환급금 등을 이용하여 이 통장을 채워 넣는 것이다.

즉, 변동비를 아예 지출과 통장 모두에서 분리해버림으로써 월급을 받으면 월 지출(고정비)만 쓰면 되고, 나머지는 모두 저축할 수 있다.

[표 2-5] 저수지 통장 사용법

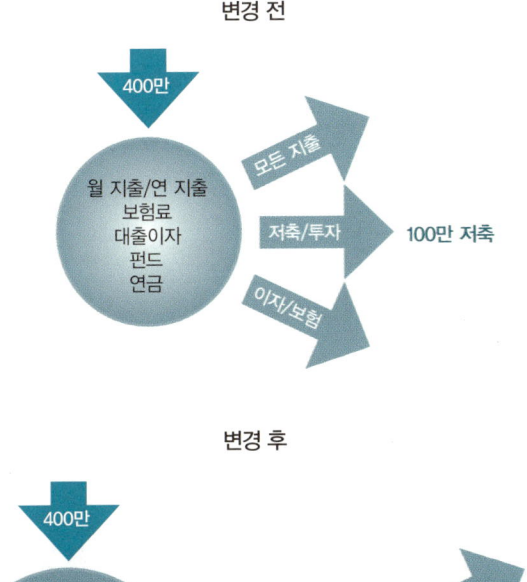

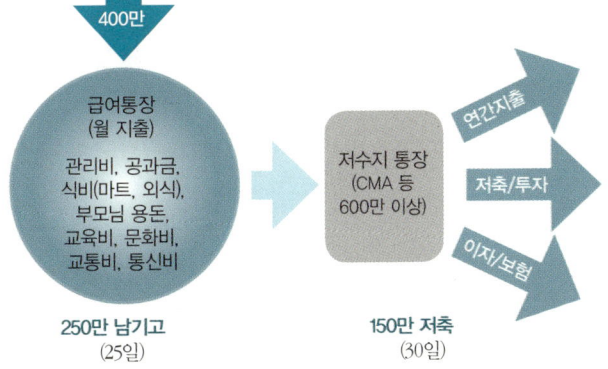

원래는 400만 원 벌어 300만 원을 지출하고 100만 원을 저축하는 사람(기존)이 본인의 소비패턴을 분석한 결과 지출 300만 원 중 월 지출이 250만 원, 연 지출 월 평균 50만 원인 점을 발견하고 연 지출통장을 따로 만들어(저수지 통장) 연 지출액만큼 저축액을 늘려 매월 150만 원을 저축할 수 있게 되는 그림이다(변경). 여기서 오른쪽의 저축/투자, 이자/보험 역시 매월 지출되는 돈이기 때문에 급여통장에서 나가도 무방하다. 다만 연간 지출만큼은 급여통장에 손 대지 않고 꼭 저수지 통장에서만 인출한다.

이렇게 되면 장담컨대 적게는 몇 만 원에서 많게는 백만 원 이상 더 저축할 수 있다. 다시 한 번 강조하지만 저축원금을 늘리지 못하는 가장 큰 이유는 연 1회성 지출로 인한 결제 공포 때문이다. 게다가 수입도 들쑥날쑥하다면 더더욱 저축의 길은 요원하다. 기껏 자유적립식 적금이나 펀드가 유일한 재테크 수단이 된다. 수입도 매달 다르고 지출도 천차만별인데 어떻게 꾸준한 저축을 하겠다는 말인가.

특히 직장인일수록 매월 일정한 금액의 저축이 가장 중요하다. 자원이 한정적이기 때문이다. 경영학의 시초가 한정적인 자원으로 최대의 성과를 내는 것에서 유래한 것인 만큼, 가정을 경영하는 우리 역시 한정된 소득으로 최대한 저축을 많이 해야 가정의 미래를 지금보다 더 풍요롭게 만들 수 있다.

그 방법은 너무도 단순하다. 변동비를 파악하여 그 돈을 미리 저수지 통장에 넣어 놓고, 월 생활비를 제외한 나머지 돈을 모두 저축하면 된다. 물론 작은 오차는 발생할 수 있다. 그게 두렵다면 저수지 통장을 그만큼 키우면 된다. 일반 통장이 아니라 이자를 주는 통장이기 때문에 저수지에서 노는 돈을 아까워할 필요는 없다.

잠깐! 저수지 통장을 만들 때 주의할 점이 있다. 절대

금리만 보지 말라는 것이다. 특히 은행권 상품의 경우 수시입출금 상품이고 금리도 높은데 첫 한 달은 이자가 없는 통장이 몇 개 있다. 이러한 수시입출금 통장은 먼저 들어간 돈이 먼저 출금되는 선입선출 방식을 취하고 있기 때문에, 잦은 입출금이 발생한다면 장기간 예비비를 예치하고도 이자를 얼마 못 받을 수도 있으니 주의해야 한다.

연말정산, 나무를 보지 말고 숲을 보라 014

직장인이면 누구나 갖는 연말 이벤트가 있다. 13번째 월급을 만드는 소득공제 과정이 그것이다. 하지만 바쁜 일상 때문에, 그리고 매년 바뀌는 세법 때문에 정석대로(?) 꼼꼼히 챙기는 게 쉽지가 않다. 연말정산만큼은 지엽적인 지식보다는 그 원리부터 알아야 한다.

'소득공제'라는 말은 문자 그대로 당신이 1년간 벌어들인 '소득'에서 '공제'를 해주겠다는 의미다. 그럼 소득에서 공제받으면 어떤 혜택이 있는가?

우리나라 조세 원칙은 '소득 있는 곳에 세금 있다'를 표방하고 있다. 소득공제를 받으면 그만큼 소득이 줄어들고 세금도 함께 줄어든다. 그런데 지난 1년간 매월 단위로 이미 세금을 내버렸기 때문에, 연말에 지난 1년 소득을 다시 정리하고 소득공제가 많은 사람에게는 더 낸 세금을 돌려주

[표 2-6] 연말 소득공제 구조

Ⅳ 정산명세	㉑ 총급여(⑯ 또는 ⑯-⑱-3)			61,000,000		㊸ 개인연금저축소득공제	
	㉒ 근로소득공제			13,550,000		㊹ 연금저축소득공제	2,000,000
	㉓ 근로소득금액			47,450,000		㊹-1 소기업·소상공인 공제부금 소득공제	
	종합소득공제	기본공제	㉔ 본인	1,500,000	그밖의 소득공제	㊹-2 주택마련저축소득공제	㉮ 청약저축	
			㉕ 배우자	1,500,000			㉯ 주택청약종합저축	
			㉖ 부양가족(3명)	4,500,000			㉰ 장기주택마련저축	400,000
			㉗ 경로우대(명)				㉱ 근로자주택 마련저축	
		추가공제	㉘ 장애인(1명)	2,000,000		㊺ 투자조합출자등소득공제	
			㉙ 부녀자			㊻ 신용카드등소득공제	2,257,500
			㉚ 자녀양육비(2명)	2,000,000		㊼ 우리사주조합소득공제	
			㉚-1 출산·입양자(1명)	2,000,000		㊽ 장기주식형저축소득공제	
			㉛ 다자녀추가공제(2명)	500,000		㊹-1 고용유지중소기업근로자	
		㉜ 국민연금보험료공제		1,500,000			
		연금보험료공제	㉜-1 기타연금보험료공제	㉮ 공무원연금			㊾ 그밖의 소득공제 계	4,657,500
				㉯ 군인연금		세액감면	㊿ 종합소득 과세표준	11,222,500
				㉰ 사립학교 교직원연금			⑤¹ 산출세액	673,350
				㉱ 별정우체국연금			⑤² 소득세법	
		퇴직연금소득공제	㉝	㉮ 과학기술인공제			⑤³ 조세특례제한법	
				㉯ 근로자퇴직급여 보장법	300,000			
		특별공제	㉞ 보험료	㉮ 건강보험료	600,000			
				㉯ 고용보험료	300,000			
				㉰ 보장성보험	1,000,000			
				㉱ 장애인전용	1,000,000		⑤⁵ 세액감면계	
			㉟ 의료비		7,570,000		⑤⁶ 근로소득	327,005
			㊱ 교육비		3,000,000		⑤⁷ 납세조합공제	
			㊲ 주택자금	㉮ 주택임차입금 원리상환액				
				㉯ 월세액			⑤⁸ 주택차입금	
				㉰ 장기주택저당 차입금이자상환액	1,000,000		⑤⁹ 기부 정치자금	
			㊳ 기부금		1,300,000		⑥⁰ 외국납부	
		㊵ 계		15,770,000			
		㊶ 표준공제				⑥³ 세액공제계	327,005
	㊷ 차감소득금액			15,880,000		결정세액(⑤¹-⑤⁵-⑥³)	346,345

(출처 : 국세청)

는 것이다. 직장인들은 연말정산 환급금을 공돈이라 생각하는데, 안 내도 될 세금을 먼저 걷고 나중에 돌려주는 것이기 때문에 결국 본인의 피와 땀임을 잊어서는 안 된다.

그럼 연말 소득공제를 지배하려면 어떻게 해야 할까? 전체적인 구조를 먼저 아는 것이 중요하다. 일단 표 2-6을 보면서 이야기하자.

연말정산은 항상 총 급여(㉑번 61,000,000원)에서 시작한다. 여기서 먼저 근로소득공제(사업자의 비용 개념: 13,550,000원)를 뺀 금액을 근로소득금액이라 하고(㉓번 47,450,000원) 그 다음 여기서 여러 가지 공제 항목을 빼주면(기본공제, 추가공제, 연금보험료공제, 특별공제, 그밖의 소득공제) 마지막 종합소득 과세표준(㊿번)이 되며, 결국 당신이 낼 세금은 이 금액으로 결정된다.

즉, 결과적으로 당신은 6,100만 원의 연봉을 받고 있지만 많은 소득공제를 받아 세금은 1,122만 원에 대해서만 내면 되기 때문에 다음 해 2월에 상당 금액의 수입이 더 생기는 것이다.

이를 도식화해 보면 총 급여 − 근로소득공제 − 기본공제 − 추가공제 − 연금보험료공제 − 특별공제 − 그밖의 소득공제 = 종합소득 과세표준(여기에 세율 곱하여 최종 세금 산출)이다.

[표 2-7] 종합소득세율

과세표준	세율	누진공제
12,000,000 이하	6%	-
12,000,000 초과 46,000,000 이하	15%	1,080,000
46,000,000 초과 88,000,000 이하	24%	5,220,000
88,000,000 초과	35%	14,900,000

그 다음은 무엇을 알아야 할까? 위 연말정산 항목에는 본인이 신경 써야 할 부분이 있고, 신경 쓰지 않아도 될 부분이 있다. 그것을 분리하는 것이 소득공제를 지배하는 포인트다. 상수는 놔두고 변수에만 집중하자. 그 주요 변수는 다음에서 차례대로 설명하겠다.

연말정산

사람으로 절세하기　015

사람으로 절세하는 것은 부양가족 수를 늘려서 세금을 줄이는 것을 의미한다. 본인 가족은 당연히 해당되지만, 주요 변수는 본인의 부모님과 배우자의 부모님, 그리고 양가 중 조부님이 살아 계신 경우다.

일단 다음 표 2-8을 보자.

[표 2-8] 기본공제

구분/요건	공제대상자	동거	나이	소득금액
본인 공제	해당 거주자	동거여부 불문	해당없음	-
배우자 공제	거주자의 배우자			연 100만 원 이하
부양가족 공제	직계존속 (부모님)	주거 형편상 별거자 포함	만 60세 이상	
	직계비속, 입양자	동거가 원칙 (단, 직계비속과 입양자는 동거여부 불문)	만 20세 이하	
	형제자매		만 20세 이하 또는 만 60세 이상	
	국민기초생활보장법에 따른 수급자		해당 없음	
	위탁아동		만 18세 미만	

부모님은 원칙적으로 '주거 형편상 별거자'라고 되어 있으나 그냥 소득 요건과 나이만 맞으면 가능하다고 보면 된다. 그리고 자녀(직계비속)는 당연히 포함되며, 형제자매 요건도 있지만 20세 미만, 60세 이상 및 동거 원칙 등의 요건에 해당하는 경우는 드물기 때문에 결국 기본공제에서 신경 쓸 부분은 본인과 배우자 부모님, 그리고 본인과 배우자 조부모님을 여기에 넣을 수 있느냐다(1인당 150만 원 소득공제).

참고로 여기서 말하는 소득 금액 100만 원은 1년에 100만 원 미만으로 벌어야 한다는 것이 아니라, 근로소득자의 경우는 신고소득 500만 원(연 소득이 500만 원 넘어도 국세청 신고소득이 아니면 부양자 공제 가능) 이하면 된다. 사업자의 경우 1년간 총 소득에서 필요경비를 뺀 소득이 100만 원이 넘지 않으면 된다. 국민연금, 사학연금, 공무원연금, 군인연금 등 공적연금 소득자의 경우는 조금 복잡한데 먼저 다음을 보자.

$$\frac{(\text{연간 연금 총 수령액}) \times (2002.1.1 \text{ 이후 불입한 연금})}{(\text{총 불입연금})} > 5,166,000$$

위와 같은 상황이면 소득금액이 100만 원이 넘는 것이다. 첨언하자면, 2002년 이전에 은퇴한 분은 그냥 소득공제를 받으면 되고, 그 이후에 은퇴한 분이라 하더라도 장기 근무한 사람이면 아직 해당사항은 없다. 예를 들어 1년에 연금으로 약 3천만 원 받는 분이 있다고 해보자. 그리고 이분이 2002년 이후에 불입한 금액이 전체 불입액의 1/5에 해당한다고 하면 계산은 다음과 같다.

$$3,000만 \times \frac{1}{5} = 600만 > 5,166,000$$

하지만 현실적으로는 부모님이 과거 얼마를 불입했고, 2002년 이후에 또 얼마를 불입했는지는 알기가 어렵기 때문에 일단 그냥 접수해보는 것이 더 편한 방법이겠다.

[표 2-9] 추가공제

구분	사유	공제금액	비고
경로우대자공제	만 70세 이상인 경우	1명당 연 100만 원	소득금액 100만 원 이하자
장애인공제	장애인인 경우(나이 제한 없음)	1명당 연 200만 원	
부녀자공제	① 배우자가 없는 여성으로서 기본공제대상 부양가족이 있는 세대주인 경우 ② 배우자가 있는 여성인 경우	연 50만 원	-
자녀양육비공제	6세 이하의 직계비속·입양자 또는 위탁아동이 있는 경우	1명당 연 100만 원	소득금액 100만 원 이하자
출산·입양자공제	해당 과세기간에 출생한 직계비속 또는 해당 과세기간에 입양신고한 입양자가 있는 경우	1명당 연 200만 원	

표 2-9에서 주목할 부분은 마찬가지로 본인과 배우자 부모님, 그리고 본인과 배우자 조부모님이다. 물론 기본공제에 해당이 되면 이 부분은 나이 요건만 맞으면 알아서 처리된다.

[표 2-10] 다자녀 추가공제

기본공제대상 자녀 수	공제금액
2명인 경우	연 100만 원
2명을 초과하는 경우	연 100만 원 + 2명을 초과하는 1명당 200만 원

표 2-10은 참고만 하자. 자녀가 많으면 많을수록 소득공제를 더 해주겠다는 것이다. 예를 들어 기본공제대상인 자녀가 3명인 경우 100만 원 + 200만 원 = 300만 원이다.

기본공제대상인 자녀가 4명인 경우 100만 원 + 200만 원 + 200만 원 = 500만 원이다. 이런 식으로 추가공제를 해준다.

참고로 맞벌이 부부가 자녀 2명인 경우 각각 1명씩 공제받으면 다자녀 공제는 못 받는다. 따라서 한 사람으로 몰아서 받는 것이 효율적이다.

아파서 절세하기 016

연말정산

의료비 공제는 가장 제한이 없는 공제다. 교육비나 기본공제는 모두 나이 혹은 소득을 따지는 데 비해 의료비 공제는 이러한 제한이 전혀 없다. 단지 다른 형제가 부모님 공제를 받았거나 부모님 본인이 직접 본인이나 배우자 공제를 받았다면 의료비 공제는 받을 수 없다.

의료비 소득공제 항목의 계산 방식은 다음과 같다.

의료비 총액 − (연 소득 × 3퍼센트) = 의료비 공제액

예를 들어 연봉이 5천만 원인 사람이 의료비 소득공제를 받으려면 최소 그 해에 150만 원 이상은 병원비로 써야 한다는 결론이 나온다. 반대로 얘기하면 연봉이 높은 사람일수록 의료비 공제를 받기는 쉽지 않다는 것이다.

의료비 공제한도는 다음과 같다.

1. 본인, 65세 이상, 장애인 의료비 : 공제한도 없음(700만 원 넘어도).
2. 그외 부양가족 의료비 : 700만 원 한도(65세 이하 부모, 자녀, 형제 자매 등).

꼭! 필요한 경제상식

- 공제 못 받을 것 같은데 공제 가능한 의료비
  - 보철, 틀니, 임플란트(치료 목적)
  - 라식, 라섹 수술비
  - 임신 및 출산 비용(초음파, 양수 검사, 분만비 등)
  - 건강진단 비용
  - 처방전 없이 구입한 의약품

- 공제받을 것 같은데 못 받는 의료비
  - 미용, 성형수술, 건강기능식품
  - 산후조리 비용
  - 외국 의료기관 비용
  - 회사나 보험사로부터 혜택받은 의료비

배워서 절세하기 — 017

교육비도 앞선 기본공제처럼 잘만 이용하면 쏠쏠한 소득공제 항목이다. 이 항목은 동거 중인 형제 자매의 교육비도 포함된다는 사실에 주목할 필요가 있다. 하지만 부모님은 교육비는 해당사항이 없다(노인대학, 평생교육원 다 필요 없다). 교육비 공제는 본인, 배우자, 자녀 그리고 동거 중인 형제 자매, 처남, 처제, 시동생만 가능하다고 보면 된다. 물론 기본공제에서처럼 소득 금액 100만 원은 똑같이 적용된다.

1. 본인 교육비 : 대학원까지 다 된다. 사이버 대학도 된다. 공제한도도 없다. 그래서 대학원 다니면 엄청난 교육비 공제를 받는다.

2. 그외 가족 교육비
 - 미취학 아동, 초등학생, 중학생, 고등학생 : 1인당 300만 원 한도
 - 대학생 : 1인당 900만 원 한도(국외 대학 등록금도 포함)
 - 대학원생 : 소득공제 불가

단, 장애인 특수교육비의 경우 본인 교육비처럼 전액 공제받는다. 자녀 공제대상 교육비를 나열하면 다음과 같다.

- 급식비, 교과서 구입비, 방과후 학교 수업료
- 중고생 교복 구입비
- 미취학 아동을 위한 보육시설 비용
- 미취학 아동 주 1회 이상 교습한 학원 및 체육시설 수강료
- 국내에서 중학교까지 졸업 후 유학한 경우
- 유치원, 초등학교, 중학교를 국외에서 다녔을 때 : 교육장 혹은 국제교육진흥원장의 유학 인정받은 경우, 부모와 함께 1년 이상 동거한 경우

금융상품으로 절세하기 — 018

금융상품 관련 소득공제 항목들은 보험료, 주택자금, 그밖의 소득공제 항목 등으로 뿔뿔이 흩어져 있는데, 이는 '금융상품으로 절세하기'라는 항목으로 한데 모아서 이해하는 것이 편하다. 그럼 어떤 금융상품에 가입해야 하는지가 금방 드러나기 때문이다.

일단 소득공제가 가능한 금융상품들은 다음과 같다.

1. 보장성 보험

저축성 보험이 아닌, 종신보험/의료실비보험/상해보험/화재 및 운전자보험 등 보장을 목적으로 하는 보험의 경우 1년 합산 100만 원까지 소득공제 가능하다(장애인인 경우는 200만 원까지). 참고로 여기에는 자동차보험료도 포함되기 때문에 차가 있는 사람은 경우에 따라 자동차보험만으로도 보험료 소득공제가 끝나는 경우가 있다.

2. 주택담보대출 이자

세대주 1주택자로서, 기준시가 3억 원 이하 주택에 대한 상환기간 15년 이상 주택담보대출 이자 부분에 대하여 전액 소득공제를 해주고 있다. 아래 청약저축, 장기주택마련저축과 합산하여 총 1천만 원이 공제 한도이다. 참고로 2009년 1월 1일 이후 대출을 받은 경우 상환기간이 30년 이상이면 합산한도 총 1,500만 원이다.

3. 청약저축

무주택 혹은 기준시가 3억 원 미만 1주택 소유자로서 세대주인 경우 청약저축에 불입하는 금액의 40퍼센트를 소득공제 받을 수 있다(한도 48만 원으로 월 10만 원까지 인정한다는 의미).

4. 장기주택마련저축

청약저축과 마찬가지로 무주택 혹은 3억 원 미만 1주택 소유자로서 세대주인 경우 장기주택마련저축에 불입하는 금액의 40퍼센트를 소득공제 받을 수 있다. 청약저축과 합산하여 연 300만 원까지 소득공제 가능하다. 참고로 종합과세표준 8,800만 원 미만인 사람에 한해 2012년까지만 소득공제 가능하다(이 상품은 현재 신규 가입은 불가능하다).

5. 개인연금저축과 연금저축

개인연금저축은 2000년 12월 31일 이전 가입한 연금이고, 연금저축은 그 이후에 가입한 소득공제용 연금이다. 비교하면 다음과 같다.

[표 2-11] 개인연금저축과 연금저축 비교

	개인연금저축	연금저축
기본	2000년 12월 말 이전 가입	2001년 1월 1일 이후 가입
소득공제	연간 납입액의 40%, 한도 72만 원	연간 납입액 전부(100%) 한도 400만 원
중도해지 일시금수령 시	이자소득세 14% (주민세 포함 15.4%)	원금+이자 전부에 대해 기타소득세 20% (주민세 포함 22%)
5년내 해지 시	소득공제 추징, 해지 시까지 납입액 4% (연 72만 원 한도)	해지가산세 부과 납입액의 2.2%(주민세 포함) (연간 300만 원 한도)
연금 수령 시	비과세	연금소득세 후 종합소득세

6. 장기주식형 저축

주식이 폭락하던 2008년 10월 주식시장 부흥을 위해 개설된 소득공제 항목이다. 국내 주식에 60퍼센트 이상 투자하는 국내 주식형 펀드에 3년 이상의 기간 동안 손 대지 않으면 그 불입 금액에 대해 소득공제 받을 수 있다.

납입 1년차 불입액에 대해서는 납입액의 20퍼센트, 2년차 불입액은 10퍼센트, 3년차 불입액은 5퍼센트만큼을 소득공제 해주는 제도다. 분기당 불입한도는 300만 원이므로, 꽉 채워서 불입하면 1년차에는 최대 240만 원, 2년차에는 120만 원, 3년차에는 60만 원까지 소득공제가 가능하다.

[표 2-12] 장기주식형 저축

구분	공제율	불입한도	
1년차 불입액(1회~12회차)	불입액 x 20%	1,200만 원	분기별 300만 원
2년차 불입액(13회~24회차)	불입액 x 10%	1,200만 원	
3년차 불입액(25회~36회차)	불입액 x 5%	1,200만 원	

하지만 이 상품 역시 2009년 말을 기점으로 폐지되었으므로 결국 장기주택마련저축과 마찬가지로 2012년 말이면 사실상 소득공제 혜택은 종료된다고 보면 된다.

연말정산

많이 써서 절세하기 019

기업을 운영하면 매출이 발생하고, 발생한 매출에서 각종 지출과 경비, 세금 등을 빼면 실제 통장에 꽂히는 순이익이 나온다. 즉, 사업자는 경비가 있기에 지출 성격에 따라 자연스레 소득공제를 받을 수 있다. 직장인은 신용카드 공제가 직장인만의 경비 처리라고 볼 수 있다.

그럼 현재 신용카드 공제는 어떻게 처리되고 있을까?

기본적으로 본인 및 부양가족이 사용한 신용카드 금액에서 연봉의 25퍼센트를 먼저 공제한 후 나머지 값에 20퍼센트를 곱해준 것이 최종 소득공제 금액이다.

신용카드 공제금액
= [신용카드 사용액 − (총 급여 × 25퍼센트)] × 20퍼센트
(※ 공제한도 300만 원)

예를 들어 연봉 4천만 원인 사람이 신용카드를 1년 동안 2천만 원 사용했다면 신용카드 공제금액은 다음과 같이 된다.

$[20,000,000 - (40,000,000 \times 0.25)] \times 0.2 = 2,000,000$

즉, 200만 원만큼 신용카드 공제를 받게 되는 것이다.
여기서 말하는 신용카드의 범위는 넓다. 체크카드, 직불카드, 선불카드, 현금영수증 등도 신용카드 소득공제 영역에 들어간다. 주의할 것은 신용카드가 아닌 나머지

소득공제들은 위 공식에서 맨 마지막만 20퍼센트에서 30퍼센트로 바뀐다. 즉, 신용카드가 아닌 현금영수증을 처리했다면 10퍼센트만큼 공제를 더 해주겠다는 의미다. 따라서 소득공제만 놓고 본다면 신용카드보다는 체크카드나 현금영수증 등을 생활화하는 것이 좋겠다.

참고로 신용카드 지출을 했어도 소득공제 항목에 포함되지 않는 것이 있다. 보험료 납입, 등기자산(부동산, 자동차 등), 자녀 공교육비, 세금, 각종 공과금, 해외 사용 부분, 금융 이자 및 수수료 등은 소득공제 사항에 포함되지 않는다. 하지만 의료비, 사교육비 등은 신용카드 소득공제에 포함되니 어떤 항목이 되고 안 되는지 잘 따져서 건전한 소비 습관과 함께 신용카드 공제를 받아내자.

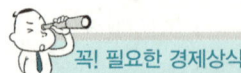

꼭! 필요한 경제상식

- **전통시장 추가 소득공제 혜택**
  2012년부터 이마트와 같은 기업형 슈퍼마켓이 아닌 전통시장에서 신용카드를 사용할 경우 20%가 아닌 30% 소득공제 적용해주며 한도 역시 300만 원이 아닌 400만 원까지 소득공제 혜택을 받을 수 있다.

- **맞벌이 부부의 신용카드 Tip**
  - 둘의 과세표준 구간이 같다면(P.67 참조) 연봉이 적은 사람에게 카드 사용을 몰아주는 것이 좋다.
  - 신용카드 사용액이 적어 최저한도(연봉의 25%)에 미달한다면 한쪽 명의로 카드 사용을 집중하는 것이 좋다.
  - 반대로 신용카드 사용이 많아 한도 초과(공제액 300만 원)가 예상되면 이후부터는 배우자의 신용카드를 사용하라.
  - 신용카드 공제는 근로소득자에게만 해당되므로, 경비처리에 문제가 없다면 근로소득자 쪽으로 카드 사용을 집중하는 것이 좋다.

CHAPTER 3

투자전략　펀 드　실물투자　금융투자

당신의 돈에 날개를 달아라:

투자의 전략과 전술

020 투자, 꼭 필요한가

투자전략

얼마 전, 마늘밭에서 약 110억 원의 현금이 발견되었다. 지금 내 옷장에 혹은 우리집 앞마당에 이 정도의 현금이 있다면 어떨까? 상상만으로도 행복하다. 일단 그 정도의 현금이 있는 사람들은 '투자'보다는 '세금'과 더 가까운 사람들이다.

자산이 일정 규모가 넘어가면 수익률에 연연할 필요가 없다. 물가가 아무리 오른들 100억 원 이상의 자산이면 평생 먹고사는 데 지장이 없기 때문이다. 하지만 거액 자산가는 대한민국 상위 1퍼센트 이내의 사람들이다. 반대로 얘기하면 나머지 99퍼센트의 사람들은 자산관리에 투자를 섞지 않으면 언젠가는 돈이 모자란 순간이 올 수도 있다는 얘기다. 그리고 자산의 규모가 작은 사람들일수록, 투자의 필요성은 말할 것도 없다.

많은 사람들이 투자를 고수익을 위한 수단 정도로만 생각하는데, 그렇지 않다. 투자는 예·적금만으로 미래를 도모할 수 없는 현대사회에는 이제 필수이다. 여기서 '미래'라는 것은 가족의 평생 생활비, 주택 마련, 자녀 학자금 및 결혼 자금, 노후 자금 등을 의미한다.

하지만 생활비 대기에 급급해서 한 푼도 저축할 수 없다는 사람들이 대부분이다. 그들은 소득이 끊기는 순간 바로 빈곤에 맞서야 한다. 또한 얼마의 돈을 저축한다 하더라도 물가상승률을 따라가다 보면 당장 닥치는 일들을 해결하는 수단밖에 되지 않는다. 따라서 미래에 삶의 질을 높이고 싶다면 저축이 아닌 투자를 해야 한다.

투자는 내 미래상을 그려가는 데 있어 속도를 붙여준다. 그냥 걸어만 가도 된다면 굳이 주식, 펀드, 부동산 투자를 할 필요가 없다. 하지만 그냥 걸어만 가서는 노후까지 가난해지지 않을 수 있는 사람은 매우 드물다. 다들 조금씩은 뛰어갈 필요가 있으며, 저축 여력이 충분치 않은 사람들일수록 과속하지 않는 범위 내에서 속도를 높일 필요가 있다.

안전벨트는 잘 점검했는가? 그럼 정속 주행으로 더 나은 미래를 도모해보자.

021 덮어놓고 투자하면 거지꼴을 못 면한다

"요즘은 어디에 투자하면 좋을까요?"

필자가 재무설계를 하면서 가장 많이 받는 질문이다. 그만큼 자산 증식에 대한 의지가 있기에 필자에게 자문을 구하는 것이어서 우선 반갑다. 하지만 투자를 마음 먹기에 앞서 꼭 짚고 넘어가야 할 것이 있다.

바로 '자금의 성격'이다. 자금의 성격은 '언제 이 돈이 쓰일 것인가'에 대한 기준이다. 투자 방법에 관해서는 꼭 재무설계사를 거치지 않더라도 신문이나 인터넷 등에서도 쉽게 정보를 구할 수 있다. '100-나이'만큼 주식에 투자하라느니, 혹은 본인의 투자 성향에 따라 투자하라는 등 여러 가지 조언들이 쏟아진다. 하지만 이는 아주 일반적인 조언이거나 외국에서 별 여과 없이 가져온 정보에 지나지 않는다.

투자에 있어서 가장 중요한 것은 투자 성향이 아니라 바로 '투자 기간'이다. 지금 가지고 있는 여유 자금은 말 그대로 '지금' 시점에서는 여유 자금이지만 '미래'의 어느 시점에는 분명 쓰여질 돈이다. 그 '미래'가 언제인지를 규정하는 것이 투자 초보자가 가장 먼저 해야 할 일이다.

일례로 2008년 봄, 6개월 뒤 아파트 중도금에 쓸 자금 1억 원을 한 증권회사 직원의 권유로 모두 주식에 투자한 사람이 있었다. 본인은 망설였지만 '우량주니까 괜찮다'는 말을 듣고 직접투자에 나선 것이다. 하지만 6개월 뒤 이분의 연락은 끊겼다. 당시 주식 보유 내역을 알고 있기에

조회해보니 원금 1억 원은 그 당시 약 3천만 원 정도 되었던 것으로 기억한다. 물론 이분이 아파트 중도금을 어떻게 마련했는지는 모른다. 다만 6개월 안에 고수익을 내고자 시도했다가 눈물을 머금게 된 대표적인 사례다.

아무리 공격적인 투자 성향을 가지고 있는 사람도 수개월 후에 쓸 돈을 주식에 투자해서는 안 되며, 반대로 아무리 보수적인 성향을 가지고 있는 사람도 10년 이후에 쓸 돈이면 주식 비중을 높여서 장기 투자하는 것이 바람직하다.

주식과 같은 위험자산의 비중을 높이는 것은 젊기 때문도 아니오, 투자 성향이 공격적이어서도 아니다. 단지 충분한 투자 기간을 가질 뿐이다. 그리고 여기서 말하는 충분한 투자 기간이라는 것은 보통 3년 이상을 의미한다. 여기에 투자 시점까지 분산해주면(적립식으로 투자) 10점 만점에 10점이다.

022 랩으로 갈까, 펀드로 갈까

요즘처럼 한 치 앞도 내다볼 수 없는 주식시장에서는 펀드와 랩 등 전문가의 분석이 뒷받침되는 간접투자가 대안이 된다. 랩은 '랩 어카운트(wrap account)'의 약자다. 여기서 랩은 우리가 가정에서 흔히 쓰는 랩과 같은 의미다. 집에서 음식이 남으면 랩으로 포장하여 냉장고에 보관하듯이, 랩 어카운트는 여러 계좌(account)를 포장하여 함께 관리하는 종합자산관리계좌를 뜻한다. 즉, 증권사가 고객의 투자 성향, 투자 목적에 맞게 주식·채권·펀드 등 다양한 투자 수단을 한데 묶어 고객에 맞는 포트폴리오를 구성하여 관리하는 것이다.

하지만 펀드는 다르다. 랩은 증권사가 고객의 성향에 맞게 1대 1 맞춤형 서비스를 제시하는 데 비해, 펀드는 고객이 백화점에서 기성복을 사듯 펀드 매니저가 운용하는 여러 펀드 중 본인에 맞는 펀드를 찾아 선택하는 것이다.

그렇다면 둘 중 무엇이 좋을까?

답은 없다고 말할 것을 기대했겠지만 필자는 랩보다는 펀드 편을 들어주고 싶다. 일단 이 둘을 비교해보자.

[표 3-1] 랩과 펀드

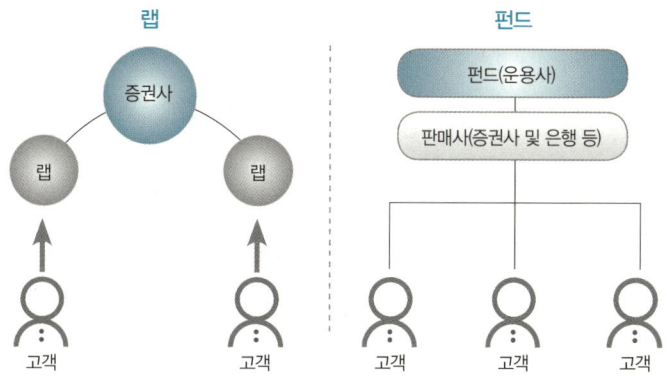

[표 3-2] 랩과 펀드의 성격 비교

	펀드	랩
수수료	보통(평균 2%대)	높은 편(평균 3%대)
주식 비중	60% 이상	0~100%
투자 방법	보통 50개 이상 종목	소수 종목 집중
일대일 자산관리	불가능	가능
최소 가입금액	보통 1만 원 이상	보통 5,000만 원 이상
투자위험	높음	매우 높음

수수료나 주식 비중 등 여러 가지 차이가 있지만, 필자가 주목하는 것은 투자 방법과 최소 가입금액이다. 즉, 우

리가 일반적으로 가입하는 공모펀드는 보통 50개 이상의 보유종목으로 분산 투자를 하고 있다. 하지만 랩은 주로 소수 몇 가지 종목에 집중하는 편이라 수익률 변동성이 매우 크다. 즉, 장이 좋을 땐 탁월한 성과를 내지만 예기치 못한 리스크가 발생하면 하락폭 역시 더욱 커질 것이다. 그리고 소위 말하는 '제대로 된' 랩에 가입하려면 1억 원 이상은 투자해야 하는 것이 보통이다.

결론적으로 랩 상품은 '한 시점'에 '목돈'을 '소수종목'에 '집중 투자'하는 것이기 때문에 사실상 자산가들을 위한 상품이다. 자산가에게 1억 원은 자산의 일부일 뿐이지만, 직장인에게 1억 원은 자산의 전부일 수도 있다. 아무리 전문가가 운용한다지만 가진 돈 전부를 소수의 주식에 한 번에 밀어 넣는 것은 잘못된 투자방식이다. 높은 수익률을 목적으로 꼭 랩 상품에 투자하고자 한다면 리스크가 큰 만큼 자산의 20퍼센트 미만에서만 하길 권한다.

하지만 본인이 가지고 있는 금융자산 규모가 크지 않다면 좋은 펀드를 골라 쭉 가져가는 것이 가장 현명한 투자방법이라 하겠다. 참고로 최근에는 적립식 랩도 출시되고 있는데 적립식이라면 괜찮다. 다만 가입 기간, 운용방식, 수수료 구조 등을 잘 따져보고 고르자.

023 | 거치식 펀드는 하지 마라

 펀드

    필자는 거치식 펀드를 권하지 않는 사람으로 유명하다. 금융 위기 이전인 2006, 2007년에도 정말 원하는 고객에 한해서만 목돈을 3번 정도로 나눠서 불입하게 했다.

    필자가 추천하는 목돈 투자 방식은, 1억 원이 있으면 매월 800만 원 정도를 1년 동안 불입하는 것이다. 3천만 원이 있으면 매월 250만 원씩 불입하고, 그러고 나서는 1년이 지나면 다시 찾아서 12번씩 1년 단위로 쪼개 들어가는 것이다. 이렇게 하면 대박은 없지만 투자 스트레스는 10분의 1로 줄어든다.

    최근 사례로 예를 들자면 2010년 11월 연평도 포격 사건, 2011년 3월 리비아 사태와 일본 대지진, 그리고 2011년 8월 유럽발 금융 위기……. 이러한 예기치 못한 변수가 터져 주식시장이 출렁일 때 이미 랩 어카운트에 가입했거나 거치식 펀드에 가입했다면 가슴이 내려앉을 것이다. 하지만 적립식으로 투자하는 한 이 순간은 위기가 아닌 기회가 된다. 특히 이번 달에 혹은 다음 달에 또 들어갈 투자금이 있다는 것은 일종의 희망이다. 투자 스트레스가 아예 없진 않겠지만 거치식으로 투자했을 때보다는 생활의 질은 훨씬 높다.

 필자가 거치식 투자를 배제하는 또 다른 이유는 세계 경제가 과거와 같기는 어렵기 때문이다. 저성장 국면에서는 유동성만이 증시를 떠받칠 수 있는 힘인데, 이 유동성은 럭비공 같아서 소위 말하는 서구의 거대 자본이 한 번에 물건을 던져버리면 우리나라 주식시장은 속절없이 무너져 내릴 수밖에 없기 때문이다. 유동성의 칼자루를 쥐고 있는 것은 외국인이기 때문에 경기전망과 무관하게 그들의 마음 가는 대로 주식이 움직일 확률이 높아지고 있다는 의미다.

024 | 펀드, 관리 안 할 거면 가입하지 마라

적립식 펀드가 많은 사람들에게 생활화되어 있는 요즘, 이제는 3년 이상 꾸준히 투자하고 있는 투자자들을 어렵지 않게 만날 수 있다. 중요한 것은 대부분의 3년 이상 적립식 투자자들은 본인에게 만족하고 있다는 것이다. 이따금씩 시장의 충격으로 걱정한 적도 있지만, 그냥 자동이체 걸어놓고 잊고 있으니 어느새 만족할 만한 수익이 발생했다는 것이다.

하지만 장기 투자자들이 하는 작은 실수가 있다. 바로 펀드 점검을 하지 않는다는 것이다. 먼저 다음 그래프와 표를 보자. 아래는 업계에서 가장 우수한 펀드로 인정받고 있는 펀드의 수익률 추이와 펀드 매니저 변경 내용이다.

[표 3-3] 미래에셋디스커버리주식펀드 수익률 추이

[표 3-4] 미래에셋디스커버리주식펀드 책임운용역 변동 현황

일자	운용매니저명	비고
2001-07-06	김태우	현 피델리티자산운용 전무
2004-02-16	김태홍	현 브레인투자자문 부사장
2004-07-19	박건영	현 브레인투자자문 대표
2005-04-01	김태홍	현 브레인투자자문 부사장
2006-03-20	서재형	현 한국창의투자자문 대표
2008-12-15	박진호	현 미래에셋자산운용 이사

(2011년 4월 16일자 『머니투데이』)

[표 3-5] 연도별 성과 (2011.08.22) [단위 : %]

구분	2006년	2007년	2008년	2009년	2010년	2011년
펀드	4.65	62.16	-39.31	56.92	14.86	-14.51
%순위	22	1	41	45	96	66
BM	4.49	30.14	-39.34	51.60	22.23	-17.78
유형평균	0.96	41.98	-39.45	54.20	19.53	-12.91
운용사	2.98	49.80	-38.29	53.25	16.79	-15.33

(자료 : 펀드닥터 제공)

금융 위기 촉발 전인 2007년 가을까지는 자타공인 최고의 펀드가 맞다. 하지만 마지막 펀드 매니저가 바뀐 금융 위기 이후 수익률을 보자(2009년부터).

결론적으로 별로 좋지 않다. 2010년에는 전체 펀드 중 백분위 순위 96등을 기록하는 굴욕을 당하기도 했다. 누적 수익률을 봐도 그렇다. 이 펀드의 3년 수익률은 16.69퍼센트인데, 이 기간 동안 다른 주식형 펀드들은 3년 평균 23.31퍼센트의 수익률을 기록하고 있다. 1년 미만의 기간 동안 수익률이 잠시 안 좋아지는 것은 상관없지만 이렇게 장기간 수익률이 저하되고 있는 것은 펀드 교체의 사인이다(이 경우는 펀드 매니저 교체에 따른 수익률 저하로 분석된다).

펀드 관리라는 것, 별 것 없다. 가입 후 1년이 지난 후 BM(bench mark, 코스피200)과 비교해보는 것이다.

펀드

펀드 보고서, 이것만 보면 된다 | 025

"오면 안 뜯어 보고 그냥 버려요."

펀드에 처음 가입할 때는 자산운용보고서를 받는다고 체크했다가 몇 개월 후 보고서가 도착하면 그 특유의 난해함 때문에 이제는 확인도 안 하고 재활용 통으로 직행한다.

펀드 자산운용보고서, 정말 애물단지인가?

사실 조금은 그렇다. 지금은 8월인데 일주일 전 받은 자산운용보고서는 3월 1일~5월 28일까지 운용한 결과를 보여주고 있으니 말이다. 요즘 자산운용보고서에는 향후 자산시장 전망까지 함께 넣어서 준다. 3개월 전에 실시한 시장 예측을 고객은 지금에서야 받고, 이미 확연히 달라져버린 시장 상황과 보고서는 왠지 어색하기만 하다. 하지만! 그럼에도 불구하고 자산운용보고서는 유익한 정보를 제공하고 있다는 것은 의심할 나위 없다. 부하 직원이 작성한 보고서 같은 자산운용보고서, 어떻게 대하면 좋을까?

1. 자산운용보고서

자산운용보고서는 펀드의 성적표이다. 현재 펀드가 어떻게 운용되고 있는지 알고, 향후 지속적인 투자 판단에 도움이 되도록 펀드의 수익률, 보유 자산, 특징, 판매회사, 손익사항 등이 수록되어 있다. 하지만 자산운용보고서는 3개월 단위로 끊어 일괄 배포하는 참고 자료이기 때문에, 가입자 본인의 수익률이나 고유사항 등은 없다. 그래도 자산운용보고서에서 가장 눈여겨보아야 할 부분은 운용 성과다. 최근 수익률, 그리고 1년 이상 수익률이 비교지수 대비 높은 성과를 내고 있는지, 그리고 수익률 흐름이 일관성이 있는지를 알아보는 것이 중요하다. 참고로 총 보수도 중요하기는 하나 운용 성과만큼 중요하지는 않다.

2. 간접투자 재산현황

주로 자산운용보고서 첫 페이지에 있다. 간접투자 재산현황은 전기 말과 당기 말의 자산 및 부채 총액 그리고 총 발행 증권좌수와 기준가격 등이 명시되어 있는데, 이것을 통해 우리는 펀드의 자산 규모가 증가 추세인지 혹은 하락

추세인지를 확인할 수 있다. 자산 규모가 늘고 있다면 긍정적으로 받아들일 수 있지만, 자산 규모가 줄어들고 있다면 원인을 따져봐야 한다. 특히, 유사 펀드군에 비해 자산 규모가 정체되고 있거나, 혹은 하락폭이 크다면 환매를 고려해볼 수 있다.

3. 기준가격

펀드 재산현황을 보면 '기준가격'이라는 것이 있다. 이는 주식의 가격은 주가, 펀드의 가격은 기준가격으로 이해하면 쉽다. 즉, 주가가 오르는 것과 기준가가 오르는 것은 같은 이치다. 그리고 기준가는 펀드가 처음 설정될 때, 1,000으로 시작하며 이후 수익이 난 만큼 변동한다. 예를 들어 20퍼센트의 수익이 나면 기준가는 1,200이 된다. 하지만 국내 펀드의 경우 1년에 한 번씩 펀드를 결산하기 때문에 결산을 하게 되면 기존의 기준가가 500이었던 2,000이었던 것에 상관없이 1,000으로 다시 세팅되며 그만큼 좌수는 늘어난다.

$$펀드\ 평가금액 = \frac{(잔고좌수) \times (기준가격)}{1,000} - 세금$$

4. 좌수

좌수는 수익증권의 개수, 즉 수익증권의 매매단위이다. 새로 만들어진 펀드에 가입할 경우 투자자는 1원당 1좌로 계산된 좌수를 부여받는다(1백만 원 투자 시 1백만 좌수 보유 ⇨ 1백만 개의 수익증권 보유). 하지만 이미 운용되고 있는 펀드에 투자하는 경우가 대부분이므로 일반적으로는 가입시점의 운용성과가 반영된 좌수를 구입하게 된다.

예를 들어 기준가격 1,200일 때 1백만 원을 투자하면 (100만/1,200 = 833좌수) 833좌수를 구매하게 된다. 부연 설명하면 이 펀드는 펀드 출시 혹은 펀드 결산 후 20퍼센트의 수익을 얻은 상황에서 고객이 100만 원을 투자한 것이다. 실제 예를 들어보자.

[표 3-6] 펀드 보고서 내역

운용회사	필살그룹 투신운용	잔고좌수	113,034
펀드명	잘나가 펀드	평가금액	101,289
입금금액	100,000	누적수익률	1.28
기준가격	896.1		

일단 기준가격이 896.1로 1,000보다 작다는 것은 펀드 설정 후, 혹은 펀드 결산 후 그만큼 손해가 발생했다는 의미다. 하지만 위에서 주의할 사항은 펀드 자체는 결산 후 약 10퍼센트가량의 손실이 발생했으나(기준가격 참조) 이

투자자는 더 낮은 가격에서 투자했기 때문에 현재 약 1.3퍼센트가량 이익을 보고 있다(평가금액 참조). 참고로 잔고좌수×기준가격 = 평가금액(113,034좌수×896.1=101,289원)이며 누적수익률의 경우 투자 시작 후 현재까지 입금액에 대한 총 1.28퍼센트의 수익을 내고 있다는 의미다.

5. 매매회전율

매매회전율은 주식 매매의 빈번한 정도를 나타내는 지표로, 해당 기간 동안 매도한 주식가액을 같은 기간 동안 보유한 주식가액으로 나누어 산출한다. 예를 들어 분기 동안 300억 원을 매도했는데, 이 펀드의 설정액이 1,000억 원이었다면 이 펀드의 매매회전율은 30퍼센트이다. 매매회전율이 높다는 것은 그만큼 주식을 많이 사고 팔았다는 애기가 되며, 일반적으로 성장주 펀드가 가치주, 배당주 펀드에 비해 매매회전율이 높은 편이다. 가치투자 스타일은 저평가된 종목을 매입하여 가격이 오를 때까지 상당기간 기다리기 때문에 매매회전율이 낮지만, 성장주 펀드의 경우 향후 성장성이 높은 종목을 골라 적극적으로 투자하기 때문에 매매회전율이 높다. 물론 매매회전율 만으로는 펀드의 우수성을 평가할 수는 없다.

6. 펀드매니저

자산운용보고서에는 펀드매니저에 대한 정보도 잘 나와 있다. 여기서 신경 쓸 부분이 있다면 펀드매니저가 바뀌는 상황이다. 항상은 아니지만 펀드매니저가 바뀌면 대체로 수익이 악화되는 경우가 많다. 펀드매니저들은 각각 나름대로의 스타일이 있기에(매니저 각각 본인이 분석하고 있는 주식군이 다름) 포트폴리오를 재편하는 과정에서 손실이 나는 경우가 더러 있기 때문이다. 게다가 떠나는 펀드매니저는 본인의 성과를 위해 좋은 주식은 다 팔고 인수인계 해주는 경우도 있기 때문에, 펀드매니저가 변경되었다면 성과의 추이를 먼저 살펴보고 과거에 비해 눈에 띄게 안 좋아졌다면 과감하게 환매를 고려하자.

이 외에 보유 주식, 업종별 투자 비중 등도 함께 명시되어 있지만 이미 2~3개월 이전 상황이기 때문에 큰 의미를 갖기보다는 펀드매니저의 스타일을 파악하는 정도로 참고하는 것이 좋겠다.

펀드

같은 펀드인데 1탄, 2탄, 3탄 수상하네… 026

"어제 추천해주신 펀드 가입했어요. ○○펀드 2탄이요."

"네? 그건 서로 다른 펀드인데요."

그렇다. 펀드 이름은 같아도 나머지(펀드매니저, 주식 구성, 수익률)는 모두 다르다. 다음 표 3-7을 보자. 시리즈 펀드에서 가장 유명한 미래에셋 디스커버리 시리즈이다.

워낙 인기가 많아서 5탄까지 나왔으며, 이 시리즈만 합쳐도 설정액이 4조 원이 넘는다. 하지만 펀드 내 주식 구성은 서로 다르다. 2011년 5월 2일을 기준으로 각 펀드 상위 10개 종목 중 6개 종목만이 구성이 같고, 나머지는 많이 다르다는 것을 알 수 있다(디스커버리 공통 주식: LG화학, 현대모비스, 현대중공업, OCI, 삼성전자, SK이노베이션).

[표 3-7] 미래에셋 디스커버리 시리즈

	디스커버리 1호	디스커버리 2호	디스커버리 3호	디스커버리 4호	디스커버리 5호
LG화학	9.14	9.14	9.01	8.87	9.08
현대모비스	7.40	7.52	8.87	7.90	8.74
하이닉스	6.26			5.04	
현대중공업	6.25	6.40	6.12	6.16	7.14
OCI	6.23	5.71	4.68	5.90	4.40
삼성전자	4.83	5.55	5.55	8.20	5.87
SK이노베이션	4.66	3.61	4.30	3.63	4.28
현대차	4.24	4.91		4.37	
엔씨소프트	3.78				
SK	3.73				
S-Oil		5.13	7.52		7.50
호남석유		4.75	6.59		6.64
삼성물산		4.51		4.63	
LG생활건강			3.95		4.10
LS			3.85		
제일모직				3.12	
현대건설					3.98

상황이 이렇다 보니 수익률도 서로 다르게 나타난다. 아래 표 3-8을 보자.

[표 3-8] 미래에셋 디스커버리 시리즈 수익률

	디스커버리 1호	디스커버리 2호	디스커버리 3호	디스커버리 4호	디스커버리 5호
2008년 수익률	-39.31	-36.86	-38.92	-39.27	-32.12
2009년 수익률	56.92	49.07	51.17	61.41	52.72
2010년 수익률	14.86	17.99	14.83	18.53	22.54
2011년 수익률	4.11	3.30	6.92	3.54	6.63
3년 수익률	34.01	34.92	34.89	41.61	45.30

같은 이름의 펀드이지만 최근 3년 수익률(2011년 8월 1일 기준)을 보면 최대 11퍼센트 이상의 수익률 차이를 보이고 있음을 알 수 있다(1탄과 5탄).

따라서 전문가를 통해 펀드 추천을 받았더라도 그 이름을 정확히 알아야 한다. 그렇지 않으면 나중에 후회할 일 분명히 생긴다.

027 정말 인덱스 펀드가 답인가

펀드

필자도 가끔씩은 다른 전문가들이 쓴 책을 보고, 강의를 듣곤 한다. 그 가운데 인덱스 펀드 예찬론자들을 쉽게 접할 수 있다. 인덱스 펀드 예찬론자들의 논리는 이렇다.

"단기간 고수익을 낸 펀드는 그 펀드 내 주식 구성의 하락 리스크가 더 커지고 있다는 것을 의미하며, 장기적으로 갈수록 그 수익률은 대표 주가지수(우리나라는 코스피, 미국은 다우존스 등) 수익률에 수렴한다."

분명 일리 있는 말이다. 하지만 이 논리의 이면을 들여다보면 미국에서 온 이론임을 쉽게 알 수 있다. 미국의 주식시장은 우리나라와는 비교가 안 될 정도로 거대한 시장 규모와 장고한 역사를 가지고 있다. 뉴욕의 월가는 전 세계 천재들이 가장 많이 모여 있는 곳이기도 하다. 소위 말하는 무림 초고수들이 모여서 매일같이 서로 치고받기를 반복하다 보니, 정작 장기적으로 시장 이상의 수익률을 달성한 펀드는 거의 없더라는 것이다. 이를 증명하는 것이 미국의 신화적 펀드인 마젤란 펀드인데, 전설적인 펀드매니저 피터 린치가 이 펀드를 운용했던 1977년부터 1990년까지 13년간 수익률은 무려 2,700퍼센트로 아직도 월가의 전설로 남아 있다. 하지만 피터 린치가 은퇴한 다음 1995년부터 2007년까지의 13년간 수익률은 미국의 S&P 500 인덱스 펀드에 비해 누적수익률이 약 40퍼센트나 뒤지는 성과로, 과거의 명성은 이미 사라진 지 오래다.

이 일화는 많은 인덱스 펀드 추종자들을 만들며 '결국 모든 펀드는 시장 수익률로 수렴되니 비용이나 줄이는 게 장땡'이라는 격언 아닌 격언까지 만들어내기도 했다. 하지만 이는 미국의 얘기다. 앞서 언급한 것처럼 거대 자본과 초고급 정보를 가진 투자의 신(神)들 간의 싸움이 인덱스 펀드의 어부지리 수익률을 가져온 것이지, 우리나라처럼 작은 자본시장, 정보의 효율성이 상대적으로 낮은 시장에서는 시장 초과 수익을 내는 것이 가능하고, 앞으로도 상당 기간은 그러한 분위기로 진행될 가능성이 높다고 보고 있다. 그리고 이미 5년 이상 된 많은 펀드들이 이를 증명하고 있다.

펀드 평가 사이트에 들어가서 5년 이상 수익률을 정리

해보면 상당수의 펀드가 코스피200지수를 훨씬 초과하는 수익을 내고 있음을 알 수 있다.

물론 그렇다고 인덱스 펀드를 배척하는 것은 아니다. 단지 미국 시장과 우리나라 시장이 분명히 다름을 알고, 가급적이면 오랜 기간 시장 이상의 수익을 내고 있는 펀드들을 선별하여 1년 단위로 잘 관리해 나가는 것이 우리나라에 더 맞는 펀드운용 방법임을 알았으면 좋겠다.

[표 3-9] 최근 5년간 국내 Top펀드 수익률(2011년 8월 1일 기준)

NO	펀드명 / 운용사	소유형	순자산액 운용규모	5년 ↓	유형 초과
1	삼성KODEX자동차 상장지수[주식] 삼성운용	기타 인덱스	590 590	267.02	-
2	동양중소형고배당 1(주식)ClassC 동양운용	중소형 주식	1,367 1,575	167.04	49.87
3	신한BNPP Tops Value 1[주식](종류_C 1) 신한BNPP	일반주식	156 6,597	136.78	53.14
4	신한BNPP Tops엄마사랑어린이적립식[주식] 신한BNPP	일반주식	192 2,207	134.47	50.83
5	한국투자네비게이터 1(주식)(A) 한국운용	일반주식	12,965 18,345	134.45	50.81
6	삼성스트라이크 1[주식](C 1) 삼성운용	일반주식	110 3,060	122.53	38.89
7	한국투자성장 1(주식)(C) 한국운용	일반주식	296 297	119.41	35.77
8	미래에셋트림타겟 (주식)종류A 미래에셋자산	일반주식	4,128 4,190	119.24	35.60
9	한국투자삼성그룹 1(주식)(C 1) 한국운용	테마주식	213 3,175	118.14	-
10	KB그로스포커스(주식)C-R KB운용	일반주식	432 1,256	116.47	32.83
11	KB코리아스타(주식) 클래스 A KB운용	일반주식	4,615 5,250	116.19	32.55
12	한국투자삼성그룹자 1(주식)(A) 한국운용	테마주식	2,312 2,316	115.86	-
13	한국투자삼성그룹적립식 1(주식)(C 1) 한국운용	테마주식	1,657 20,245	115.02	-
14	신한BNPP 좋은아침코리아 2[주식](종류A) 신한BNPP	일반주식	419 446	114.87	31.23
15	한국투자패스파인더 1(주식) 한국운용	일반주식	1,344 1,344	114.15	30.50
16	한국투자골드적립식삼성그룹 1(주식)(C 1) 한국운용	테마주식	234 2,290	113.65	-
17	신영마라톤 A 1(주식) 신영운용	일반주식	5,851 5,851	112.96	29.32
18	신영밸류고배당[주식]C 1 신영운용	배당주식	2,683 3,739	111.09	27.43

(지난 5년간 코스피200 수익률 83.64%)

028 | 채권, 투자할 만한가

 이 책을 보고 있는 여러분 중에 채권에 직접 투자해본 사람은 극히 드물 것이다. 채권은 일단 기대 수익이 낮은 편이고, 예금자보호도 안 되며, 막상 투자하려면 채권에 대한 별도의 공부가 필요하기 때문이다. 뿐만 아니라 별로 돈이 안 되기 때문에 금융기관에서도 아예 개인 판매는 취급하지 않거나, 혹 취급하더라도 마케팅을 잘 안하다 보니 실제로 채권에 투자하거나 관심을 갖는 사람은 드물다. 하지만 중요한 몇 가지 사항만 습득하면 의외로 고금리 상품을 찾을 수 있기 때문에 채권에 대한 투자 포인트는 알아놓을 필요가 있다.
 채권은 돈을 꿔주고 이자를 받다가 만기에 원금을 받는 금융상품이다. 말 그대로 채권이기 때문에 분명 돈 뜯길 위험도 존재한다. 이 위험을 알려주는 척도가 바로 '신용등급'이다.

채권 투자 시 가장 먼저 보아야 할 것은 바로 신용등급이다. 채권의 신용등급은 사람의 신용등급과 똑같다. 사람도 신용등급이 높으면 낮은 이자로 대출을 받을 수 있듯이, 기업도 우량할수록 신용등급은 올라간다.

우리나라 신용평가회사에서 정의하는 신용등급의 정의는 다음과 같다.

[표 3-10] 채권의 신용등급 정의

등급	등급의 정의
AAA	원리금 지급 능력이 최상급임.
AA	원리금 지급 능력이 매우 우수하지만 AAA의 채권보다는 다소 열위임.
A	원리금 지급 능력은 우수하지만 상위 등급보다 경제 여건 및 환경 악화에 따른 영향을 받기 쉬운 면이 있음.
BBB	원리금 지급 능력은 양호하지만 상위 등급에 비해서 경제 여건 및 환경 악화에 따라 장래 원리금의 지급 능력이 저하될 가능성을 내포하고 있음.
BB	원리금 지급 능력이 당장 문제가 되지 않으나 장래 안전에 대해서는 단언할 수 없는 투기적인 요소를 내포하고 있음.
B	원리금 지급 능력이 결핍되어 투기적이며, 불황시에 이자 지급이 확실하지 않음.
CCC	원리금 지급에 관하여 현재에도 불안요소가 있음. 채무불이행의 위험이 커 매우 투기적임.
CC	상위 등급에 비하여 불안요소가 더욱 큼.
C	채무불이행의 위험성이 높고 원리금 상환 능력이 없음.
D	상환불능 상태임.

※ AA부터 B까지는 당해 등급 내에서의 상대적 위치에 따라 + 또는 - 부호를 부여할 수 있습니다.

참고로 회사채의 경우 투자등급은 AAA~BBB 구간이며 투기 등급은 BB~D 구간이다.

채권도 하이 리스크 하이 리턴이 있다. 등급이 낮아질수록 부도의 위험이 크다는 얘기이기 때문에 그만큼 수익률도 높아진다.

[표 3-11] 채권 예시

채권 종류	무보증회사채(A0)	상장구분	상장
매출일	2011-08-02	발행일	2011-08-02
만기일	2016-08-02	만기가	10,000
투자기간	4년 356일	할인율	0
표면금리	5.85000	발행금액	240,000,000,000
신용등급	A0	주간사	한국투자증권
매매가능	Y	거래최저단위	1
지급구분	이표채(고정금리)	지급주기	3개월

	일자	이자율	액면 1,000만원 투자 시 이자
1	2011/11/02	5.85	146,000
2	2012/02/02	5.85	146,000
3	2012/05/02	5.85	146,000
4	2012/08/02	5.85	146,000
5	2012/11/02	5.85	146,000

표 3-11을 보면 위 회사는 일단 신용등급이 A0에 해당하므로 투자등급에 속한다는 얘기다. 신용등급을 체크했으면 이젠 표면금리(이자율)를 보면 된다. 표면금리는 내가 이자를 얼마나 받는지를 나타낸다. 위 회사의 채권은 표면금리 5.85퍼센트로 1년에 1,000만 원을 투자하면 3개월 단위로 146,000원을 준다는 의미다.

이제 마지막으로 확인할 것은 만기이다. 신용등급, 표면이율 모두 좋은데 위 채권처럼 만기가 2016년이라면 그 전에 돈이 필요한 경우, 이 채권에 대한 투자를 재고해봐야 한다. 다시 말하지만 채권을 고를 때는 다음 3가지만 고려하자.

1. 신용등급
2. 표면금리
3. 만기일자

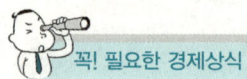

꼭! 필요한 경제상식

여기서는 지면상 중간에 채권을 팔지 않는다는 가정으로 소개했다. 채권 초보자는 본인 자금 계획에 맞는 만기를 가진 상품을 찾아 만기까지 보유하는 전략이 유효하며, 채권형 펀드를 이용하는 것도 매우 좋은 방법이다.

029 해외펀드 투자법: 환헤지와 세금

"달러로 투자되는 펀드도 있던데 그건 뭐죠?"

최근 들어 국내 증권사에서도 해외 펀드를 많이 출시하고, 또 달러화까지 약세를 보이고 있다 보니 상대적으로 역외펀드에 대한 선호도는 줄어든 편이다. 하지만 투자자라면 상식적으로라도 알아둘 필요가 있다.

일단 역외펀드란 무엇인가?

역외펀드(Off-Shore Fund)는 외국계 자산운용사가 해외에서 설정해 한국을 포함해 전 세계에 판매하는 상품을 말한다. 현실적으로는 원화가 아닌 화폐로 투자가 되는 펀드는 모두 역외펀드라고 봐도 무방하다. 여기서 중요한 포인트가 있다. 원화로 투자되지 않기 때문에 수익률뿐만 아니라 환율이라는 변수도 있다는 것이다.

즉, 투자 지역의 주식이 상승해 수익을 보았다 하더라

도 환율이 떨어지면 원화로 바꾸는 과정에서 손실이 발생할 수도 있기 때문에 이를 막고자 하는 것이 바로 환(換)'헤지(hedge)'이다. 그리고 이에 대한 계약을 따로 하는 것을 '선물환 계약'이라고 한다. 하지만 선물환 계약은 환율 하락만을 방어하는 것뿐이지, 환율이 상승하면 오히려 손해가 발생할 수 있다. 헷갈릴 수 있으니 이번 장은 퀴즈로 배워보자.

1. 당신은 역외펀드에 가입하면서 선물환 계약을 했다. 향후 환율이 오를 경우 당신이 맡긴 돈은 어떻게 될까?
① 환율 상승분만큼 손해를 볼 것이다.
② 환율에 대한 손해를 보지는 않을 것이다.
③ 환율 상승분만큼 이득을 볼 것이다.
④ 은행에서 알아서 이득이 나도록 조치를 취해줄 것이다.

해설 선물환 계약은 환율 하락을 막기 위한 것이지, 반대로 환율이 상승한다면 그 차액만큼이 손실로 잡힌다. 2008년 환율이 급등하는 통에 많은 선물환 계약자들이 엄청난 피해를 봤다. 선물환 계약은 환율의 하락만 방어하고 상승하면 그만큼을 손실을 본다는 것을 다시 한 번 상기하자.

> **꼭! 필요한 경제상식**
>
> 현재 원/달러 환율이 1,300원이고, 선물환 계약으로 4만 달러를 역외펀드에 투자했을 경우 환율이 1,500원으로 오르면 800만 원의 환차손이 추가로 발생하고, 환율이 1,100원으로 떨어지면 800만 원의 환차익이 추가로 생긴다. 하지만 선물환 계약을 하지 않았을 경우는 환율이 1,500원으로 오르면 800만 원의 환차익이 추가로 발생하고, 환율이 1,100원으로 떨어지면 800만 원의 환차손이 추가로 생긴다.

2. 당신은 중국에 달러로 투자되는 펀드에 투자를 했다. 선물환 계약을 맺고 1년간 1천만 원을 투자했는데, 슬프게도 펀드 수익률이 −50퍼센트였다. 하지만 그동안 환율은 50퍼센트 상승했다. 당신의 수익은 어떻게 될까?

① −50퍼센트보다 더 많은 손실이 발생했다. ✓

② −50퍼센트보다 더 적은 손실이 발생했다.

③ −50퍼센트만큼의 손실만 발생했다.

④ 원금을 보존했다.

해설 선물환 계약을 했기 때문에 환율이 오르면 오른 만큼 손실을 보게 된다. 이렇게 되면 투자 손실액은 250만 원이지만(달러 표시 자산은 500만 원이나 환율 50퍼센트 상승으로 원화 기준 자산은 750만 원), 선물환 손실이 500만 원 발생하여 총 투자 손실은 750만 원이 되고, 총 손실은 −75퍼센트로 커진다.

3. 당신은 일본에 엔으로 투자되는 펀드에 투자를 했다. 1년간 1천만 원을 투자했는데 −50퍼센트 손실이 났다. 하지만 그동안 환율은 50퍼센트 상승했다. 당신의 수익은 어떻게 될까(선물환 계약은 하지 않음)?
① −50퍼센트보다 더 적은 손실이 발생했다.
② −50퍼센트보다 더 많은 손실이 발생했다.
③ −50퍼센트만큼의 손실만 발생했다.
④ 원금을 보존했다.

해설 선물환 계약을 하지 않았다면, 환율이 오르면 오른 만큼 이득을 보게 된다. 따라서 엔화 표시 자산은 500만 원이나 환율 50퍼센트 상승으로 원화 기준 자산은 750만 원이 되어 총 손실은 −25퍼센트로 줄어든다.

4. 당신은 유로화로 투자되는 유럽 배당주 펀드에 투자를 했다. 선물환 계약을 맺고 1년간 1천만 원을 투

자했는데 펀드의 수익률이 1년간 무려 50퍼센트 발생했다. 하지만 그동안 환율은 50퍼센트 상승했다. 당신의 수익은 어떻게 될까?
✓① 원금 정도만 남아 있다.
② 50퍼센트보다 더 많은 이익이 발생했다.
③ 50퍼센트보다 더 적은 이익이 발생했다.
④ 정적만이 남아 있다.

[해설] 선물환 계약을 맺었는데 환율이 상승하면 일단 그만큼 손해본다고 생각하면 된다. 따라서 이 경우는 유로화 표시 자산은 1,500만 원이나 선물환 손실이 500만 원 발생했으므로 원금 정도만 남게 된다. 무섭지? 이것이 환율의 힘이다.

5. 당신은 달러로 투자되는 원자재 펀드에 투자를 했다. 1년간 1천만 원을 투자했는데 펀드의 수익률이 1년간 무려 50퍼센트 발생했다. 하지만 그동안 환율은 50퍼센트 상승했다. 수익은 어떻게 될까(선물환 계약은 하지 않음)?
✓① 50퍼센트보다 더 많은 이익이 발생했다.
② 원금 정도만 남아 있다.

③ 50퍼센트보다 더 적은 이익이 발생했다.
④ 50퍼센트의 수익이 발생했다.

해설 선물환 계약을 맺지 않은 상태에서 투자 수익도 나고 환율도 상승했다면 이중 이득을 볼 수 있다. 따라서 이 경우 달러화 표시 자산은 1,500만 원인데, 여기서 환율 50퍼센트 상승으로 총 수익은 2,250만 원 수준이 된다. 환율의 힘은 투자 수익보다 막강할 수도 있다.

030 금에 투자하는 모든 방법

실물투자

금값이 계속 오르고 있다. 중간 중간 몇 번의 하락은 있었지만 지난 10년간 금값은 5배 이상 상승했다. 그렇다면 앞으로도 금값이 계속 오를까?

금은 일단 인류의 영원한 화폐다. 로마가 망한 이유도 사실 금 때문인 것을 보면(금에 불순물을 섞어서 다른 나라와 교류하다가 들켜서 신용 잃고 망함) 최근 미국의 쇠락과 중국의 부상 과정에서 금은 지속적인 러브콜을 받을 가능성이 높을 것 같다.

그럼 금 투자는 어떻게 해야 할까? 먼저 전제 조건을 밝히면 금 투자는 여유 자산의 일부 정도, 또는 적립식으로 한다는 전제하에 얘기하겠다.

1. 골드바 투자

가장 확실한 현물 투자 방식으로 가장 안전한 방법이기도 하다(직접 금을 사고팔기 때문에). 하지만 이는 보관의 어려움도 있고, 결정적으로 사고파는 과정에서 발생하는 거래비용으로 인해 최소 20퍼센트 이상 수익이 나야 본전 정도이므로 금 투자 방법으로는 추천하지 않는다.

2. 금 펀드

금 펀드에는 세 종류가 있다. 주식형, 파생형 그리고 재간접형이 있다.

(1) 주식형 : 금 자체가 아닌 금과 관련된 회사의 주식을 사는 것으로, 금보다는 주식시장과 움직임을 같이 하여 진정한 금 투자라 할 수는 없다. 그냥 섹터펀드 정도로 생각하면 된다. 펀드 이름에 '주식' '증권'이라는 단어가 들어가면 주식형 금 펀드다.

(2) 파생형 : 일정 기간 동안 금 가격의 상승과 하락에 베팅하는 '금 선물'에 주로 투자하는 방식이다. 채권이나 예금 비중이 높은 펀드도 있으므로 꼼꼼히 따져볼 필요가 있다. 펀드 이름에 '파생'이라는 단어가 들어가면 파생형 금 펀드이다.

(3) 재간접형 : 주식형과 파생형을 섞어놓은 펀드로 금

과 관련된 주식이나 아래 소개할 금 ETF, 금 선물 등에 투자하는 효과를 내도록 만든 펀드다. 펀드 이름에 '재간접'이라는 단어가 들어가면 재간접형 금 펀드다.

3. 금 통장

'골드뱅킹'이라고도 하며, 실물 거래는 없으나 실제 금을 사서 적립하는 효과가 있다. 일반과세(15.4퍼센트 세금)에 해당하며, 달러로 구매하는 것이기 때문에 환율의 영향도 함께 있다. 현재 신한은행 정도에서만 취급하고 있다.

4. 금 관련 ETF 투자

증권사 HTS에서 직접 실시간으로 사고팔 수 있는 금 투자 상품이다. 'KODEX골드선물(H)'은 금 선물 가격을 따르고, 환헤지 하고 있다. 'HIT골드'는 금 현물 가격을 따르고, 환헤지 하지 않는다(환율 하락하면 수익률 하락).

참고로 필자 개인적으로는 순수한 의미의 금 투자, 분산 투자로서의 금 투자로 금 통장과 금 관련 ETF 투자를 추천한다.

[표 3-12] 금 펀드 수익률 현황 (단위 : %)

펀드명	운용사	설정일	3개월	6개월	연초이후	설정후수익률
미래에셋댑스인덱스로골드특별자산자투자신탁(금-재간접형)종류A	미래댑스	2008-12-05	5.26	14.85	12.39	82.67
KB스타골드특별자산투자신탁(금-파생형)E	KB	2008-05-27	7.45	17.26	14.17	71.69
KB스타골드특별자산투자신탁(금-파생형)	KB	2008-05-27	7.59	17.56	14.49	68.68
KB스타골드특별자산투자신탁(금-파생형)	KB	2009-07-07	7.53	17.44	14.36	68.60
블랙록월드골드증권자투자신탁(주식)(H)(A)	블랙록	2008-09-18	2.47	4.88	-1.61	68.42
블랙록월드골드증권자투자신탁(주식)(H)(C 1)	블랙록	2008-09-18	2.33	4.60	-1.89	67.09
KB스타골드특별자산투자신탁(금-파생형)C	KB	2008-05-27	7.38	17.11	14.00	66.07
블랙록월드골드증권자투자신탁(주식)(H)(C-e)	블랙록	2008-09-26	2.44	4.78	-1.71	62.81
미래에셋댑스인덱스로골드특별자산자투자신탁(금-재간접형)종류C-e	미래댑스	2008-05-19	5.36	15.07	12.63	62.58
신한BNPP골드증권투자신탁 1[주식](종류C-i)	신한BNPP	2008-07-10	2.16	11.64	4.75	53.27
신한BNPP골드증권투자신탁 1[주식](종류 A)	신한BNPP	2007-11-02	2.05	11.40	4.48	50.95
PCA골드리치특별자산투자신탁A-1[금-파생형]Class-A	PCA	2008-07-14	6.76	15.37	12.58	50.14
PCA골드리치특별자산투자신탁A-1[금-파생형]Class-C	PCA	2008-07-14	6.61	15.04	12.21	47.24
신한BNPP골드증권투자신탁 1[주식](종류)	신한BNPP	2007-11-02	1.89	11.02	4.09	47.03
현대HIT골드특별자산상장지수투자신탁(금-재간접형)	현대인베스트	2009-11-02	3.85	11.23	5.53	36.20
KB스타골드특별자산투자신탁(금-파생형)	KB	2010-12-06	7.40	17.15	14.05	32.35
IBK골드마이닝증권자A[주식]	아이비케이	2007-04-13	-0.28	5.34	-1.67	26.39
IBK골드마이닝증권자C 1[주식]	아이비케이	2007-04-13	-0.40	5.06	-1.97	22.55
삼성KODEX골드선물특별자산상장지수투자신탁[금-파생형]	삼성	2010-09-29	7.61	17.52	13.70	22.49

※ 기준일 : 2011.07.20 설정액 10억 원 이상인 펀드를 대상으로 함.
 단 운용/모펀드 제외   제공 : 에프앤가이드(FnSpectrum)

031 원자재에 투자하는 모든 방법

실물투자

금을 제외한 나머지 원자재에 투자하는 펀드는 그냥 '원자재 펀드'로 묶어서 지칭하는 것이 일반적이다. 그래서 원자재 펀드는 매우 다양해질 수밖에 없다. 원유에 투자하는 원유 펀드, 농산물에 투자하는 농산물 펀드, 천연가스에 투자하는 천연가스 펀드, 철광석 등에 투자하는 오리지널 원자재 펀드, 농산물·광석·금·원유 등에 다 투자하는 잡종 원자재 펀드까지 자세히 분류하자면 끝이 없다. 따라서 원자재 펀드는 각 테마별로 묶어서 분류하기보다는 금 펀드와 비슷하게 주식형과 지수형 그리고 실물형 3가지로 나눈다.

1. 주식형
말 그대로 원자재 관련 회사(정유, 철강 등) 주식을 사는 원자재 펀드로, 원자재와 주식시장이 갖는 위험을 동시에 갖는다. 즉, 원자재 가격이 올라도 기업 이익이 줄면 하락할 수 있고, 반대로 원자재 가격이 떨어져도 기업 이익이 늘어나면 상승할 수도 있다. 펀드 이름에 '주식', '증권'이라는 단어가 들어가면 주식형 원자재 펀드이다.

2. 지수형

원자재 가격의 움직임을 좇는 지수에 투자하는 것으로 가장 대표적인 원자재 지수는 RICI, CRB 등이 있다. 펀드 이름에 '특별자산', '파생상품'이라는 단어가 들어가면 지수형 원자재 펀드라고 보면 된다.

3. 실물형

원자재는 보관 등이 어렵기 때문에 일반인 입장에서는 금과 같은 현물 투자는 없고 선물 거래 위주로 움직인다. 그리고 이러한 실물형은 펀드보다는 아래와 같은 ETF 형태로 운용된다.

원자재 관련 ETF : KODEX 콩선물(H), KODEX 은선물(H), KODEX 구리선물(H), TIGER 금속선물(H), TIGER 원유선물(H), TIGER 금은선물(H), TIGER 농산물선물(H)

여기서 (H)는 환율 변동을 잡아주는 환헤지를 의미한다.

꼭! 필요한 경제상식

- RICI 지수: 로저스 국제상품지수(Rogers international Commodity Index)
  상품 기반 투자의 귀재 짐 로저스가 1997년과 1998년 만든 지수로, 농산물, 에너지, 금속, 광물 등 세계 상품시장에서 거래되는 38개 상품 세트의 가치를 나타낸다.

- CRB 지수: Commodity Research Bureau
  국제적인 상품가격 조사회사인 CRB가 만든 지수로 곡물, 원유, 원자재, 귀금속 등 주요 19개 상품선물 가격에 동일한 가중치를 적용하여 산출하는 지수이다.

ELS는 영어학원이 아니다   032

'ELS' 하면 영어학원을 떠올리는 사람들이 더 많다. 그런데 금융에도 ELS가 있다. 금융 쪽으로 넘어오면 ELS는 다음의 뜻으로 바뀐다. Equity(증권인데), Linked(연계가 되었어. 무엇이랑?), Securities(증권/주가). 그래서 ELS는 주가연계증권이라 한다.

즉, 특정 주식의 가격 변동에 따라 이익의 규모나 손실이 결정되는 상품이다. 하지만 백날 이론만 얘기해서 무엇 하나. 낯선 것일수록 예를 들어 설명하면 쉽게 이해된다. 다음 표 3-13을 보자.

[표 3-13] 모집 및 종목 개요

1. 상품의 개요

구분	내용
기초자산	기초자산 : KOSPI200지수, HSCEI지수 *KOSPI 200지수는 한국거래소 KRX유가증권시장 상장종목 중 선별한 200종목을 대상으로 산출하는 지수입니다. *HSCEI지수(일명 홍콩항셍지수)는 홍콩증권거래소에 상장된 중국 본토 기업들을 대상으로 산출하는 지수입니다.
원금보장여부	원금 비보장
상품만기	3년(6개월마다 자동조기상환 기회 부여)
목표수익률	연 11.3%
모집금액	100억 원 (초과시 안분배정, 단 청약금액 10억 원 미달시 발행 취소될 수 있음.)
청약일/단위	2011년 8월 2일~2011년 8월 5일 13:00까지 최소 100만 원(100만 원 단위)
발행일	2011년 8월 8일

2. 투자 포인트

매 6개월마다 모든 기초자산의 자동조기환(만기) 평가가격이 최초기준가격의 90%(6개월), 90%(12개월), 85%(18개월), 85%(24개월), 80%(30개월), 80%(36개월) 이상인 경우
▶ 연 11.3% 수익 확정

3. 상환조건

❶ 자동조기상환조건

구분	내용	수익률(세전)
1차	모든 기초자산의 첫 번째 자동조기상환평가일에 자동조기상환평가가격이 각 최초기준가격의 90% 이상인 경우	5.65% (연 11.30%)
2차	모든 기초자산의 첫 번째 자동조기상환평가일에 자동조기상환평가가격이 각 최초기준가격의 90% 이상인 경우	11.30% (연 11.30%)
3차	모든 기초자산의 첫 번째 자동조기상환평가일에 자동조기상환평가가격이 각 최초기준가격의 85% 이상인 경우	16.95% (연 11.30%)
4차	모든 기초자산의 첫 번째 자동조기상환평가일에 자동조기상환평가가격이 각 최초기준가격의 85% 이상인 경우	22.60% (연 11.30%)
5차	모든 기초자산의 첫 번째 자동조기상환평가일에 자동조기상환평가가격이 각 최초기준가격의 80% 이상인 경우	28.25% (연 11.30%)

❷ 만기상환조건

구분	내용	수익률(세전)
만기 상환①	(1)의 요건을 충족하지 못하였고, 모든 기초자산의 만기평가 가격이 각 최초기준가격의 **80%** 이상인 경우	33.90% (연 11.30%)
만기 상환②	(2)-①의 요건을 충족하지 못하였고, 만기평가일까지 모든 기초자산 중 어느 하나라도 그 평가가격이 각 최초기준가격의 **50%** 미만(장종가 기준)으로 하락한 적이 없는 경우	33.90% (연 11.30%)
만기 상환③	(2)-①의 요건을 충족하지 못하였고, 만기평가일까지 모든 기초자산 중 어느 하나라도 그 평가가격이 각 최초기준가격의 **50%** 미만(장종가 기준)으로 **하락한 적이 있는 경우** ☞ **원금손실 발생**(만기평가일에 하락률이 큰 기초자산기준)	[(만기평가 가격/최초기 준가격)-1] ×100%

ELS를 마주했을 때는 다음 4가지 기준만 보면 된다.

1. 원금 보장 유무

ELS는 크게 원금 보장형과 원금 비보장형으로 나뉜다. 둘 중 어디에 해당 되는지 먼저 알아야 한다.

2. 만기 조건

일반적으로 1년~3년 사이의 만기를 갖는다. 대체로 1년 만기 상품들은 조기상환 조건이 없어 1년 만기까지 보유하게 되나, 3년 만기 상품들은 조기상환 조건이 있어 3~6개월마다 기초자산을 평가하여 조건에 충족하게 되면 3년까지 가지 않고 바로 조기상환된다.

3. 기초자산

기초자산은 ELS의 수익을 결정짓는 요소다. 기초자산은 코스피, 항셍지수, 다우지수 등 국가대표 지수나 삼성전자, 두산인프라코어 등 개별 주식까지 다양하다.

4. 수익구조

수익구조는 당연히 목표수익률이 가장 중요하다. 참고로 기초자산이 지수가 아닌 개별주식일수록(위험이 클수록) 목표수익은 높아진다. ELS가 갖는 수익구조는 여러 가지가 있으나 최근 가장 많이 발행되는 유형은 녹아웃형(Knock-out)과 조기상환형이다.

(1) 녹아웃형 : 투자기간 중 한 번이라도 미리 정해놓은 주가 수준에 도달하면 확정수익을 준다.
(2) 조기상환형 : 2개 이상의 기초자산이 모두 일정 수준 이상이면 정해진 기간별로 조기상환된다.

그럼 4가지 기준으로 위 상품을 판단해보자.

- 원금 보장 유무 : 원금 비보장형이다.
  ⇨ 원금손실 발생 가능함.

- 만기조건 : 만기는 3년인데, 6개월마다 조기상환조건이 있단다.
- 기초자산 : 코스피200지수와 홍콩항셍지수와 연동된다. 변동성은 개별 주식보단 적겠다.
- 수익구조 : 연 11.3퍼센트의 수익률을 주며, 6개월 후 코스피200지수와 항셍지수가 둘 다 10퍼센트 이상 하락하지 않으면 조기상환(5.65퍼센트)되고, 그렇지 않으면 6개월 후 재평가. 이런 식으로 조기상환 없이 3년 만기까지 가면 둘 중에 하나라도 그 이전에 반토막난 경험만 없으면 11.3퍼센트의 3년치인 33.9퍼센트의 수익을 준다. 그럼 혹여 중간에 반토막난 경험이 있으면 어떻게 되는가?

① 중간에 반토막 난 경험이 있어도 만기 전 조기상환 조건에 맞는 수준까지 상승하면 조기상환 해준다.

② 조기상환 없이 만기까지 갔을 경우, 둘 다 상승했다면 덜 상승한 것에 비례하여 수익, 둘 다 하락했다면 더 하락한 것에 비례하여 손실. 하나는 상승, 하나는 하락했다면 하락한 것에 비례하여 손실 발생.

헷갈린다, 단숨에 정리하자!
1. ETF 정도는 알고 있어야 한다

ETF(Exchange Traded Fund, 상장지수펀드)는 주식처럼 간단히 사고팔 수 있는 펀드라고 보면 된다. 즉 일반 펀드는 증권사에 방문 혹은 인터넷 뱅킹으로 가입한 후 돈을 찾고 싶으면 따로 환매 요청을 하게 되는데, ETF는 주식시장에서 바로 사고팔 수가 있으므로 매매 자체가 펀드보다 유연하다고 볼 수 있다. 하지만 ETF는 특정 주가지수와 연동돼 수익률을 얻을 수 있도록 설계된 인덱스 펀드 성격이기 때문에, 시장 초과 수익보다는 시장 수익률을 그대로 따라간다고 보면 된다. 예를 들어 ETF 중에 가장 매매가 활발한 Kodex200이라는 ETF가 있는데, 이는 코스피200 구성종목을 대상으로 투자하는 펀드다.

ETF는 여러 주식들의 묶음이기 때문에 해당 ETF에 속한 기업들의 현금 배당으로 인한 추가 수익이 있으며, 지수 수익이 곧바로 반영되므로 상승장에서 그대로 수익이 발생한다. 또한 원하는 가격에 그 수량만큼 실시간 거래 가능하며 환매수수료는 없고, 0.3퍼센트의 증권거래세는 면제된다. ETF 수수료는 종류에 따라 차이는 있지만 0.5퍼센트 정도의 운용보수가 차감되므로 수수료에 있어서는 펀드보다는 낮지만 일반 주식보다는 높다.

시중에 나와 있는 대표적인 ETF로는 KODEX200, KOSEF200,

TIGER200 등이 있다. 모두 코스피 시가총액 상위 100~200개 종목으로 구성되어 있으며, 각각 삼성투신운용, 우리CS자산운용, 미래에셋맵스자산운용에서 운용한다.

ETF는 펀드의 성격을 가지고 있는 만큼 개별 주식에 비해 분산 투자 효과가 있으며 1주 거래도 가능하다. ETF는 특정 산업, 특정 그룹 등에 몰아서 투자하는 일종의 테마 펀드 성격이기 때문에 투자할 때는 한 군데보다는 복수의 ETF에 분산 투자하는 것이 좋다. 그리고 위 코스피200을 추종하는 ETF 이외에도 몇 가지 다양한 ETF를 소개하면 다음과 같다.

(1) KODEX 레버리지

코스피 움직임의 2배로 움직이는 ETF다. 즉, 코스피가 2퍼센트 오르면 이 펀드는 4퍼센트 오르고, 반대로 2퍼센트 하락하면 이 펀드는 4퍼센트 하락한다(정확히는 코스피가 아닌 코스피200 움직임의 2배로 움직이나, 코스피200이 코스피 전체에서 차지하는 비중이 70퍼센트가 넘어 거의 움직임이 같이 때문에 이해를 돕기 위해 코스피라고 표현했다. 아래 인버스도 마찬가지다).

(2) KODEX인버스

코스피 움직임과 반대로 움직이는 ETF다. 즉, 코스피가 1퍼센트 오르면 이 펀드는 1퍼센트 하락하고, 반대로 1퍼센트 하락하면

이 펀드는 1퍼센트 상승한다. 결국 약세장에 베팅하는 펀드이며, 장기투자 상품이다.

(3) KODEX 삼성그룹

삼성그룹에 집중적으로 투자하는 ETF다. 삼성그룹 주식은 삼성전자, 삼성생명, 삼성화재, 삼성물산, 제일모직, 삼성정밀화학, 삼성SDI, 호텔신라, 삼성전기, 삼성중공업, 삼성테크윈, 에스원, 삼성증권, 삼성엔지니어링, 삼성카드, 제일기획 등이다.

(4) KODEX 자동차

자동차 관련 주식에 집중적으로 투자하는 ETF이다.

소개한 것처럼 ETF들은 그 이름에 각 펀드의 특징이 그대로 드러나 있으며, 이런 식으로 TIGER금속선물(H), TIGER농산물선물(H), KODEX콩선물(H), KODEX은선물(H), KODEX태양광, KODEX소비재 등 현재 100개가 넘는 ETF가 거래되고 있다. 참고로 주식이 아닌 원자재 등은 선물 형태로 거래되며 (H)는 환헤지의 의미다. 그럼 ETF를 사고 싶으면 어떻게 하면 될까? 증권사에 방문해 주식거래계좌를 개설한 후 HTS에 접속하여 매수 주문을 하면 된다. 매수 주문을 걸 때는 원하는 ETF를 미리 정해놓고 검색하면 된다.

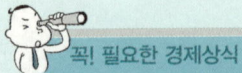

꼭! 필요한 경제상식

ETF는 원칙적으로 하나의 인덱스를 추적하도록 운용되고 있긴 하지만, 실제 현장에서는 자금이 새로 유입되거나, 출금되는 과정 속에서 특정 종목을 못 사거나 팔지 못하는 경우가 생겨 오차가 발생하기도 한다. 따라서 KODEX200처럼 보유종목이 많은 ETF는 이 오차 때문에 일시적으로 저평가 상태가 되기도 하는데 이 때 이를 이용한 차익거래가 가능할 때도 있다. 예를 들어 앞서 언급한 kodex200이 kospi200 을 완벽하게 추적하려면 200종목 전부를 항상 시가총액비율 그대로 보유하고 있어야 하는데 현실적으로 자금 유출입과 매매동향으로 인해 이것은 불가능한 일이다. 따라서 이러한 일시적인 괴리가 발생할 때 상대적으로 저평가된 kodex200을 사고 kospi200 을 파는 차익거래를 할 수도 있는 것이다.

헷갈린다. 단숨에 정리하자!
2. MMF, MMT, MMW

금융상품을 공부하다 보면 하루가 다르게 새로운 상품들이 쏟아져 나온다. 전문가인 필자도 때로는 너무 많은 정보에 짜증이 나는데 일반인들이야 오죽하랴. 과거에는 그냥 MMF 하나였던 것이 어느새 MMF, MMT, MMW 등 점점 늘어만 간다. 사실 이 3가지는 억지로 나눌 필요는 없다. 모두 잠시 돈을 예치해두는 초단기형 금융상품이기 때문이다. 단지 초단기 금융상품이라도 투자되는 곳이 좀 다르고, 성격도 미세하게 다르다.

(1) MMF(Money Market Fund)

국공채, 콜론, 기업어음(CP), 양도성예금증서(CD) 등에 투자하는 실적배당 상품이다. 여기서 실적배당이라는 말은 확정금리가 아니라 굴려서 나오는 수익이 매번 다를 수 있다는 의미다.

콜론은 말 그대로 'call(부르면 답한다)'의 의미로 금융기관 간에 갑자기 돈이 필요할 때 바로 꿔주고 약속한 날짜에 원금과 이자를 받는 식으로 자금을 운용하는 것을 말한다.

기업어음은 기업이 1년 이내 단기간 돈을 융통하기 위해 발행하는 단기 회사채라고 보면 된다(BBB등급 이상). 따라서 MMF는 이러한 금융상품에 투자하여 매일 조금씩 수익을 보면서 고객이 환매 요청을 하면 그동안 발생한 수익을 원금과 함께 돌려주는 것이다. 단 29일 이전에 찾으면 중도해지 수수료 등을 내야 할 수 있으므로 주의를 요하며, 분명 수수료가 있기 때문에 비슷한 수익률이면 당연히 수수료가 낮은 것을 고르는 것이 좋다.

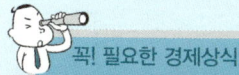

꼭! 필요한 경제상식

- 국공채는 나라가 발행하는 채권인 국채와 국가기관이 발행하는 공채의 합성어.
- 발행어음은 종합금융회사(종금사)가 자금 조달을 위해 발행하는 어음이다. 단 기간 고정금리가 적용되며 의외로 예금자 보호가 된다.

(2) MMT(Money Market Trust)

MMT는 MMF가 업그레이드된 형태의 금융상품으로 '특정금전신탁'이라고도 부른다. 투자처는 MMF와 비슷하며 발행어음 등에 투자되기도 한다. 입출금이 자유롭고 당일 환매도 가능하나, 최소 500만 원 이상 예치해야 하는 등 가입금액의 제한이 있다.

(3) MMW(Money Market Wrap)

MMW는 신용등급 AAA 이상인 한국증권금융 등의 예금, 콜론 등에 투자하는 상품으로 일복리 구조로 예치기간이 길수록 유리하다. MMT와 달리 최소 가입금액 등은 없어 소액 운용도 가능하다. 참고로 MMF는 장부가평가로 금리 상승 시 늦게 반영되는 단점이 있지만, MMT나 MMW는 시가평가로 금리 상승분이 바로 반영되기 때문에 금리 상승기에는 MMF보다 MMT나 MMW가 유리하다.

헷갈린다, 단숨에 정리하자!
3. BW, CB, EB

(1) BW(Bond with Warrant, 신주인수권부사채)

새로운 주식을 부여받을 수 있는 권리를 가진 사채. 여기서 warrant란 주식을 부여받을 수 있는 권리를 말한다.

(2) CB(Convertible Bonds, 전환사채)

채권인데 일정 기간 경과 후 약정 가격으로 주식으로 전환할 수 있는 사채.

금융에 관심이 적은 사람은 BW와 CB 자체를 잘 모를 것이다. 하지만 이 역시 조금만 알면 분명 돈 되는 지식임에는 틀림없다. CB와 BW는 모두 회사에서 자금을 조달하기 위한 채권의 한 종류이다. 따라서 BW와 CB 모두 만기 때까지 그냥 보유하면 일반 채권과 마찬가지로 이자랑 원금만 받고 끝난다. 하지만 위에서 소개한 것처럼 둘 다 중간에 주식으로 넘어갈 수 있는 징검다리가 있다. 그럼 회사들은 그냥 돈 꿔주고 받는 일반채권만 발행하면 되지 뭐 이리 복잡하게 자금을 조달하려 하는 걸까? 이유는 간단하다. 자금 조달을 쉽게 하기 위해서다. 김치찌개도 있고, 제육볶음도 있고, 파전도 있고 메뉴가 다양해야 많은 손님이 찾아오듯이 자금 조달 방법을 다양하게 하면 그만큼 더 많은 돈을, 더 쉽게 모을 수 있기 때문이다. 따라서 주식으로 전환하거나 주식을 받을 수 있는 권리는 일종의 미끼인 셈이다. 일반 채권이라면 관심 없던 사람들이 주식 투자도 겸할 수 있다는 이유만으로 모여들기 때문이다.

2011년 5월 24일에 두산건설에서 CB와 BW를 다음과 같이 동시에 발행했다.

[표 3-14] 두산건설 CB vs BW 발행 조건

	CB	BW
발행규모	1000억 원	1000억 원
표면금리	4.00%	2.00%
만기수익률	7.50%	5.50%
신용등급	A-	A-
발행일	2011년 05월 24일	2011년 05월 24일
만기일	2014년 05월 24일	2014년 05월 24일
조기상환 청구권	2012년 11월 24일	2013년 05월 24일
조기상환시 수익률	연 7.5% + 주가 상승시 전환 차익	연 5.5% + 워런트 매각 이익

표 3-14를 훑어보고 질문을 하나 해보겠다. 당시 CB와 BW 중 무엇이 더 인기가 많았을까? 신주인수권부사채(BW) 경쟁률은 약 14 : 1이었던 반면, 전환사채(CB)는 0.38 : 1로 한참 미달되었다. 이상하다. 표면금리, 만기수익률 등 무엇으로 보나 분명 CB가 매력적인데 왜 BW로 사람들이 몰렸을까? 이유는 BW가 시장을 통해 실현할 수 있는 기대 이익이 더 높기 때문이다. 핵심은 바로 BW에서 W(워런트)만을 따로 떼어 거래할 수 있다는 사실. CB와 BW 모두 5월 24일에 시작했지만 BW는 6월 9일에 상장되기 때문에 당시 워런트의 시장 가격이 얼마인가에 따라 취할 수 있는 이익의 폭이 매우 커질 수 때문이다. 즉, BW를 사면 워런트를 배정받고, 이 워런트 가격이 높게 매겨지면 언제든지 HTS 상에서 팔아버리면 수익을 챙길 수 있는 것이다.

하지만 CB는 주식으로 전환할 수 있는 날짜가 6개월에 한 번, 이런 식으로 따로 정해져 있으므로 이 당시 주가가 매력적이지 못하면 그냥 채권으로 다음 번 기회까지 유지하는 것이다. 결국 BW의 인기가 CB보다 높은 이유는 워런트 자체로 이익을 볼 수도 있고, 원하는 시점에 주식을 받아 바로 팔 수도 있기 때문이라고 보면 된다.

BW 전략을 추가로 얘기하면, 향후 주가 상승 여력에 자신이 없다면 상장 당일 바로 매도해도 되며, 향후 주가 매력이 충분히 있다고 본다면 그냥 보유하고 있다가 원하는 시점에 주식을 부여받으면 된다.

CB와 BW에 대해 다시 정리하면 다음과 같다.

CB는 향후 주가가 상승할 경우 주식으로 전환되면 기업 입장에서도 자기자본을 늘리는 계기가 되며, 투자자 입장에서는 이 권리를 행사하면 해당 기업은 신주를 발행해 투자자에게 교부하고 전환사채는 사라지게 된다. 물론 주가가 예상만큼 오르지 않을 경우는 만기까지 보유해 원금과 이자를 받아도 된다. 하지만 이러한 선택 옵션이 주어진 상품인 만큼 보통 금리는 낮은 편이다.

BW는 새로운 주식을 부여받을 수 있다는 점에서 전환사채와 일맥상통한다. 하지만 주식을 부여받더라도 채권은 그대로 남게 되며, 주식을 부여받으려면 소정의 돈을 추가로 내야 한다는 점이 전환사채와 다른 점이다. 예를 들어 1천만 원짜리 BW에 전환 가격이 1만 원씩 1,000주로 전환 가능한 권리가 부여되어 있다고 한다면 BW 소유자가 주식을 받으려면 주당 1만 원씩 1천만 원을 내야만 1,000주를 받을 수 있는 것이다. 결과적으로 1천만 원이 해당 기업으로 흘러 들어가면서 신주발행이 되는 것이므로, 일종의 유상증자와 비슷한 효과를 가지게 되는 것이다. 하지만 전환사채는 이미 발행된 전환사채가 주식으로 전환되는 것일 뿐이므로 유상증자 효과는 없다.

(3) EB(Exchangeable Bonds, 교환사채)

EB가 CB나 BW와 다른 점이 있다면 투자자가 가지고 있는 채권을 통해 발행 기업의 주식으로 받는 것이 아니고, 발행 회사가 보유하고 있는 다른 회사의 주식을 받는다는 것이다. 따라서 일반적으로 교환사채는 흔하지는 않다. 교환사채 보유자는 특정 주식 가격이 상승할 경우 시세 차익을 누릴 수 있고, 교환사채 발행 회사는 저금리로 회사채를 발행하여 이자 부담을 덜 수 있는 장점이 있으나 교환 이후에는 발행 회사는 보유 주식 감소로 인해 급격한 자산 감소가 나타날 수 있으며, 또한 교환 청구에 대비한 보유 유가증권은 현금화하거나 따로 운용할 수 없기 때문에 보유 유가증권이 고정 자산화된다는 단점이 있다.

결국 CB, BW, EB 모두 일종의 콜옵션(해당 자산을 미리 정한 가격으로 살 수 있는 권리)이 부여된 채권이라고 보면 무난하며 채권의 안정성과 주식의 수익성을 함께 가지고 있는 것이 장점이라 하겠다.

033 위기의 저축은행, 잘 고르면 돈 된다

최근 저축은행 부도 등의 사태가 잇따르다 보니, 과거에 비해 저축은행에 대한 불신이 많이 커진 것이 사실이다. 하지만 모든 업계가 그렇듯, 미꾸라지 몇 마리가 물을 흐려놓는 것일 뿐이다. 불미스러운 일 때문에 저축은행을 모두 매도하지 말고, 옥석을 잘 가리는 지혜를 만드는 것이 좋겠다.

저축은행, 옥석 가리는 법은 의외로 쉽다. 저축은행 사태 이후 가장 많이 언급되는 것이 '8+10클럽'이며, 여기에 순이익 상황 정도만 추가하면 옥석은 쉽게 가릴 수 있다. 일단 표 3-15와 3-16을 보자. 고정이하 여신비율은 8퍼센트가 넘으면 안 되고, 반대로 위험가중자산에 대한 자기자본비율은 꼭 10퍼센트가 넘어야 한다. 그리고 최근 2년간 계속 순이익이 흑자를 기록하고 있어야 한다.

[표 3-15] 손익현황

[단위: 억 원]

구분	2010년 12월말(A)	2009년 12월말(B)	증감(A-B)
영업수익	376	500	-124
영업비용(-)	400	453	-53
영업이익	-24	47	-71
영업외수익	1	2	-1
영업외비용(-)	0	0	변동없음
경상이익	-23	49	-72
특별이익	0	0	변동없음
특별손실(-)	0	0	변동없음
법인세차감전순이익	-23	49	-72
법인세비용(-)	-6	11	-17
당기순이익(손실)	-17	38	-55

[표 3-16] 기타

구분	2010년 12월말(A)	2009년 12월말(B)	증감(A-B)
고정이하 여신 비율	9.10%	5.21%	3.89%
위험가중자산에 대한 자기자본비율(법규상 요구되는 비율 5퍼센트 이상)	3.55%	8.42%	-4.87%
유동성비율	114.91%	216.35%	-101.44%
예대비율	47.25%	25.86%	21.39%
총자산이익율(ROA)	-0.17%	0.34%	-0.51%
자기자본이익율(ROE)	-9.77%	15.38%	-25.15%
소액신용대출금액 1)	0억원	0억원	변동없음
소액신용대출연체비율 2)	0.00%	0.00%	변동없음

딱 보기에도 그림이 안 좋다. 고정이하 여신비율은 8퍼센트를 넘고, BIS비율은 8퍼센트가 안 된다. 게다가 당기순이익은 마이너스다. 어느 면을 봐도 이쁘게 봐줄 구석이 없다. 이 저축은행은 그 이름도 유명한 '(중앙)부산저축

은행'이다. 즉, 이 3가지 지표만 봐도 망조가 보인다는 의미다. 다음은 표 3-17과 3-18을 보자.

[표 3-17] 손익현황   [단위:억 원]

구분	2010년 12월말(A)	2009년 12월말(B)	증감(A-B)
영업수익	725	880	-155
영업비용(-)	470	351	119
영업이익	255	529	-274
영업외수익	9	14	-5
영업외비용(-)	18	3	15
경상이익	0	540	-540
특별이익	0	0	변동없음
특별손실(-)	0	0	변동없음
법인세차감전순이익	246	540	-294
법인세비용(-)	36	151	-115
당기순이익(손실)	210	389	-179

[표 3-18] 기타

구분	2010년 12월말(A)	2009년 12월말(B)	증감(A-B)
고정이하 여신 비율	1.99%	1.67%	0.32%
위험가중자산에 대한 자기자본비율 (법규상 요구되는 비율 5% 이상)	24.40%	22.92%	1.48%
유동성비율	158.64%	147.14%	11.50%
예대비율	84.97%	81.47%	3.50%
총자산이익율(ROA)	3.77%	8.06%	-4.29%
자기자본이익율(ROE)	18.62%	39.86%	-21.24%
소액신용대출금액 1)	0억원	0억원	변동없음
소액신용대출연체비율 2)	0.00%	0.00%	변동없음

딱 보기에도 아름다운 그림이다. 고정이하 여신비율은

147

2퍼센트도 안 되고, BIS 비율은 무려 24퍼센트가 넘는다. 그리고 당기 순이익은 전년도에 비해 좀 줄긴 했지만 210억 원 흑자면 장사 잘한 것은 맞다. 이런 저축은행에 자금을 예치해야 한다. 이러한 정보는 저축은행 중앙회(www.fsb.or.kr)나 재테크 포탈 모네타(www.moneta.co.kr)를 이용해도 좋다. 다시 한 번 체크하자.

1. 고정이하 여신비율이 8퍼센트 미만인가?
2. BIS비율이 10퍼센트 이상인가?
3. 2년 연속 순이익을 달성하고 있는가?

034 일반과세, 세금우대 그리고 비과세

 높은 수익률과 고금리가 중요하다는 건 재테크를 모르는 사람이라도 아는 사실이다. 하지만 금리보다 세금이 더 중요하다는 사실을 아는 사람은 드물다. 예를 들어 일반과세 7퍼센트보다 비과세 6퍼센트가 더 유리하다. 7퍼센트 금리에 일반과세를 적용하면 실제 내 손에 떨어지는 금리는 5.92퍼센트이기 때문이다. 그래서 불법만 아니라면 어떻게든 세금을 줄이는 것이 재테크의 초석이다.
 표 3-19를 보자. 1천만 원을 5퍼센트의 금리로 1년간 예치했을 때 받을 수 있는 이자의 차이를 나타낸 것이다. 즉, 1천만 원의 5퍼센트면 50만 원인데 세금에 따라 77,000원의 실수령액 차이가 난다.

[표 3-19] 일반과세와 세금우대의 차이

구분	예치금액	세금	세후이자	세후수령액	세후금리
일반과세	10,000,000원	77,000원	423,000원	10,423,000원	4.23%
세금우대	10,000,000원	47,500원	452,500원	10,452,500원	4.53%
농·수협 단위조합, 신협, 새마을금고	10,000,000원	7,000원	493,000원	10,493,000원	4.93%
비과세	10,000,000원	0원	500,000원	10,500,000원	5.00%

- 이자 소득에서 세금우대는 9.5%, 일반과세는 15.4%
- 농·수협 단위조합, 신협, 새마을금고 조합원의 경우 1.4%(1인당 한도 2천만 원)

그리고 농·수협 단위조합, 신협, 새마을금고라고 써 있는 것은 다른 말로 '저율과세'라고도 하는데, 이는 이자소득세는 없지만 1.4퍼센트에 해당하는 농업특별세는 떼어간다는 의미다.

참고로 신협 등이 광고할 때 '4천만 원까지 비과세'라는 말을 많이 쓰는데, 이를 좀더 쪼개서 분석해보면 4천만 원 중 출자금 1천만 원은 비과세가 맞지만, 나머지 3천만 원은 이자소득세만 비과세고 농특세 1.4퍼센트는 떼어간다는 의미다.

그럼 이러한 세제 혜택을 최대한 이용하는 방법은 무엇일까?

일단 세금우대는 20세 이상이면 누구나 1천만 원까지는 적용받을 수 있다. 그리고 농·수협 단위조합, 신협, 새마을금고의 저율과세도 마찬가지로 20세 이상이면 3천만 원

가능하며, 출자금 1천만 원은 완전 비과세 혜택을 받을 수 있다(참고로 농협중앙회는 단위 농협이 아니기 때문에 해당사항 없음). 나이가 많거나 장애인이면 더 큰 세제 혜택을 받을 수 있다. 60세 이상의 경우 3천 만원까지 생계형 비과세 혜택을 받을 수 있으며, 세금우대 한도 역시 3천만 원으로 늘어난다.

정리해보면 다음과 같다.

1. 20세~60세 : 세금우대 1천만 원(9.5퍼센트) + 신협 등 저율과세 3천만 원(1.4퍼센트) + 신협 등 출자금 비과세 1천만 원(0퍼센트)
   ⇨ 총 5천만 원까지 일반과세 회피 가능.

2. 60세 이상 : 세금우대 3천만 원(9.5퍼센트) + 신협 등 저율과세 3천만 원(1.4퍼센트) + 신협 등 출자금 비과세 1천만 원(0퍼센트) + 생계형 비과세 3천만 원(0퍼센트)
   ⇨ 총 1억 원까지 일반과세 회피 가능.

세금을 멀리하는 만큼 돈을 벌 수 있다.

금융투자

035 수시 입출금 통장, 잘 보고 고르자

몇몇 은행의 수시입출금 통장이 4퍼센트의 금리를 준다고 홍보를 하고 있다. 4퍼센트의 금리라면 세금을 뗀다 하더라도 꼭 가지고 있어야 할 통장이다. 하지만 조건이 좋으면 뭔가 단점이 있게 마련이다.

현재 SC제일은행이나 시티은행에서는 이와 같은 고금리 수시입출금 상품을 선보이고 있다. 하지민 고금리 그늘에 가려진 아쉬움이 하나 있다면 바로 처음 한 달간은 이자가 거의 없다시피 하다는 것이다. 문제는 먼저 들어온 돈이 먼저 나가는 선입선출 구조이다. 예를 들어 이번 달 초에 200만 원을 입금하고 말일에 200만 원을 인출하면 이 통장에서 발생한 이자는 100원이 조금 넘는 정도가 된다. 하지만 같은 방식으로 CMA에 굴렸다면 같은 기간 이자는 약 4천 원이 조금 넘을 것이다. 말이 4천 원이지 이것이 1년 동안 누적이 되면 그 차이만 약 5만 원 정도가 된다.

따라서 수시입출금 통장은 CMA가 더 좋다. 필자가 소개한 기존 은행권의 고금리 수시입출금 통장은 수시 입출금이 아닌, 한 번 돈을 쟁여두면 최소 6개월 이상은 손 대지 않아야 CMA보다 이득이 된다. 하지만 6개월 동안 손대지 않을 것이라면 애초부터 제2금융권의 6개월짜리 예금에 가입하는 것이 좋다. 금리가 더 높기 때문이다.

따라서 앞에서 소개한 저수지 통장으로는 CMA를 활용하는 것이 더 좋다. CMA에도 MMW형, MMF형, RP형, 발행어음형 등 여러 가지가 있는데, MMF, MMW, 발행어음 등은 뒤에 따로 설명이 있으니 여기서는 RP형에 대해서만 설명하겠다.

RP형 CMA는 주로 국공채나 특수채, 우량 회사채 등으로 운용되며 실적 배당형이 아닌 확정금리형 상품으로 기간별 차등된 이자를 지급한다. 예금자보호는 되지 않는다. RP금리는 한국은행 기준금리에 바로 반응하기 때문에 금리 상승기에는 RP형 CMA가 좀 더 높은 수익을 가져다줄 수 있다.

비과세 금융상품 036

2005년에는 세금우대 한도가 1인당 4천만 원까지였다. 지금 세금우대 한도는 1천만 원이다. 이 또한 언제 없어질지 모른다.

2008년 가을, 금융 위기가 우리 경제를 엄습하면서 MB 정부는 특단의 조치를 내린다. 가뜩이나 나라 살림도 어려울 판인데 우리나라 세수의 가장 많은 부분을 차지하고 있는 소득세와 법인세율 인하를 단행한다. 그러면 부족한 세수를 어디서 메워야 할까? 일단 고소득자 먼지부터 털고(세무조사), 세금우대, 비과세 혜택 등을 하나씩 없애 나간다. 그러다 보니 장기주택마련저축도 사라지고, 세금우대도 1천만 원 수준까지 떨어졌다.

현존하는 비과세 상품들은 표 3-20과 같다.

[표 3-20] 비과세 상품

상품종류	취급기관	가입대상	가입기간	비과세 한도
장기주택 마련저축	전 금융기관	• 만 18세 이상 • 25.7평 이하 1주택 소유자	7년 이상	납입액의 40% (연 300만 원 한도)
농어가 목돈 마련저축	지역 농/축/수협	• 2ha 이하 보유 농민 • 20t 이하 선박 보유 어민	3년~5년	• 분기 36만 원
출자금	상호금융	회원, 준회원, 계원	-	1,000만 원
예탁금				3,000만 원
저축성 보험	보험사	-	10년 이상	제한없음
생계형 저축	전 금융기간	60세 이상, 장애인, 국가유 공자, 기초생활보장 수급자	금융기간별 상이	3,000만 원

장기주택마련저축은 2010년부터는 가입 불가능하지만 기존 갖고 있는 사람들은 비과세 혜택이 가능하다. 하지만 금리가 낮아 비과세의 의미가 없을 수도 있다(일반과세를 맞아도 신협이나 저축은행 등의 금리가 더 높다는 의미이다). 농어가 목돈 마련저축은 우리는 가입할 수가 없다. 농민이나 어민이 아니기 때문이다.

그림 마음 편하게 할 수 있는 것은 무엇이 있을까? 그나마 신협, 단위 농협, 새마을금고 등의 출자금과 예탁금이 가장 만만하다. 금리도 제법 되고, 누구나 혜택을 받을 수 있기 때문이다.

그 다음으로 접근하기 쉬운 것이 저축성 보험이다. 물론 10년 이상 유지해야 한다는 단점이 있지만, 10년 이후에는 11년째 자금을 넣고 12년째 자금을 인출해도 이자에 대한 비과세 혜택을 받을 수 있기 때문에 강산이 한 번 바뀌는 시간만 잘 버텨주길 바란다.

그리고 생계형저축, 이것은 60세 이상만 가입이 가능하기 때문에 어쩔 수 없이 부모님 명의를 빌려야 한다. 하지만 이건 그냥 부모님이 쓰게 놔두자. 만약 부모님이 쓰지 않는다면 용돈이라도 좀 드리고 명의를 빌려 3천만 원까지 비과세를 받도록 하자.

그리고 위에 쓰지 않은 것이 있는데, 바로 주식 매매 차익이다. 초단기 투자를 해서 수익을 내도 주식 차익에 비과세 혜택을 주는 나라는 우리나라가 유일하다고 보면 된다. 외국은 비과세 혜택을 주더라도 1년 내에 팔면 세금을

[표 3-21] **외국의 과세 현황**

	이자 소득	배당 소득	주식 양도 차익
미국	종합과세	종합과세	종합과세 (1년 이상 보유시 낮은 세율로 분리과세)
영국	혼합과세(원천징수)	혼합과세	분리과세(£8,500 초과분)
일본	일률원천분리과세	종합과세 (소액주주는 분리과세 가능)	분리과세(원천징수)
독일	종합과세(원천징수)	종합과세(원천징수)	비과세 (1년 이내 보유의 경우 과세)
프랑스	분리과세와 종합과세 중 선택	종합과세	분리과세 (거래액 15,000유로 이상 경우)
핀란드	분리과세	분리과세	분리과세
한국	분리과세(원천징수) (이자 및 배당소득의 합이 4천만 원 이하인 경우)	분리과세(원천징수) (이자 및 배당 소득의 합이 4천만 원 이하인 경우)	비과세(소액주주)

(출처 : 한국조세연구원)

내야 하는 등 장기 투자를 유도하고 있다.

국내 주식형 펀드 역시 비과세라고 봐도 무관하다. 주식형 펀드라도 일부 주식이 아닌 부분에서 발생한 이익은 일반과세를 하나, 이 부분은 극히 미미하기 때문에 비과세 상품에 국내 주식형 펀드를 포함시킬 수 있다(해외펀드는 일반과세이다).

표 3-21에 포함시키지 않고 따로 쓰는 이유는 주식 매매든, 주식형 펀드든 비과세 이전에 원금 손실 가능 상품이기 때문이다. 그렇다면 변액연금은 어떨까? 변액연금도 저축성 보험에 포함되므로 똑같이 10년 이상이면 비과세 혜택을 받을 수 있다.

누구냐 넌?

수익률을 높이는 데 꼭 필요한 주식 용어

1. 기본용어

주식을 처음 해보는 사람은 증권사 HTS(홈 트레이딩 시스템)을 설치하고 로그인하면 무수히 많은 메뉴에 압도된다. 단순히 주식 몇 주 사려고 들어왔다가 무엇을 클릭해야 하는지 혼란스러웠던 경험이 한 번쯤은 있을 것이다. 필자 개인적으로 직장인의 주식 직접투자는 그리 추천하는 편은 아니지만 그래도 기본적인 주식 실전 매매 용어는 알아야 하기에 기본적은 용어를 정리해본다.

(1) 매수 : 주식을 사기 위한 주문.
(2) 매도 : 보유 주식을 팔기 위한 주문.
(3) 정정 : 매도 혹은 매수 주문의 가격이나 수량을 수정.
(4) 취소 : 매도/매수 주문을 취소.
(5) 시가 : 장 개시 시점(오전 9시)에 형성된 가격.
(6) 종가 : 장 종료 시점(오후 3시)에 형성된 가격.
(7) 고가 : 당일 장중에 가장 높았던 가격.

(8) 저가 : 당일 장중에 가장 낮았던 가격.

(9) 현재가 : 직전 체결된 장중·바로 지금 시점의 가격.

(10) 매수호가 : 사람들이 사려고 하는 최고가격.

(11) 매도호가 : 사람들이 팔려고 하는 최저가격(참고로 매수호가와 매도호가는 같아질 수 없다. 같은 가격이 되면 서로 매매가 되기 때문에 반드시 한쪽 수량은 남을 수밖에 없다).

(12) 예수금 : 주식계좌에 남아 있는 현금.

(13) 증거금 : 주식을 매수하기 위해 최소한 있어야 하는 현금(예를 들어 증거금 40퍼센트면 40만 원으로 100만 원만큼의 주식을 살 수 있다는 의미이다).

(14) 미수금 : 위 증거금만 있으면 나머지는 증권사에서 빌려 주식을 살 수 있게 하는 금액. 미수금을 쓰고 그 미수금을 3일 내 주식 통장에 채워 넣지 않으면 반대매매를 당해 손해는 그만큼 몇 배 더 커진다. 물론 반대로 이익이 나면 역시 이익도 몇 배가 되겠지만 개미들이 망하는 지름길이기 때문에 추천하지 않는다.

일봉, 주봉, 이동평균선 등 실전 투자를 하려면 알아야 할 것들이 더 많이 있지만, 직장인에게 단기투자는 무의미하다. 1년 이상을 내다보는 가치투자만이 살 길이이기에 그에 필요한 기본 정보만 적었다.

2. 선물

우리에게 주어진 지금, 현재는 가장 아름다운 선물이기에 영단어 'present'는 '선물'과 '현재'라는 두 가지 의미를 동시에 갖는다고 한다. 그런데 금융에서의 선물은 present가 아니라 'future'이다. 잠시 예를 들어보자. 만약 당신이 올해 태풍과 가뭄이 많을 것이라는 보도를 보고 쌀 가격이 오를 것으로 예상하여 3개월 후 쌀을 킬로그램당 1,500원에 사겠다고 도매상과 계약을 했다고 해보자. 3개월 후의 가격이 어떻게 될지는 모르지만 당신이 한 행위는 미래의 가격을 예상하여 가격을 확정한 것이다. 이런 식으로 한 상품의 미래 가격을 예상하여 가격을 미리 확정하는 거래를 '선물거래'라 한다.

주식시장에서 선물은 미래에 코스피200 혹은 특정 주식 가격을 예상하여 매도(내가 발행한 선물을 내가 파는 것, 즉 선물이 하락할 때 이익이다) 혹은 매수 포지션(남이 발행한 선물을 내가 사는 것, 즉 선물이 상승할 때 이익이다)을 취하는 것이다.

이후 이익이나 손실을 확정하기 위해 '청산'이라는 것을 하는데, 매도 포지션을 잡은 사람은 매수하여 청산할 수 있고, 매수 포지션을 잡은 사람은 매도하여 청산할 수 있다. 예를 들어 지수선물 250에 매수 포지션을 잡은 사람이 253에 매도하면 3포인트만큼 이익을 보게 되고, 250에 매도 포지션을 잡은 사람이 253에 매수하면 3포인트만큼 손해를 보게 된다(각각 250에 사서 253에 팔고, 253에 사서 250에 파는 것과 같은 이치).

　선물은 3개월 단위로 결제가 되어 3월물, 6월물, 9월물, 12월물 이렇게 존재한다. 예를 들어 12월물이면 이 선물이 12월에 결제되는 것을 의미한다(결제일은 매달 두 번째 목요일). 이 결제일에 코스피200지수와 본인이 애초에 잡았던 코스피200선물지수를 비교해서 그 가격이 결제가격이 되는 것이다. 참고로 결제일이 멀수록 불확실성은 더 커지기 때문에 프리미엄이 더 붙게 된다.

　선물거래를 하려면 최소 증거금 1,500만 원이 있어야 한다. 1,500만 원은 선물옵션 계좌에 있어야 선물 포지션을 잡을 수 있으며, 여기에 선물지수의 수준에 따라 추가 입금이 필요하다. 선물 1 계약은 50만 원이고, 현재 선물지수가 250이라고 한다면 선물 계좌에 있어야 하는 금액은 1,875만 원(250 × 50만 원 × 0.15)이다. 1,500만 원을 먼저 입금했다면 거래 시 375만 원을 추가로 입금해야 계약이 성립된다(0.15를 곱한 이유는 선물은 전체 금액의 15퍼센트만 증거금으로 있으면 되기 때문이다).

하지만 포지션 반대 방향으로 움직여 손실이 발생하면 그 금액만큼을 기한 내 입금하지 않으면 강제 매매를 당하게 된다.

3. 옵션

주식시장에서 옵션이란 일정 기간 안에 일정한 가격으로 매매하는 권리로, 변동성이 아주 큰 아파트 분양권과 비슷하게 이해하면 된다. 처음 계약금을 내고 아파트 분양을 받는데 아파트 매수 요구자가 늘어나면 분양권 가격이 오르고 분양권을 전매하면 그 프리미엄만큼 차익을 누릴 수 있다. 입주 시까지 가지고 가 본인이 중도금과 잔금을 치르고 입주한 다음(현물을 받음) 본인이 계속 거주해도 되고 팔아도 된다. 물론 가격이 떨어지면 매수자가 없어 계약금을 날릴 수도 있으니 위험이 매우 높은 금융상품이다.

선물과 옵션의 가장 차이점은 '포기' 가능 여부다. 선물은 손익과 관계없이 만기에 가서는 계약을 이행해야 하지만, 옵션은 자신에게 불리한 상황인 경우 계약 이행을 포기할 수 있다(물론 계약금은 전부 손실. 아파트 입주 포기하면 처음 납입한 계약금 모두 날리는 것과 같은 이치이다). 이러한 옵션에는 두 가지 종류가 있다.

콜 옵션: 기초자산을 지정된 날짜 혹은 그 이전에 미리 정한 가격으로 살 수 있는 권리
풋 옵션: 기초자산을 지정된 날짜 혹은 그 이전에 미리 정한 가격으로 팔 수 있는 권리

풋 옵션은 주식이 하락하면 이득을 보게 되고, 콜옵션은 주식이 상승하면 이득을 보게 된다. 그리고 옵션 역시 선물과 마찬가지로 매수 포지션과 매도 포지션으로 나뉜다. 콜 옵션 매수자는 (콜 옵션 매도자에게) 옵션 가격인 프리미엄을 지불하는 대신 기초자산을 살 수 있는 권리를 갖게 되고, 콜 옵션 매도자는 이 프리미엄을 받는 대신 나중에 콜 옵션 매수자가 권리를 행사할 경우 미리 지정한 가격에 팔아야 할 의무가 있다.

A주식을 1만 원에 살 수 있는 권리(콜 옵션)을 매수했다고 보자. 향후 주식 가격이 계속 떨어지면 당신은 이 권리

를 행사할 필요가 없다. 현재 5천 원짜리 주식을 1만 원에 사는 정신 나간 짓은 하지 않을 것이기 때문이다. 하지만 향후 주가가 오르면 당신은 당연히 권리를 행사할 것이다. 1만 5천 원짜리 주식을 1만 원에 살 수 있기 때문이다. 사서 바로 팔면 5천 원 이익. 하지만 콜 옵션 매도자는 이 순간 울며 겨자 먹기가 된다. 과거 프리미엄을 받은 이유로 1만 5천 원짜리 주식을 1만 원에 넘겨야 하기 때문이다. 물론 반대로 주가가 떨어지면 매수자는 콜 옵션을 행사하지 않을 것이기 때문에 매도자는 매수자가 예전에 지불한 프리미엄만 받아 챙기면 된다.

풋 옵션 매수자는 (풋 옵션 매도자에게) 옵션 가격인 프리미엄을 지불하는 대신 일정 시점에 미리 정한 가격으로 기초자산을 팔 수 있는 권리를 갖게 되고, 풋 옵션 매도자는 이 프리미엄을 받는 대신 나중에 풋 옵션 매수자가 권리를 행사할 경우 미리 지정한 가격에 사줘야 하는 의무가 있다.

예를 들어 A주식을 1만 원에 팔 수 있는 권리(풋 옵션)을 매수했다고 보자. 향후 주식 가격이 계속 오르면 당신은 이 권리를 행사하지 않을 것이다. 현재 1만 5천 원짜리 주식을 1만 원에 팔지는 않을 것이기 때문이다. 하지만 향후 주가가 떨어지면 당신은 당연히 권리를 행사할 것이다. 5천 원짜리 주식을 매도자에게는 1만 원에 팔 수 있기 때문이다. 마찬가지로 풋 옵션 매도자는 이 순간 역시 눈물을 머금게 된다. 과거 프리미엄을 받은 이유로 5천 원짜리 주식을 1만 원에 사줘야 하기 때문이다. 물론 반대로 주가가 상승하면 매수자는 풋 옵션을 행사하지 않을 것이기 때문에 같은 원리로 매도자는 매수자가 예전에 지불한 프리미엄만 챙기면 된다.

선물과 옵션은 투자 분야에서도 가장 어려운 분야로 꼽힌다. 선물과 옵션은 무한 수익, 원금보다 큰 손실을 왔다 갔다 하는 초고위험 상품군에 속하니 상식적으로만 알아두고, 개인적으로 투자 하는 것은 그리 권하고 싶지 않다.

4. 장외주식과 우회상장

주식 투자 경험이 있는 사람들은 '장외주식'이라는 말을 들어본 적이 있을 것이다. 장외주식은 말 그대로 증권거래소가 아닌 거래소 시장 밖에서 거래되는 것으로, 비상장 주식이 그 대표적인 예이다. 비상장 주식의 경우 잘만 고르면 대박이 날 수도 있기 때문에 대안 투자 성격으로 그 규모는 점점 커지고 있다. 하지만 비상장 주식은 상장 주식과 달리 기업정보를 구체적으로 알기가 어렵고, 시세 적정성 평가도 따로 해야 하기 때문에 고수익 이면에 숨겨진 위험성이라 할 수 있겠다.

거래 방법 역시 인터넷 중고물품 거래처럼 개인 대 개인으로 이뤄지므로 일반 상장 주식보다는 신중을 요한다. 거래소나 코스닥이 존재하는 이유 자체가 투자자들이 서로 믿고 거래할 수 있도록 공인된 공간을 제공하는 것인 만큼, 이러한 공간 없이 장외에서 거래가 되는 것이다. 이러한 점을 보완하기 위해 존재하는 것이 제3시장(프리보드 등)인데, 이는 공인된 공간이라기보다는 직거래를 온라인화시켜 거래 사고 가능성을 낮추기 위한 정도로 보면 된다.

장외주식과 함께 붙어 다니는 용어가 하나 있다. 바로 '우회상장'이다. 우회상장이란 그 단어에서 알 수 있듯이, 직접 상장하지 않고 한 바퀴 둘러서 상장한다고 보면 된다. 우회상장의 일반적인 형태는 장외기업이 거래소나 코스닥 시장에 상장된 기업과의 합병을 통해, 직상장 시 밟아야 하는 절차(상장 심사, 공모주 청약 등)를 무시하고 바로 상장되는 것이다.

우회상장이 흔하게 일어나는 경우는 다음과 같다.

A라는 이미 코스닥에 상장된 회사가 있다고 보자. 과거

에는 잘나갔지만 현재는 적자에 성장성도 제로인 회사로 전락했다. 그리고 상장을 준비 중인 B라는 장외 기업이 있다. 하지만 상장 심사 요건까지는 갖추지 못하였거나, 상장을 위한 시간과 비용을 가능한 한 줄여야 하는 상황이다. 이러한 경우 A회사와 B회사의 주식을 맞교환하거나 B회사가 A회사의 지분을 인수한 후 상장 기업과 합병하면 B회사는 A회사의 옷을 입고 바로 상장한 효과를 볼 수 있는 것이다.

A회사 입장에서는 쇠락한 상장 기업을 다시 일으켜 세우는 효과가 있을 수 있고, B회사 입장에서는 저렴하고 빠른 상장 작업을 통해 신용도가 올라가고 자금 조달 통로가 훨씬 더 넓어진다. 하지만 현실에서는 우회상장 법인이 주가를 조작하여 사회적 문제를 일으킨 경우도 여러 번 있기 때문에 이러한 단점 역시 무시할 수 없다.

꼭! 필요한 경제상식

- 장외거래 사이트
  www.pstock.co.kr
  www.jstock.co.kr
  www.presdaq.co.kr

5. 성장주, 가치주, 배당주

　주식을 나누는 기준은 전문가마다 다르다. 같은 주식을 놓고도 판단하는 기준에 따라 성장주가 될 수도 있고, 가치주도 될 수 있다. 그렇다면 그 기준의 차이는 뭘까?

　성장주는 말 그대로 그 기업의 미래 성장성을 보는 것이다. 그리고 이를 좀 더 현실적으로 말하면 미래에 좀 더 많은 돈을 벌 것 같은 회사의 주식이 '성장주'인 것이다.

　가치주는 이 기업이 현재 '저평가'되어 있는지에 주목한다. 재무제표상의 여러 가지 정보 등을 취합해봤을 때 펀드매니저 입장에서 의구심이 들게 하는 주식이다.

　이렇게 성장주와 가치주는 주식을 보는 관점의 차이라고 보면 된다. 우리나라 시가 총액의 10퍼센트 가까이를 차지하고 있는 삼성전자도 미래 수익성 측면에서 보면 성장주가 되는 것이고, 현재 주가의 저평가 여부를 따진다면 가치주가 되는 것이다.

　통상적으로 주식 대세 상승기에는 상대적으로 성장주 수익률이 돋보이는 경향이 있고, 주식 보합기나 하강기에는 상대적으로 가치주 수익률이 돋보이는 경향이 있다(근래의 사례로 2011년 8월 초 6일 동안 코스피가 370포인트 가까이 한 번에 내려앉을 때 성장주 펀드는 대체로 하락폭이 컸지만 반대로 가치주 펀드는 코스피보다 하락폭이 적었다).

그렇다면 배당주는 뭘까? 이는 성장주와 가치주처럼 포괄적인 개념이 아니라 단지 배당을 많이 해주는 주식이다. 우리가 은행에 적금을 넣으면 만기 때 이자를 준다. 주식도 마찬가지다. 1년 마다 기업이 결산을 하면 남은 이익 중 일부를 주주들에게 돌려주는데, 이것이 바로 배당이다. 배당주는 이러한 배당을 상대적으로 많이 해주는 회사를 뜻한다. 일반적으로 배당 성향이 높은 회사들은 가치주와 겹치는 경우가 많다. 따라서 배당주 펀드들의 주식 보유 내역을 들여다보면 가치주 펀드 보유 주식과 유사한 경우가 많다.

6. 공모주, 유상증자, 무상증자

공모주는 '공모'와 '사모'의 개념으로 이해하면 쉽다. 우리가 은행이나 증권사에서 가입하는 펀드는 공개적으로 모집을 하는 공모펀드이다. 하지만 일부에서는 소수 투자자들을 모아 그들만의 펀드인 사모펀드를 만들기도 한다.

마찬가지로 새로운 기업이 상장할 때 공개적으로 주식의 청약을 받게 되는데, 여기서 새로 상장하는 종목을 공모주라고 한다. 공모주 정보는 신문이나 증권사를 통해 쉽게 알 수 있으며, 일정 기간 동안 청약을 받은 후 청약한 금액과 경쟁률에 비례하여 주식을 배분하고 나머지 금액은 다시 투자자에게 돌려준다. 예를 들어 공모주에 2천만 원을 청약했는데, 경쟁률이 2대 1이면 1천만 원만큼만 주식을 배정받고 나머지 1천만 원은 돌려받는다. 인기 있는 기업일수록 청약 경쟁률이 높을 수밖에 없으므로 이러한 경우 보통 청약 마지막 날까지 경쟁률을 지켜본 후 경쟁률을 고려한 큰 금액으로 청약하는 것이 일반적인 공모주 청약 전략이다(어차피 나머지는 돌려받을 것이니까).

유상증자는 이미 상장한 기업이 자금 조달을 위해(기업의 자본금을 늘리기 위해) 새로운 주식을 발행하는 것으로 보통 액면가 이상으로 기존 주주에게 배정하거나 주주가 아닌 제3자 혹은 공모주처럼 일반 사람들에게 공개적으로 모집하고 있다. 유상증자는 추가적인 비용이 거의 없이 주식시장에서 직접 자본을 조달할 수 있기 때문에 많은 상장회사들이 자주 이용하고 있는 방법이기도 하다. 이렇게 새로 조달된 자금으로 부채를 갚거나, 신규 사업에 투자하기도 한다. 조심할 것은 유상증자 전후로 주가 변동성이 커지는 경우가 많기 때문에 증자 참여는 항상 신중히 검토할 필요가 있다.

유상증자가 회사 자금 조달이 목적이었다면, 무상증자는 보통 주주에게 공짜로 주식을 더 퍼주는 보상의 성격이 강하다. 회사 총 자산에는 변화가 없고 주식 수는 늘어나게 되므로, 무상증자 소식은 주가 급등의 원인이 되기도 한다(무상증자 소식은 거의 호재라고 보면 된다).

7. 가치투자를 위한 재무지표

　가치투자를 하기 위해선 기본적으로 몇 가지 알아야 할 재무지표가 있다. 그리고 기업의 건강진단서인 재무제표를 볼 줄 알아야 한다. 재무제표를 통해 회사의 경영실적, 재무상황 등을 한눈에 알아볼 수 있기 때문이다. 다음은 가치투자에 있어서 꼭 알아야 할 재무지표는 5가지이다.

(1) ROE

　ROE(Return on Equity)는 자기자본수익률이라고 한다. 말 그대로 남의 돈을 제외한 자기자본에서 얼만큼의 수익률을 냈냐는 것이다. 내 돈 1억 원에 은행에서 1억 원을 빌려 2억 원짜리 집을 샀는데 이것이 3억 원이 되면, 결국 내 돈 1억 원으로 1억 원을 번 것이니 ROE는 100퍼센트가 되는 것이다. ROE는 가치투자 시 가장 먼저 보는 재무지표로, 한 시점의 ROE보다는 지난 3년간 ROE 트렌드를 보는 것이 중요하다. 다음 표 3-22, 3-23, 3-24, 3-25를 보자.

ROE 그래프와 주가지수 그래프의 움직임이 상당히 일치하고 있다는 것을 알 수 있다. ROE가 꾸준히 좋아지고 있는 기업에 투자한다면 좋은 수익을 누릴 확률이 높아지는 것이다.

[표 3-22] 수익성 지표

[표 3-23] 투자수익률

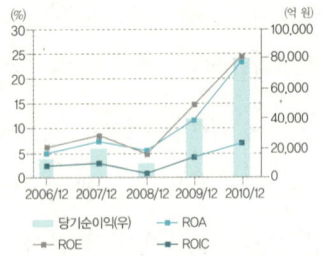

[표 3-24] 연도별 재무지표

항목	2006/12	2007/12	2008/12	2009/12	2010/12	전년대비
영업이익률	2.82	4.09	3.85	6.14	8.10	31.78
순이익률	2.06	2.81	1.37	4.42	7.09	60.37
ROE	6.46	8.76	4.45	14.89	24.30	63.22
ROA	1.92	2.53	1.17	3.94	7.24	84.09
ROIC	4.75	7.41	5.54	11.92	22.87	91.89

※ 단위: 억 원, %, 배, 분기:순액기준

[표 3-25] **주가 그래프**

(2) 부채비율

 부채비율은 말 그대로 자기자본 대비 부채가 얼마나 많은 비중을 차지하고 있는지를 나타내는 지표다. 앞선 예처럼 집을 사기 위해 내 돈 1억 원 위에 은행에서 1억 원을 빌렸다면 부채비율은 100퍼센트가 되는 것이다. 일반적으로 부채가 많으면 자기자본이 적다는 의미이므로 투자대비 수익률은 높아지지만(레버리지 투자) 경기가 안 좋을 때는 손실은 2배에 이자비용까지 발생하므로 기업의 안정성은 떨어진다. 반대로 부채가 적고 자기자본 비율만 높으면 빌려온 돈이 별로 없어 기업은 안정적이나 성장성과 수익성 면에서는 한계가 있다.

 일반적으로 우량하다고 볼 수 있는 부채비율은 200퍼센트 미만이지만, 이 역시 ROE에서처럼 트렌드가 중요하다. 갈수록 부채비중이 줄고 있다면 역시 투자가치가 있다고 본다(부채비중이 늘어난다고 무조건 나쁜 것은 아니다. 미래를 위한 투자를 위해 늘린 것이라면 오히려 좋게 볼 수도 있다).

(3) 유동비율

유동자산을 유동부채로 나눈 값으로, 말 그대로 흑자도산의 우려는 없는지를 나타내는 지표다. 유동자산은 1년 안에 현금화할 수 있는 자산이고, 유동부채는 1년 안에 반드시 갚아야 하는 부채인데 유동비율이 100퍼센트가 안 된다는 얘기는 회사에 유동성 위기가 올 수도 있다는 얘기다. 유동비율이 150퍼센트 이상이면 우량기업으로 볼 수 있다. 참고로 유동비율은 트렌드를 보는 것이 아닌 직전 년도 유동비율 하나를 보는 것이다.

(4) PER

결론 먼저 얘기하면 PER은 낮을수록 좋다. PER이 낮다는 얘기는 해당 주식이 저평가되어 있다는 의미다. PER(Price on Earning ratio)을 우리말로 하면 주가수익비율이라고 하며, 이는 현 주가를 주당 순이익으로 나눈 값이다. 하지만 이를 좀 더 크게 보면 현 주가는 시가총액/발행주식 수이고, 주당 순이익은 순이익/발행주식 수이기 때문에 결국 PER은 시가총액/당기 순이익이 된다. 그러므로 시가총액은 당기순이익 × PER이다.

만약 순이익이 10억 원이고 PER이 10이라면 이 기업을 100억 원 주고 살 수 있다는 의미가 되고, 이를 반대로 얘기하면 10년이 지나면 본전을 뽑는다는 의미다. PER가 낮다는 의미는 결국 그 회사를 더 싼 가격에 살 수 있다는 의미가 되기 때문에(극단적인 예로 PER가 1이면 회사를 사면 1년 만에 원금을 찾는다는 의미) PER은 가치투자의 지표가 되는 것이다. 참고로 현재의 주가를 평가하려면 과거 순이익이 아닌 올해의 순이익을 써야 하기 때문에 현장에서는 올해 순이익의 추정치로 PER를 계산한다.

(5) PBR

PBR 역시 낮을수록 좋다. PBR이 낮다는 얘기는 PER과 마찬가지로 해당 주식이 저평가되었다는 것을 의미한다. PBR(Price Book-value Ratio)은 우리말로 주가순자산비율이라고 하며, 이는 현재 주가를 주당 순자산으로 나눈 값이다. 하지만 그 계산과정을 보면 현재 주가는 시가총액/발행주식 수이고, 주당 순자산은 순자산/발행주식 수이기 때문에 결국 PBR는 시가총액/순자산이고, 시가총액은 PBR × 순자산이다.

PBR이 1보다 작다는 얘기는 현재 회사를 처분해도 주주들이 손실 없이 현재 주가의 가치를 인정받고도 돈이 남는다는 것을 의미한다. 이러한 이유 때문에 PBR이 1 미만일 때는 회사 청산가치에도 못 미친다고 말한다.

PER과 PBR은 산업의 성격에 따라 적정 수준이 다르기 때문에 항상 동종기업 혹은 타 기업이나 산업 평균과 비교해서 판단하는 것이 좋다.

CHAPTER 4

기본전략 | 대 출 | 청약과 분양 | 부동산 서류 | 부동산 세금 | 부동산 판세

부동산, 절대 어렵지 않다 :

월급으로도 준비할 수 있는 내집마련

037 부동산을 대하는 우리의 자세

기본전략

    요즘 부동산 시대는 끝났다는 말을 자주 한다. 끝났다는 표현은 좀 가혹한 것 같고 '쉽지 않다' '어려울 것이다'라는 표현이 더 어울릴 것 같다.

    세상 모든 재화는 결국 수요과 공급으로 귀결된다. 주식도 사려는 사람이 많아야 오르고, 팔려는 사람이 많으면 하락하듯이 주택도 마찬가지다. 그런데 주택의 거시적인 수요와 공급을 결정짓는 요소는 인구 구조다. 일반적으로 주택 수요의 80퍼센트 이상은 30~40대가 차지한다. 우리는 30~40대 인구 그래프에 주목할 필요가 있다.

    먼저 질문 하나! 우리나라에서 전국을 통틀어 집값이 가장 비쌌던 해는 몇 년도일까?

[표 4-1] 연도별 주택 수요 인구

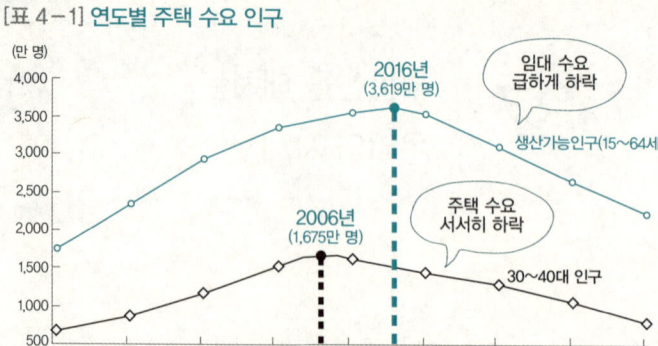

2006년이었다. 이 당시에 수도권에서 주택을 마련하려 했던 사람은 뼈저리게 기억할 것이다. 2006년 한 해에만 2배 이상 오른 아파트도 꽤 많다. 하지만 그후로 부동산 시장이 많이 달라졌다. 2006년 이후 2011년 현재까지 물가상승률 이상 오른 지역은 수도권에서는 손에 꼽을 정도다. 왜 이런 현상이 벌어진 걸까?

이유는 너무 간단하다. 표 4-1에서 알 수 있듯이, 주요 주택 수요 인구인 30~40대가 2006년을 정점으로 계속 줄어들고 있기 때문이다.

따라서 앞으로는 부동산 시장을 '부동산 시장 전체'로 해석하면 안 될 것이다. 토지 시장, 임대 시장, 주택 시장 모두 다르게 움직일 것이기 때문이다. 그리고 각각의 시장은 지역별, 규모별로 양극화될 것이다. 특히 주택시장은 주택 수요 자체의 하락 때문에 좀 더 보수적으로 봐야 할 것이다(특히 중대형 아파트는 쉽지 않을 것이다).

　상업용 건물, 오피스(텔) 등 임대 수요는 2016년을 정점으로 급감한다. 한 가지 더 눈여겨볼 것은 생산가능인구의 하락 기울기가 심상치 않다는 것이다. 주택 수요에 비해 더 빠르게 하락한다. 베이비 부머의 은퇴 때문이다. 그리고 베이비 부머가 빠져나간 빈 자리를 메우기엔 다음 세대 수가 턱없이 부족하기 때문이다. 따라서 당분간(2016년까지)은 괜찮더라도 수익형 부동산으로 무언가 대박을 노리거나 특히 노후 소득을 임대 소득으로만 해결하겠다는 생각은 매우 위험한 발상이다. 즉, 향후 시간이 갈수록 수익형 부동산에서 나오는 임대 소득은 소득의 일부분 정도의 역할만 해야지. 소득의 중심을 임대 소득으로 해결하다가는 잦은 공실 등으로 낭패를 볼 수도 있다는 의미이다.

　물론 임대 시장 역시 주택 시장과 마찬가지로 지역별로 많이 차별화될 것이다. 수도권은 2020년 부근까지 인구 유입이 계속 일어날 것으로 예상되기 때문에, 역시 주택과 마찬가지로 지역별, 면적별로 차이가 크게 벌어질 가능성이 높다.

기본전략

부동산에 영향을 주는 요인 038

부동산은 주식에 비해 상대적으로 변동성이 적고 예측하기도 조금은 수월한 편이다. 인간의 기본 의식주 생활에 필수적인 요소인 데다, 주식에 비해 워낙 덩어리가 커 쉽게 움직이지 않기 때문이다. 또한 우리나라 증시를 쥐락펴락하는 '외국인'의 존재가 부동산에는 없기 때문에 우리나라 부동산 시장에 영향을 주는 요인은 아무래도 한정적이다. 따라서 부동산 시장에 영향을 주는 요인을 4가지로 나눌 수 있는데, 거시환경, 수요, 공급, 그리고 정책이다.

1. 거시환경

부동산의 거시환경은 크게 물가와 금리 그리고 인구 구조 등으로 나눌 수 있다.

요즘처럼 물가가 많이 오르면 사람들의 지갑이 얇아져

주택 구매력이 현저하게 떨어진다. 이제는 집 살 때 대출을 받는 것이 일반적이다. 대출을 받으면 바로 다음 달부터 이자가 나가야 하는데, 물가가 오르면 이자 낼 만한 여력이 줄어들기 때문에 주택 구매 계획은 자연스럽게 뒷전으로 밀린다.

금리는 말할 것도 없다. 금리가 오르면 대출 금리 역시 함께 오르기 때문에 매월 5만 원, 10만 원씩 더 나가는 대출이자를 감당하기에 정해진 소득으로는 어림도 없다. 안타까운 것은 물가가 오르면 정부는 물가를 잡기 위해 금리를 올리는데, 이 국면에서 부동산 시장은 침체할 수밖에 없는 것이다. 반대 급부로 전세값만 고공행진을 하게 된다.

마지막으로 인구 구조 측면은 요즘 많이 부각되고 있다. 주택 수요를 지배하던 30~40대 인구가 2006년부터 하향 곡선을 그리기 시작하면서 주택 가격도 함께 떨어지기 시작했고, 1인이나 2인 가구의 급증으로 중대형 아파트 굴욕의 시대를 지나고 있다. 과거에는 정부 정책이 부동산 시장을 좌지우지하는 가장 큰 변수였다면, 앞으로는 인구 구조의 재편이 부동산 시장에 가장 큰 영향을 미칠 확률이 높다.

2. 수요 측면

말 그대로 집을 사려는 사람들의 태도를 의미한다. 여기서 가장 큰 부분을 차지하는 것이 바로 집값 상승에 대한 기대감이다. 아무리 실수요자라고 하지만 미래 가치가 없는 곳에서는 살고 싶지 않은 법이다. 이러한 기대감은 한 번 꺾이면 다시 살아나는 데 오랜 시간이 걸리기 때문에, 한 번 침체된 분위기는 시장에 지속적인 영향을 준다.

수요 측면에서 최근 발생하는 것이 있다면 바로 반전세, 혹은 월세 수요 증가이다. 이는 매매 시장에는 큰 영향을 주지 않을 수 있지만, 전세값 상승에는 직격탄이다. 2011년 서울 탈출 인구가 가장 많았다는 통계는 이러한 상황과 무관하지 않다.

3. 공급 측면

공급 측면에서 가장 큰 비중을 차지하는 것은 입주 물량이다. 입주 물량이 적으면 그만큼 집값 상승의 기대감은 커진다. 사람들이 갈 데가 없기 때문이다. 하지만 반대로 입주 물량이 급증하면 주택 가격 상승에는 좋지 않다. 예를 들어 2008년 가을 잠실이 그랬고, 2011년 송도가 그랬다. 갑자기 쏟아지는 입주 물량 탓에 안 그래도 좋지 않은 시기에 하락폭은 더 컸고, 전세마저 급락했다. 반대로

2011년 부산을 비롯한 지방 광역시들은 큰 폭으로 집값이 상승했는데, 이는 지난 3년간 만성적 미분양으로 인해 신규 입주 물량 자체가 거의 없는 상태에서 각종 산업단지, 연구단지 및 공기관 이전 등으로 수요가 늘어나 공급이 부족했기 때문이다.

그 다음 공급 측면으로 볼 수 있는 것들은 일반 아파트 이외의 것들이다. 예를 들어 보금자리주택 같은 경우는 가격에 경쟁력이 있는 만큼 1차, 2차, 5차까지 계속 진행되면서 대기 수요가 점점 늘어나고 있다. 보금자리주택의 활성화는 부동산 시장 자체적으로는 악재가 되고, 이 대기 수요가 머무를 전세 시장 면에서는 전세값 상승을 초래한다. 그리고 아파트 대체 수단으로 볼 수 있는 도시형 생활주택 및 오피스텔 등은 부동산 매매 시장 전체로 보면 큰 변수는 아니나 전세 가격의 하락을 초래할 수는 있다.

4. 정책

주택 수요 무한 상승기였던 5년 전만 해도 부동산 시장에서 가장 입김이 센 것은 정부 정책이었다. 하지만 앞서 거시환경에서도 언급했듯이 인구 구조 재편의 시대에는 정책도 트렌드를 바꾸기에는 역부족이다. 그래도 부동산의 경착륙이 아닌 연착륙이 되도록 정부의 역할은 지속되어야 한다. 현재, 그리고 당분간은 부동산 완화정책을 쓸 수밖에 없겠다.

039 | 나에게 맞는 주택 고르는 법

기본전략

2011년 3월이었다. 우연찮게 예전에 상담했던 두 분이 비슷한 시기에 문의 메일을 보내왔다. 두 분은 자산과 소득까지 비슷한 상황이었다.

A고객 : 자산 3억 원, 연 소득 1억 원
　　　 원하는 주택 - 은평뉴타운 6억 원짜리 매물
B고객 : 자산 3억 원, 연 소득 1억 원
　　　 원하는 주택 - 안양 4억 3천만 원짜리 매물

결론부터 얘기하면 A고객에게는 아파트를 사지 말라고 조언했고, B고객에게는 아파트를 사도 된다고 조언했다. 여러 가지 고려사항은 많았지만, 그 중에서도 가장 우선시한 것은 바로 대출 규모다. 현재 A고객은 부동산을 사기 위해서 3억 원 이상의 대출을 받아야 한다. 3억 원의 대출을 받으면 이자만 120만 원 이상을 내야 하며, 원금까지 같이 갚으려면 매월 상환액은 200만 원에 육박한다. 이렇게 되면 A는 연봉이 1억 원이라도 생활비 쓰고 대출 갚고 나면 금융자산은 전혀 모을 수가 없다. 하지만 B의 경우는 다르다. 대출을 1억 5천만 원 미만으로 받아도 충분히 집을 산다.

　부동산 상승을 기대하기 어려운 시기에 나에게 맞는 주택을 고르는 방법은 투자 가능성보다는, 알맞은 대출 규모다. 연 소득의 1.5배가 넘는 대출은 피해야 한다. 이 선

을 넘으면 앞으로 자산운용 시 꼭 필요한 금융자산을 모으기 어려워진다.

앞의 A고객을 예로 들어본다면 연봉이 1억 원인 경우 매월 실수령액은 600만 원 조금 넘는 수준이다. 여기서 200만 원을 대출상환하고, 50만 원을 보험료라 하면 남는 돈 350만 원. 1억 원 연봉의 소비 패턴으로는 딱 생활비이다(모자랄 수도 있고).

따라서 집을 구매할 때는 철저히 실수요 입장에서 연봉의 1.5배 이내로 대출받을 수 있는 곳으로 알아봐야 한다. 원하는 곳과 보유하고 있는 자산 차이가 현저히 크다면 주택 구매는 다시 생각해볼 필요가 있다.

당신이 아는 대출에 관한 모든 것 — 040

대출은 미래의 목돈을 지금 사용할 수 있게 해주는 금융 수단으로, 우리는 그 대가로 이자를 지불한다. 이자의 크기는 상환 능력이 확실할수록 작아지며, 반대로 미래 상환 능력이 불확실할수록 커진다(대출을 거절당하는 이유는 미래 상환에 대한 불확실성이 크기 때문이다).

그렇다면 현재 내가 이용할 수 있는 대출은 무엇일까?

1. 회사복지 혹은 각종 공제회 대출
2. 예금담보대출
3. 주택담보대출
4. 신용대출, 마이너스 통장
5. 보험계약대출
6. 카드론, 현금서비스

7. 대부업체 등등

아직 대출이 없다면 이 중 6번과 7번은 배제하자. 이 두 가지 대출은 앞의 5가지 수단을 총동원했을 때도 부족할 경우 손을 대는 것이기 때문이다. 그리고 1~5번까지는 개인마다 매우 다르다. 기업복지가 좋은 회사는 일정 한도 내에서 직원들에게 무이자 대출을 해주는 경우도 있고, 전문직이나 공무원 등 안정적인 직업일 경우에는 주택담보대출보다 신용대출 금리가 더 낮을 수도 있기 때문이다. 예금담보대출도 마찬가지다. 일반적으로 대출을 받기 전에 예금 등을 해지하는 경우가 많이 있는데, 만기가 얼마 남지 않았거나 청약통장, 장기주택마련저축, 연금저축 등처럼 해지 시 손해가 클 경우에는 예금담보대출을 받는 것도 고려해볼 만하다. 최근 예금 금리가 매우 낮아졌기 때문에 보통 예금 금리 +1.5~2퍼센트 선에서 이자 해결이 가능하다.

주택담보대출은 주의할 점이 있는데, 금액이 작더라도 대출이자 이외에 근저당 설정비, 인지세 등이 추가로 들어가기 때문에 이러한 비용까지 감안해야 한다. 또 사람들이 의외로 보험계약대출을 생각 못하는 경우가 많은데, 보통 보험사 공시이율이 4~5퍼센트 선임을 감안하면

6~7퍼센트 선에서 대출이 가능하니 신용대출이나 마이너스 통장을 만들기 전에 꼭 보험계약대출을 알아보는 것이 좋겠다. 물론 보험상품에 따라서는 대출이 아닌 보험 적립금을 직접 인출할 수 있는 상품도 있으니 이럴 땐 중도 인출 기능을 이용하여 해결하는 것도 좋은 방법이다.

정리하면 다음과 같다.

대출을 꼭 받아야 할 때는 일단 1~5번을 모두 알아본다. 그리고 이 중 이자와 비용이 적은 것을 차례대로 선택하면 되는 것이다. 그럼에도 불구하고 돈이 부족할 땐 현재 사용 중인 카드사의 카드론 등을 생각할 수 있다. 하지만 아무리 신용도와 실적이 좋아도 카드론은 대부분 10퍼센트가 넘는 금리가 적용되기 때문에 가급적이면 받지 않는 것이 좋고, 어쩔 수 없이 받았다 하더라도 눈덩이처럼 불어나기 전에 빨리 상환해야 한다. 대부업체는 아예 꿈도 꾸지 마라.

041 | CD금리, COFIX금리

집을 사기 위해 주택담보대출을 받는다면 꼭 알아야 할 것이 있다. 바로 CD금리와 COFIX금리이다. 대출받을 때 금리를 잘 결정하면 10년 이상의 기간 동안 대출이자를 수백만 원에서 수천만 원까지 아낄 수 있기 때문이다.

물론 과거 변동금리 주택담보대출은 대부분 3개월 CD금리 기준으로 움직였다. 대출금리는 'CD금리 + 2퍼센트'로, CD금리가 3퍼센트라면 대출금리는 5퍼센트가 되는 것이다.

하지만 은행이 자금을 조달할 때 CD(양도성 예금증서)가 차지하는 비중이 적다 보니 실제 은행의 자금 조달 비용을 대출금리에 반영하지 못하는 한계점을 가지고 있었다. 그래서 좀 더 현실적인 대안을 찾은 것이 은행의 자금조달비용지수(Cost of Funds Index)인 COFIX이다.

COFIX에는 잔액기준 COFIX와 신규취급액기준 COFIX 두 가지 종류가 있다.

잔액기준은 자금 조달하고 남은 돈에 적용된 금리이다 보니 시중 금리에 둔감하게 반응하는 편이다. 신규취급액 기준은 은행이 새로 자금을 조달할 때 적용되는 금리이다 보니 시중 금리에 민감하게 반응한다. 다음 표 4-2를 보면 알 수 있다.

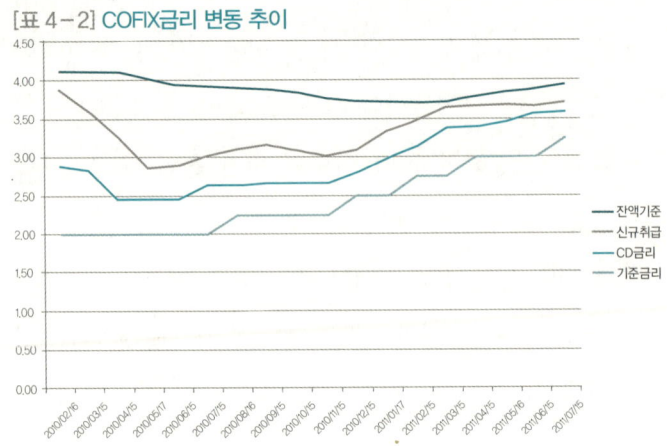

[표 4-2] COFIX금리 변동 추이

2010년 2월부터 5월까지 같은 기간 동안 신규취급액 기준 COFIX는 1퍼센트 가까이 하락한 것에 비해, 잔액기준 COFIX는 0.2퍼센트 미만으로 하락한 것을 알 수 있다(CD 금리는 그 중간인 0.4퍼센트 정도 하락).

하지만 대출 실수요자 입장에서는 조금 다르다. COFIX

는 6개월 혹은 12개월 주기로 대출금리를 반영하지만, CD는 3개월을 주기로 대출금리를 반영하기 때문에 실제 대출을 받은 실수요자 입장에서는 CD금리가 변동성이 크게 느껴질 수밖에 없다.

이러한 논리로 다가가면 금리가 상승하는 시기에는 잔액기준 COFIX가 가장 유리하고, 그 다음은 신규취급액기준 COFIX, 그리고 CD금리연동대출이 가장 불리할 것이다. 반대로 금리가 하락하는 시기에는 CD금리연동대출이 가장 유리하고, 신규취급액기준 COFIX, 잔액기준 COFIX 순이 될 것이다.

하지만 현실은 조금 다르다.

대출을 받을 때 가장 중요한 것은 은행이다. 최근 주택시장 침체로 담보대출 건이 눈에 띄게 줄어들다 보니 은행의 대출 경쟁이 치열해져 보통 2~3개 은행을 놓고 대출 유치 경쟁을 붙이면, 예상 외로 금리를 많이 떨어뜨릴 수도 있으며, 때로는 대출을 갈아탈 때 가장 근심거리인 근저당 설정비용까지 면제받는 혜택도 받을 수 있다.

은행이 정해진 후라도 대출상환 기간에 따라 전략이 달라진다. 기존 주택을 팔지 못하고 새 아파트를 분양받은 경우는 기존 주택이 팔리기만 하면 대출을 갚을 수 있기 때문에 대출 기간은 자연스레 1~2년 정도로 짧아진다.

이 경우는 향후 금리가 오른다 하더라도 신규취급액기준 COFIX가 유리하다. 1~2년 사이에 대출금리가 1퍼센트 이상 역전되기는 어려우며, 실제 역전이 된다 해도 역전되기 전까지 이미 금리 이득을 본 것이기 때문에 단기간 대출을 가정하면 신규취급액기준 COFIX가 유리하다.

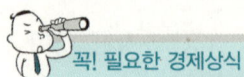
꼭! 필요한 경제상식

- **CD(Certificates of Deposit)**
  간단히 정기예금에 유동성을 가미한 상품으로 이해하면 된다. 이 때문에 양도성 예금증서라고도 하며(양도가 가능한 예금), 시장에서 매매하여 현금화 시킬 수도 있다는 점에서 일반 정기예금과 다르다. 앞서 언급한 것처럼 이 금리는 변동금리 대출의 기본이 되며, 보통 1개월~1년 단위로 자금을 운용할 때 가입하는 것이 좋다(발행은 은행, 취급은 은행과 증권사에서 한다).

- **MOR금리**
  최근 주택담보대출을 받은 사람들 중 CD금리도 아니고 COFIX금리도 아닌, MOR금리를 적용받은 사례가 제법 많아졌다. MOR은 Market Opportunity Rate의 약자로, '시장조달금리' 혹은 '내부기준금리'라고도 한다. COFIX와 마찬가지로 은행들이 자금을 조달할 때 드는 비용으로 보면 되나, COFIX가 주요 은행 '전체 평균 자금 조달 비용'이라면 MOR은 '은행 자체의 자금 조달 비용'이므로 은행에 따라 다르게 나타난다.

042 | 금리가 오를 때 대출 관리법

한국은행이 기준금리를 올리면 가슴을 쓸어내리는 사람들이 있다. 당연히 대출이 많은 사람들이다. 그렇다면 금리 상승기에 대출을 어떻게 관리해야 할까?

1. 주택담보대출만 있는 사람

주택담보대출만 있는 사람은 가장 양호한(?) 빚쟁이다. 게다가 소득에서 대출상환으로 빠져나가는 돈이 월 소득의 20퍼센트 미만이라면 크게 걱정할 필요는 없다. 단지 금리인상 구간에서는 은행들이 CD금리나 COFIX금리에 추가로 붙는 가산금리까지 함께 올리는 경우도 있으니 향후 수개월간 대출금리 인상 추이를 보면서 타 금융기관으로 갈아타는 것도 고려해볼 만하다(물론 중도상환 수수료, 근저당 설정비, 인지세 등 갈아타는 비용까지 고려해야 한다).

최근에는 대출 경쟁이 치열해지면서 보험사에서 취급하는 주택담보대출 금리가 은행보다 낮은 경우도 있으니 대출을 갈아탈 때는 은행과 보험사 모두 함께 알아보는 것이 좋다.

과거에는 고정금리 상품이 금리가 훨씬 높아 사실상 고정금리 대출이 무의미했으나, 최근 들어서는 3년 고정, 5년 고정금리 대출 상품임에도 변동금리보다 낮은 금융기관들이 속속 등장하고 있으니 꼭 여러 금융기관을 비교해보자.

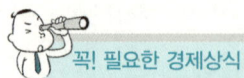
꼭! 필요한 경제상식

- **가산금리**
  대출금리는 보통 3개월 CD금리 + 2퍼센트 혹은 COFIX금리 + 2.5퍼센트와 같은 형식으로 정해진다. 가산금리라는 것은 여기서 2퍼센트 혹은 2.5퍼센트와 같이 기준이 되는 CD금리나 COFIX금리에 추가로 더해지는 금리를 의미한다. 한국은행에서 기준금리를 인상하면 약간의 시차를 두고 CD금리나 COFIX금리도 함께 오르는데, 여기나 가산금리까지 함께 오르면 주택담보대출을 가지고 있는 입장에서는 부담이 커진다.

2. 여러 종류의 대출이 함께 있는 사람

대출의 종류가 여러 가지인 사람이 금리상승기에 가장 먼저 해야 할 일은, 본인이 가지고 있는 대출을 자세하게 정리하는 것이다. 예를 들면 'XX은행 신용대출 : 개설일 2007년 10월 21일, 대출잔액 1천만 원, 현재 금리 12퍼센트, 매월 이자만 10만 원 납입 중' 이런 식이다. 대출이 복잡하게 얽혀 있을수록 이렇게 하나씩 자세히 적기만 해도 쉽게 답을 찾을 수 있기 때문이다.

내 수입 중 '어느 금융기관'에 '매월 얼마의 대출이자와 원금이 상환되고 있는지'를 알았다면 방법을 강구해보자.

(1) 주택담보대출, 마이너스 통장 등이 공존하고 있다.

기존 주택담보대출에 추가 대출 여력이 있다면 주택담보대출을 추가로 받아 마이너스 통장을 갚는 것도 좋은 방법이다. 하지만 추가 대출의 경우 기존보다 금리가 높아지는 경우도 있으니 이럴 때는 중도상환 수수료 및 갈아타기 비용(근저당 설정비, 인지세 등)을 고려하여 대출 거래처 자체를 바꿔보는 것도 고려할 만하다.

(2) 주택 소유 없이 다른 대출만 있다.

신용대출, 마이너스 통장, 카드론 등이 대표적인 예일 것이다. 대출상환 불변의 법칙은 '금리가 높은 대출부터 무조건 갚는다'이다. 일단 현금이 있으면 금리가 높은 대출부터 갚는 것이 진리다. 단, 대출을 갚은 후 또다시 대출을 받지 않기 위해 일정 수준의 현금은 따로 CMA 통장 등에 담아두는 지혜는 있어야 한다.

또한 만기가 얼마 남지 않은 예·적금, 해지하면 자격이 상실되는 주택청약통장, 세제 혜택을 받은 금융상품(장기주택마련저축, 연금저축 등)은 해지하지 말고 그대로 놔두되, 이를 담보로 예금담보대출을 받는 것이 좋다. 이러한 금융상품의 금리는 매우 낮기 때문에 여기에 1~2퍼센트 수준의 가산금리가 더해진다 해도 마이너스 통장보다 높기는 어렵기 때문이다.

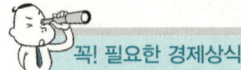
꼭! 필요한 경제상식

- **신용대출과 마이너스 통장 그리고 카드론 사용법**
  이러한 대출은 애초부터 안 받는 것이 좋겠지만, 만약 받게 되더라도 원금과 함께 갚아 나갈 수 있는 상환방식(원금균등분할상환, 원리금균등분할상환)을 택하기 바란다. 이자만 내다 자산 다 까먹는다.

- **고금리 대출이 많은 경우에는 퇴직금 정산 이용**
  두 자리 수 금리의 대출액이 1천만 원이 넘거나 고질적인 마이너스 통장의 병폐에서 벗어나지 못하고 있다면 퇴직금 정산을 이용하는 것이 좋다. 퇴직금보다 더 큰 손해를 보기 전에 싹을 잘라야 한다.

- **대출이 많을수록 가족 간의 대화도 많아야 한다.**
  고금리 대출이 많다면 가계 재무에 대한 모든 것을 공개하고 허심탄회하게 대화를 시도해야 한다. 이때 우리가 왜 빚을 지게 되었는지는 중요하지 않다. 과거는 과거일 뿐이고, 앞으로 어떻게 빚을 처분해 나갈 것인지 월별 대출상환 계획을 구체적으로 정하고, 어떻게 생활을 조절해 나갈지 가족 구성원끼리 합심하면 부채 탈출은 그리 어렵지 않다.

043 고정금리로 갈까, 변동금리로 갈까

대출

과거에는 변동금리보다 고정금리가 더 높은 편이었다. 예를 들어 CD연동 주택담보대출 금리가 5퍼센트 정도였다면 고정금리는 6퍼센트 후반대가 넘는 것이 일반적이었다. 하지만 강산이 변하듯 대출 상품도 많이 바뀌었다. 금리 기준도 COFIX, MOR 같은 새로운 기준도 들어서서 골라 먹는 재미를 느낄 수 있고, 고정금리도 은행에 따라서는 일부 변동금리보다 낮은 경우도 있어 꼼꼼히 살펴볼 필요가 있다.

주택담보대출을 받으려면 먼저 제1금융권 전체(국민, 신한, 하나, 기업, SC제일, 시티, 외환, HSBC, 농협)를 알아볼 필요가 있다. 은행 홈페이지만 들어가 봐도 개략적인 금리 수준은 나오므로 금리가 낮은 2~3군데 정도를 선별하여 서로 경쟁을 붙여보는 것도 좋은 방법이다.

그럼 고정금리가 좋은가, 변동금리가 좋은가?

금리 수준이 크게 다르지 않다면 금리 상승기에는 당연히 고정금리가, 금리 하락기에는 변동금리가 좋다. 보통 경기 회복 및 팽창 국면에서는 금리가 오르고, 경기 하락 및 수축 국면에서는 금리가 하락하기 때문에 현재가 어느 시점인지 경제신문 등을 탐독해보고 결정하는 것이 가장 무난한 방법일 수 있겠다. 혹 금리 상황이 예상과 반대로 진행되어 손해를 보는 것 같아도 너무 낙담할 필요는 없다. 대출 갈아타는 비용(근저당 설정비, 인지대, 중도상환 수수료 등)을 고려하여 이득이다 싶으면 그때 다시 은행을 바꾸면 되기 때문이다.

현실적으로도 한 대출을 오랜 기간 가져가는 경우는 드물다. 생애최초주택마련대출이나 조합원 대출 등과 같이 애초에 저렴하게 받은 대출인 경우를 제외하면 2~3년에 한 번씩은 금리와 각종 우대조건을 봐서 갈아타는 것이 더 현명하다. 은행의 정책과 금리 우대 방식은 계속 바뀌기 때문이다.

주택담보대출을 알아볼 때는 은행뿐만이 아니라 꼭 보험사도 알아볼 필요가 있다. 최근 보험사의 공격적인 대출시장 진출로, 특히 손해보험사의 경우는 일반 은행권보다 낮은 경우도 많다. 물론 은행, 보험사 모두 알아보려면 손이 많이 가는 작업이긴 하지만 홈페이지 등을 통해 미리 조사해놓으면 2~3개 정도로 압축이 되니 주택담보대출을 받을 때는 은행과 보험사를 함께 알아보는 것이 돈 버는 길이다. 잘 받은 대출 하나 수백만 원 이상의 이자를 절감할 수 있기 때문이다.

꼭! 필요한 경제상식

- **주택금융공사의 보금자리론**
  주택금융공사에서 실시하는 보금자리론이 있다. 이 상품의 특징은 상대적으로 낮은 금리의 고정금리 대출이라는 점이다. 시중 은행에서 신청할 수 있는 t-보금자리론이 있고, 인터넷으로 접수하는 u-보금자리론이 있으며, 일시적 2주택자도 신청 가능하니 홈페이지에 방문해볼 필요가 있겠다.
  www.hf.go.kr

대출 먼저 갚을까, 투자를 할까   044

"대출은 무조건 먼저 갚는 것이 이득이죠?"

학교 다닐 때도 객관식 문항에 '무조건'이라는 단어가 나오면 오답인 경우가 많았다. 대출도 마찬가지다. 남에게 빚지는 것이 제일 싫은 일인 줄은 알겠지만, 그렇다고 저축은 하나도 안 하고 대출만 죽어라 갚는 것도 좋은 자산관리법은 아니다.

기업들도 현금이 있어도 적당한 선에서 부채를 유지하며 본인 사업에 재투자하듯이, 가정도 마찬가지다. 건전한 대출은 투자와 함께 유지하는 것이 미래를 더 풍요롭게 만들 수 있는 자산관리 방법이다.

그럼 건전한 대출은 무엇인가?

앞장에서 잠시 언급했듯이, 대출원리금 상환액이 소득의 20퍼센트 미만인 경우다. 즉, 월 소득이 400만 원이면 원금+이자로 나가는 돈이 80만 원 미만인 경우 건전한 대출인 것이다. 그리고 이것은 주택담보대출보다 높지 않은 금리여야 한다. 예를 들어 마이너스 통장 금리가 8퍼센트가 넘는다면, 그 대출 먼저 갚고 볼 일이다.

월 상환액이 소득의 20퍼센트 미만이고, 저금리 대출이 맞는다면 3년 이상의 기간을 적립식 펀드 등과 병행하는 것이 더 좋다. 펀드야 기대 수익이 높으니 그렇다 치고, 적금과 대출을 병행해도 될까? 대부분의 경우는 '아니오'다. 하지만 적금과 대출을 병행하는 것이 더 좋은 경우도 있다. '세후 적금 금리 + 중도상환 수수료율'과 '대출 금리'

를 비교해보자.

1. 대출 금리가 더 큰 경우 당연히 미리 갚는 것이 이득.
(세후 적금 금리 + 중도상환 수수료율) < 대출 금리
⇨ 세후 적금 금리는 5퍼센트, 중도상환 수수료율 1퍼센트, 대출 금리는 7퍼센트라면 5 + 1 = 6 < 7이므로 매월 갚는 것이 이득이다.
2. 대출 금리가 더 작은 경우는 적금을 부어 갚는 것이 이득.
(세후 적금 금리 + 중도상환 수수료율) > 대출 금리
⇨ 세후 적금 금리는 5퍼센트, 중도상환 수수료율 2퍼센트, 대출 금리는 6퍼센트라면 5 + 2 = 7 > 6이므로 적금 부어 갚는 것이 이득이다.

대출이 있다고 너무 부담 가질 필요 없다. 눈앞이 아닌 인생 전체를 보는 시각을 갖는다면 무엇이 인생에 더 도움이 될지는 자연스레 판단이 설 것이다.

045 청약통장 제대로 아는 이 의외로 없다

청약과 분양

청약통장 1순위 천만 명 시대, 청약통장 무용론 대두······. 10년 전만 해도 아파트 청약에 당첨되었다고 하면 복권에라도 당첨된 것처럼 뛸 듯이 기뻐했다. 하지만 이젠 아니다. 시대가 바뀌어 청약통장이 없어도 좋은 아파트를 구입할 수 있는 방법은 너무도 많이 생겼다. 그럼 장롱 속에 있는 청약통장 그냥 해지해버릴까?

애물단지로 전락한 청약통상에 대해 꼭 알아야 할 사항을 정리했다.

우선 과거의 청약통장(청약저축/부금/예금)과 청약종합통장은 겉보기엔 유사하지만 명백히 다르다. 이 차이만 알아도 진정한 1순위는 따로 있다는 것을 알게 될 것이다. 과거에는 국가에서 분양하는 공공주택을 청약하려면 청약저축, 민간주택을 청약하려면 청약부금이나 청약예금에 가입했다. 반면 주택청약종합저축은 일단 가입은 해놓고 향후 원하는 아파트 유형이 같은 사람끼리 경쟁을 하게 되는 것이다. 즉, A라는 사람이 2년 전 청약종합저축에 가입했고, 이 사람이 향후 보금자리주택에 청약한다면 10년 전에 청약저축에 가입한 사람들과 경쟁해야 한다. 그런데 청약저축은 '좀 더 오랜 기간' 동안, '좀 더 많은 돈'을 불입한 사람이 당첨 우선순위이므로 당연히 A라는 사람은 밀려나게 되는 것이다.

민영아파트도 마찬가지다. 청약가점제는 부양가족, 가입 기간, 무주택 기간을 따지는데, 여기서 미리 청약부금이나 청약예금에 가입한 사람은 A보다 당연히 가입 기간에 있어서 높은 점수를 받게 된다.

청약통장 1순위가 천만 명이라고 하지만, 이렇게 따지면 0순위, -1순위가 이미 무수히 존재하기 때문에 결국 청약만 가능할 뿐이지, 당첨 확률은 경쟁이 높은 아파트일수록 제로에 수렴할 것이다.

그러므로 청약 관련 통장이 없는 사람은 일단 무조건 가입하자. 청약통장 가입은 빠를수록 유리하다. 무주택자는 기존 청약통장을 그대로 유지하되, 보금자리주택 등과 같은 공공주택에 관심 있는 사람은 청약부금이나 예금이면 해지하고 종합저축에 새로 가입하는 것이 좋다.

유주택자로서 청약부금이나 예금 소지자는 공공주택 청약과 가점제 적용이 불가능하므로 본인이 원하는 평형대 아파트에 해당하는 금액의 청약통장을 가지고 있다면 그대로 유지하면 된다. 부부 모두 청약통장이 있는 경우는 세대주 것만 남기고 다른 하나는 해지해도 좋다.

꼭! 필요한 경제상식

1. 국민주택
청약 순위에 따라 추첨 방식으로 입주자를 선정하되, 같은 순위일 때에는 아래의 차례에 따라 순위를 결정한다.

- 전용면적 40㎡ 이하의 주택의 경우
  - 5년 이상 무주택 세대주로서 납입 회수가 많은 자
  - 3년 이상 무주택 세대주로서 납입 회수가 많은 자
  - 납입 회수가 많은 자
  - 부양가족이 많은 자
  - 당해 주택건설지역에 장기 거주자

- 전용면적 40㎡ 초과 주택의 경우(실제 대부분 국민주택에 해당됨)
  - 5년 이상 무주택 세대주로서 매월 약정 납입일에 월 납입금을 60회 이상 납입한 가입자 중 저축총액이 많은 자
  - 3년 이상 무주택 세대주로서 저축총액이 많은 자
  - 저축총액이 많은 자
  - 납입 회수가 많은 자
  - 부양가족이 많은 자
  - 당해 주택건설지역에 장기 거주자

2. 민영주택 및 민간건설 중형국민주택

- 대규모 택지개발지구
  - 서울시를 제외한 인천시 및 경기도 지역에서 택지개발 촉진법에 의한 택

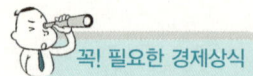

- 지개발사업이 시행되는 지역으로 그 면적이 66만m² 이상인 지구
- 공급물량의 30퍼센트를 당해 지역 거주자에게 우선 공급하고, 나머지 70퍼센트는 그외 수도권 거주자에게 공급. 동일 순위 내에서 당해 지역 거주자 공급 신청 미달 시 잔여물량은 수도권 지역 거주자에게 공급.
- 공급물량의 30퍼센트를 당해 지역 거주자에게 우선 공급하고, 나머지 70퍼센트는 그외 수도권 거주자에게 공급. 동일 순위 내에서 당해 지역 거주자 공급 신청 미달 시 잔여물량은 수도권 지역 거주자에게 공급.

- **일반지역**
  - 당해 지역 공급신청 초과 때 낙첨자는 수도권 지역 신청자에 포함해 당첨자 선정.
  - 청약순위 (1, 2, 3순위)에 따라 추첨의 방식으로 입주자를 선정.
  - 수도권 지역 공급주택의 경우 동일 순위 안에서 일정기간 거주한 해당 지역 거주자에게 분양물량을 100퍼센트 우선 공급.

046 | 아파트 분양받는 절차

청약과 분양

    이미 지어진 집을 살 때 그 절차는 간단한 편이다. 공인중개사를 찾아가 매물을 찾고 함께 집을 보러 간 후 마음에 들면 날짜를 정해 계약하고 잔금을 치르면 1~2개월 내 내 집이 된다. 하지만 분양은 집을 지을 예정이기 때문에 분양에서 실제 입주까지는 최소 2년 이상 걸리며, 중간 과정도 일반 매매에 비해 다소 복잡하다.

    그럼 아파트를 분양받는 절차는 어떻게 될까?

1. 청약통장 준비

    분양을 받으려면 그에 맞는 청약통장이 있어야 한다. 국민주택 규모(전용면적 85㎡) 이하면 상관없지만 그 이상일 때는 청약예금으로 더 많은 금액을 준비해야 한다.

    참고로 한 단계 높은 면적을 분양받기 위해 금액을 늘

리면 1년 뒤에 청약이 가능하니 주의를 요한다.

[표 4-3] **청약통장 금액별 국민주택 규모**

구분	서울 부산	광역시	기타	비고
85㎡ 이하	300만 원	250만 원	200만 원	민영주택도 가능
102㎡ 이하	600만 원	400만 원	300만 원	85㎡ 이하 민영주택도 가능
102㎡ 초과 135㎡ 이하	1,000만 원	700만 원	400만 원	해당 면적만 가능
135㎡ 초과	1,500만 원	1,000만 원	500만 원	해당 면적만 가능

2. 입주자 모집 공고

입주자 모집 공고는 청약 신청 접수일로부터 5일 전에 신문을 통해 공고가 된다. 여기에는 다음과 같은 정보가 있다.

- 시공사(브랜드), 위치, 공급 세대수, 면적
- 분양 가격 및 대금 납부 방법(계약금, 중도금, 잔금 등)
- 청약 신청 자격, 구비 서류, 일시 및 장소
- 입주자 선정방법, 당첨자 발표일
- 계약 일시 및 장소 등

3. 아파트 청약

입주자 모집 공고에서 안내된 구비 서류를 준비하여 지정 장소(모델하우스 등)에서 신청한다. 보통 구비 서류는 주택공급신청서, 주민등록증, 주민등록등본, 청약통장, 도장, 무주택서약서 등이 있다.

4. 당첨자 확인

청약통장 순위에 따라 당첨자가 결정되며, 당첨이 되면 입주자 모집 공고 시 안내되었던 기간에 지정된 장소에서 계약을 체결한다.

5. 계약

계약 시에는 계약금이 필요하며(보통 분양가의 10퍼센트 내외) 제출서류를 함께 준비한다(인감증명서, 인감도장, 주민등록증, 주민등록등본, 주택공급신청서 접수증 등).

6. 대금 지불

계약금은 계약 시 납입하며, 이후 일정 기간이 지난 후 3~6개월 간격으로 중도금을 지불한다(일반적으로 6차 중도금까지 있고, 각 단계별로 분양가의 10퍼센트 내외를 지속적으로 납입한다). 중도금은 전체를 대출받아도 되고, 1, 2차는 본인이 내고 나머지 3, 4, 5, 6차는 중도금 대출을 이용하는 등 중도금 대출이 필요하다면 원하는 시기에 받으면 된다. 그리고 마지막 잔금은 입주 시기에 지불한다.

7. 입주

건설업체는 입주 전 계약장에서 '입주 전 사전점검 일정'과 '입주 지정기간'을 통보하고, 이 기간 내 언제라도 입주가 가능하다.

8. 이후 일정

입주 후 일정은 일반 매매와 동일하다. 취득세, 등록세를 납입하여 등기를 하고, 기존 중도금 대출은 주택담보대출로 바뀌게 된다.

047 나도 보금자리주택 갈 수 있을까

청약과 분양

최근 정부의 전폭적인 지지로 시행되고 있는 부동산 정책이 하나 있는데, 바로 보금자리주택이다. 많은 사람들이 보금자리주택을 정부가 분양하는 아파트 정도로만 생각하는데, 보금자리는 표 4-4에서 볼 수 있는 것처럼 그 범위가 넓다.

보금자리주택은 분양, 장기공공임대주택 그리고 공공임대주택 이렇게 3가지로 나뉘며, 일반적으로 사람들이 청약하고 분양받는 보금자리주택은 이 3가지 중 '분양'에 해당한다(여기서는 분양 부분만 다루도록 한다).

왠지 까다로워 보이는 거리가 있을 것 같은 보금자리주택. 국가에서 주도하는 사업이기 때문에 공공성을 따지다 보니 아무래도 다음과 같은 사람들이 우선 공급대상이다.

[표 4-4] 보금자리주택 유형

구분		내용	비고
분양	공공분양주택		
장기공공 임대주택	영구임대주택	영구적인 임대를 목적으로 건설한 임대주택	
	국민임대주택	의무임대기간이 30년인 임대주택	
공공 임대주택	10년임대주택	의무임대기간이 10년인 임대주택	
	분납임대주택	임대보증금 없이 분양전환금을 분할하여 납부하는 임대주택	
	장기전세주택	20년의 범위 안에서 전세 계약을 통하여 공급하는 임대주택	

① 국가유공자나 장애인 ② 3자녀 이상 ③ 신혼부부

④ 생애최초주택 구입 ⑤ 노부모 봉양

여기서 ①~④까지는 특별공급을 위해 아예 각각 나눠 분양 물량을 빼놓고(예를 들어 전체 분양의 55퍼센트), 나머지 물량은 일반을 대상으로 분양하되, 만 65세 이상 부모를 3년 이상 부양했거나 3자녀가 있는 세대를 우선 분양하고(예를 들어 15퍼센트), 앞선 특별 분양에서 떨어진 사람과 일반인들을 합쳐서 일반 분양에 들어간다.

2009년 10월 처음 보금자리주택 분양을 시행했던 시범지구(강남세곡, 서초우면, 고양원흥, 하남미사) 사례를 보면 표 4-5와 같다.

[표 4-5] 보금자리주택 분양 사례

구 분			공급물량	비율	경쟁률
공급물량 계			14,295 (13,139)	100%	
기관추천 특별공급	국가유공자		2,205 (1,049)	15%	
	장애인 등				
3자녀 특별공급	85점 이상		707	5%	9.7 : 1
	70점 이상				
	55점 이상				
3자녀 및 노부모 우선공급	무주택 세대주	5년 60회 이상	707 (3자녀)	5%	3.7 : 1
		3년 360만 원 이상			
		1순위 전체	1,421 (노부모)	10%	1.8 : 1
생애최초 특별공급			2,852	20%	6.0 : 1
신혼부부 특별공급	1순위		488	4%	19.8 : 1
	2순위				
청약저축 1순위	무주택 세대주	1,200만 원 이상	5,915	41%	3.2 : 1
		800만 원 이상			
		60회 이상			
		1순위 전체 (2년 이상~5년 미만)			
청약저축 2, 3순위 전체					

※ ( )는 이주자 물량(1,156호) 제외
　　물론 이 경쟁률의 평균을 끌어 올린 것은 당연 강남 세곡과 서초 우면지역임.

그럼 나는 여기에 해당 될 수 있을까? 그 기준을 좀 더 자세히 들여다보면 다음과 같다(출처: 보금자리주택 홈페이지).

[표 4-6] 공급유형

구 분	유 형	공통 자격(입주자 모집 공고일 현재)
특별공급	기관 추천	당해지역 또는 수도권 거주자, 무주택 세대주
	3자녀	
	신혼부부	
	생애최초	
일반공급	노부모 우선	당해지역 또는 수도권 거주자, 무주택 세대주, 청약저축 1순위자(신혼부부는 청약저축 6회 이상 납입자)
	3자녀 우선	
	일반	

1. 특별공급 신청자격 및 당첨자 선정

(1) 기관추천 특별공급
- 신청자격 : 국가유공자, 장애인, 중소기업근로자 등
- 추천자 선정 : 관련기관장(국가보훈처, 지자체, 중소기업청 등) 추천
- 기관추천은 말 그대로 공기관의 추천을 받아야 하는 것이다.

(2) 3자녀 특별공급
- 신청자격 : 만 20세 미만 자녀를 3명 이상 둔 자
- 당첨자 선정 : 배점기준에 의한 고득점 순으로 결정
- 동점자 처리 : ① 다자녀 ② 고령 세대주

[표 4-7] 배점기준

구 분		배점	기 준	점수
계		100		100
자녀 수	미성년 자녀	40	4명 이상	40
			3명	35
	영유아	10	6세 미만 2명 이상	10
			6세 미만 1명	5
세대 구성		10	3세대 이상	10
			2세대	5
무주택 기간		20	세대주 40세 이상, 무주택 10년 이상	20
			세대주 35세 이상, 무주택 5년 이상	15
당해 시·도 거주기간		20	10년 이상	20
			5년 이상	15

다자녀 특별공급의 경우 중요도 순으로 재배열하면 미성년 자녀가 많은 것이 가장 중요. 그 다음은 세대주가 40세 이상(무주택기간 10년 이상)인가, 그 지역에 10년 이상 살았는가가 중요. 그 다음은 다자녀 중 6세 미만 자녀가 몇 명인가, 3세대 이상인가가 중요.

(3) 신혼부부 특별공급
 - 신청자격 : 5년 이내 혼인기간 중 출산한 자녀가 있는 자, 세대 소득이 전년도 도시근로자 월평균소득(2008년 말 도시근로자 월평균소득 약 389만 원)의 100퍼센트 이하인 자
 - 당첨자 선정 : 순위 내 경쟁(1순위 : 혼인 3년 이내, 2순위 : 혼인 5년 이내)
 - 경쟁시 처리 : ① 당해 지역 거주 ② 다자녀 ③ 추첨

(4) 생애최초 특별공급
 - 신청자격 : 혼인 중이거나 미혼 자녀가 있는 근로자 또는 자영업자, 세대 소득이 전년도 도시근로자 월평균소득의 80퍼센트 이하인 자
 - 당첨자 선정 : 추첨

2. 일반공급 신청자격 및 당첨자 선정

(1) 우선공급(일반공급 물량 중 우선 당첨자 결정)
 - 신청자격 : 만 65세 이상 직계존속을 3년 이상 부양한 자, 만 20세 미만 자녀를 3명 이상 둔 자
 - 당첨자 선정 : 청약저축 1순위 내 경쟁(납입 회수 및 금액에 따라 구분. 60회/360만 원)
 - 경쟁시 처리
   ① 무주택 5년 이상/60회 이상/저축액
   ② 무주택 3년 이상/저축액
   ③ 저축액

④ 납입회수

⑤ 생애최초

⑥ 부양가족 수

(2) 일반공급

- 신청자격

① 1순위 : 청약저축 가입 기간 2년 이상, 납입 회수 24회 이상

② 2순위 : 청약저축 가입 기간 6월 이상, 납입 회수 6회 이상

- 당첨자 선정 : 청약저축 순위 내 경쟁(1순위 내 무주택 5년 이상 자는 납입 금액 및 회수에 따라 구분, 1,200만 원/800만 원/60회)

- 경쟁시 처리 : 우선공급과 동일, 일반공급 역시 과거 청약저축과 마찬가지로 오랜 기간 동안 많이 불입한 사람이 이긴다!

꼭! 필요한 경제상식

보금자리주택에 대한 내용은 http://www.newplus.go.kr 에서 확인할 수 있다.

[표 4-8] **특별공급 조건 세부내역**

구분		청약 자격	청약통장 유무	당첨자 선정방식	보금자리 주택 등 공공주택	거주 요건
특별공급	생애최초	▶세대주, 세대원 전원 과거 주택 소유 사실 없음. ▶청약저축 1순위이며 저축액 600만 원 이상 ▶근로자·자영업자로 5년 이상 소득세 납부 ▶기혼자(이혼 등의 경우는 자녀가 있는 경우) ▶세대 소득이 전년도 도시근로자 평균소득의 80% 이하의 조건을 갖춘 무주택 세대주	○	추첨	20%	수도권
	신혼부부	▶청약저축에 6개월 이상 가입무주택 세대주 ▶결혼 5년 이내이면서 자녀가 있는 무주택 세대주 ▶세대소득이 전년도 도시근로자 평균소득의 100%(단, 배우자 소득 있는 경우 120%) 이하	○	자녀 수 (자녀 수가 같으면 추첨)	15%	수도권
	다자녀	미성년자 자녀 3명 이상을 둔 무주택 세대주	×	별도배점	15%	수도권
	장애우·이주 대책자 등	관련법에 따라 장애우 등으로 인정된 무주택자	×	관련기관 추천	10%	-
	국가유공자	관련법에 따라 국가유공자로 인정된 무주택자	×		5%	

※ 생애최초, 신혼부부, 다자녀 특별공급은 일반공급 1순위와 동시 신청 가능하며, 특별공급 당첨 시 일반공급은 무효 처리된다.

(출처 : 보금자리주택 홈페이지)

048 다른 건 몰라도 등기부등본은 볼 줄 알아야

등기부등본은 부동산 서류 중 가장 기본적이면서도 중요한 서류다. 권리 관계와 채권 순위, 금액 등이 명기되어 있기 때문이다. 전세를 들어가더라도 해당 주택에 근저당 설정이 많이 되어 있으면 혹여 경매 등에 넘어갔을 때 순위에서 밀려 보증금을 일부 떼일 수도 있다. 따라서 전세를 계약하기 전에 먼저 확인해봐야 할 것이 바로 등기부등본이다.

등기부등본은 크게 표제부, 갑구, 을구 3가지로 나뉘어져 있다.

1. 표제부

해당 부동산의 소재지(주소)와 접수일자 및 건물에 대한 상세 내용이 들어 있다. 건물의 경우 소재지번, 층별면적,

구조, 용도 등이 표시되어 있고, 토지의 경우는 소재지번, 지목, 지적 등이 표시되어 있다. 과거 지목이나 건물의 구조 혹은 면적 등의 변경이 있었던 경우도 표제부에 기록되어 있다. 여기서 중요한 것은 부동산 지번과 표제부에 기재된 지번이 일치하느냐이다.

2. 갑구

소유권에 대한 내용이다. 갑구에는 기본적으로 권리관계의 변경 및 소멸에 대한 내역이 그대로 나와 있다. 여기에는 압류, 가등기, 예고등기, 가처분등기 등 현재 상황과 과거 소유권 변경에 대한 내용이 모두 나와 있다.

갑구에서 관심 가질 사항은 소유권자의 이름(집주인, 땅주인), 소유권자 이외에 다른 소유권 관계가 있는지를 확인하는 것이다. 특히 단독주택의 경우 토지 소유주와 건물소유주가 동일인인지 확인해야 한다. 갑구에 기재될 수 있는 사항들은 다음과 같다.

꼭! 필요한 경제상식

소유권보존등기 : 해당 부동산에 대하여 가장 먼저 하는 등기
소유권이전등기 : 소유권이 바뀌었다는 것을 알리는 등기

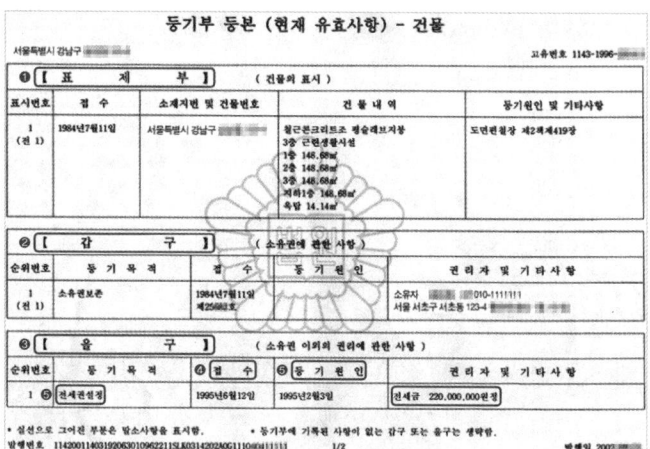

(1) 압류 : 부채가 있는 해당 부동산 주인이 재산을 함부로 처분하지 못하도록 하는 강제집행 방법. 채무가 해결되지 않으면 경매될 수 있다.

(2) 가압류 : 법원의 확정 판결을 얻기 전에 임시적으로 채무자 재산을 확보한 것으로 역시 채무가 해결되지 않으면 강제집행되어 경매에 넘어갈 수 있다.

(3) 가등기 : 해당 부동산을 사들인 사람이 등기 이전을 하지 못하는 경우, 본등기 하기 전에 소유권을 이전 받을 당사자라는 것을 누구나 알도록 등기부상에 올리는 것. 나중에 본등기가 되면 가등기는 말소된다.

(4) 가처분 : 해당 부동산의 주인이 매매뿐만 아니라 담보설정, 임대 등 권리상 변화를 아예 하지 못하도록

하는 것. 가처분 등기 후에 소유권 이전 등기를 실행하면 무효가 되므로 주의가 필요하다.

(5) 예고등기 : 해당 부동산과 관련하여 소송이 진행 중이라는 것을 다른 사람들에게 알려주기 위한 등기. 예고등기를 제기한 자가 승소하면 이에 저촉되는 모든 등기는 말소된다.

(6) 경매 신청 : 경매 절차가 진행되고 있음을 의미한다. 강제경매는 법원의 확정판결 등 채무명의에 의한 경매이고, 임의경매는 저당권, 전세권 등 담보물건에 의한 경매 혹은 기타 법률 규정에 의한 경매로 구분된다.

> **꼭! 필요한 경제상식**
> - 압류, 가압류의 경우 '가압류 해방 공탁금'을 공탁하게 한 후 이를 풀고 매입하자. 가처분 가등기된 부동산은 공탁제도가 없으므로 매입하지 않는 것이 좋다.
> - 땅에 지상권이 설정되어 있으면 땅 주인과 건물 주인이 같은지 확인하고, 다르면 주인이 먼저 해결한다는 단서를 계약서에 명기하고 계약한다.
> - 지역권 설정된 땅은 가급적 매입하지 않는 것이 좋다.

3. 을구

소유권 이외의 권리(지상권, 지역권, 전세권, 저당권 등)가 명시되어 있으며, 이러한 권리관계 변경 내역이 함께 기재되어 있다.

 저당권이나 전세권이 먼저 설정되어 있으면 임차인은 해당 부동산이 경매로 넘어갈 경우 선순위자(저당권자, 전세권자)에게 먼저 돈이 가고 나머지만 받을 수 있기 때문에 현재 시세 대비 50퍼센트 이상 설정되어 있는 것은 피하는 것이 좋다.

 참고로 근저당권에는 채권최고액이라는 것이 있는데, 이는 채무자가 부담하고 있는 채무가 아니고 향후 부담할 최대한도를 의미한다. 은행권의 경우 실제 채무 대비 채권최고액은 보통 120퍼센트로 설정된다. 하지만 제2금융권 혹은 사채시장 쪽으로 갈수록 채권최고액 비율은 훨씬 높아진다. 또한 대출을 일부 혹은 전부 상환해도 근저당을 축소하거나 말소하지 않으면 처음 채권최고액이 그대로 남아 있기 때문에 이는 해당 부동산 주인에게 꼼꼼히 따져봐야 한다.

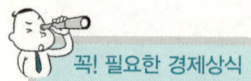
꼭! 필요한 경제상식

- 등기부등본에 나타나지 않는 권리

(1) 유치권
유치권이란 물건을 점유한 자가 해당 물건과 관련하여 생긴 채무가 있는 경우 그 채권을 변제받을 때까지 그 물건을 유치할 수 있는 권리를 말한다. 가장 대표적인 예가 공사대금 미지급이다. 건축업자가 건물을 지은 후 공사비를 지급받지 못하고 있을 때 취할 수 있는 마지막 수단이 바로 유치권 행사이다(길 가다가 가끔씩 '유치권 행사'라는 플래카드가 걸려 있는 건물을 발견할 수 있다). 문제는 유치권은 등기부등본에 나타나 있지 않고 경매 시 낙찰자에게 그대로 인수되는 권리이므로 각별한 주의가 요청된다. 실제적으로는 유치권의 상당 부분이 거짓이거나 부풀려진 경우가 많으나, 어찌 되었든 유치권을 풀어내는 과정 자체는 쉬운 것이 아니기 때문에 경매 고수를 판가름하는 잣대로 유치권을 풀어내는 능력을 보기도 한다(경매 초보자들은 유치권이 있으면 그냥 다른 물건 알아보는 것이 좋을 듯하다).

(2) 법정지상권
법정지상권은 법적 등기, 상호간 설정 계약 모두 없는 경우 건물의 철거를 막기 위해 관습법상 인정되는 권리이다. 즉, 토지 위에 건물이 있고, 애초에는 둘 다 한 사람의 소유였으나 둘 중 하나의 소유권 관계가 바뀐 경우(전세권, 저당권, 담보권 등도 포함) 건물 소유자는 토지 소유자에게 법정지상권을 갖게 되는 것이다.
법정지상권이 성립되면 등기는 필요하지 않으나, 매매 등을 위해서는 등기가 필요하다. 지상권이 성립되면 콘크리트 등의 견고한 건물의 경우에는 등기 후 30년간 권리를 보장받게 되는데, 이와 마찬가지로 법정지상권도 같은 기간 권리를 보장받는다. 결국 토지 소유자는 본인 토지임에도 이 기간 동안은 사용할 수 없게 되므로 경매 시 낮은 가격에 낙찰되기도 한다. 단, 지상권을 가진 사람은 토지 주인에게 토지 사용료를 지불해야 하기 때문에 통상 감정가액의 5~7퍼센트 정도를 건물 주인에게 요구할 수 있고, 만약 건물주가 이에 불응하여 2년 이상 토지 사용 대가를 지불하지 않은 경우에는 건물 철거 소송 등을 벌여 지상권을 소멸시킬 수 있다. 물론 땅 주인이 적정한 가격에 건물을 매입해주거나, 건물 주인이 적정 가격에 땅을 매입해준다면 참 훈훈한 결말이 되겠지만.

유치권, 법정지상권 외에도 분묘기지권, 온천권, 채석권, 가건물 등의 권리들은 현장에 직접 가보거나 시, 군청 등에 직접 가서 확인해야 한다.

049 지상권, 지역권, 전세권, 저당권

부동산 서류

모두 등기부등본 을구에서 확인할 수 있는 내용들이다. 이렇게 자세히 알 필요까진 없다. 단지 내가 계약할 부동산 등기부등본 을구에 위와 같은 단어가 붙어 있다면 진지하게 알아봐야 한다. 곱셈을 하기 위해 덧셈을 먼저 배우듯이, 부동산 권리의 기본을 닦는 시간으로 보면 되겠다.

1. 지상권

남의 땅 위에서 건물이나 나무 등을 소유하기 위해 설정하는 것이다. 예를 들어 남의 땅에 소정의 임대료를 주고 건물을 지어 식당을 운영하고 있는데, 땅 주인이 갑자기 여긴 내 땅이니까 부수고 다른 것을 짓겠다 할 때 임차인을 보호하기 위한 권리이다. 일반적으로 견고한 건물이나 수목의 경우는 30년, 일반 건물은 15년, 그리고 건물

이외의 공작물은 5년 동안 지상권이 설정되므로, 이 기간이 지나고 난 후에 계약 갱신을 청구할 수 있다. 만약 땅 주인이 이를 거절하면 땅 주인이 해당 음식점 건물을 매입해야 한다(지상물 매수 청구권).

2. 지역권

내 땅의 편익을 위해 남의 땅을 이용할 때 설정하는 것이다. 가장 대표적인 예가 공장의 용수 확보이다. 공장과 강 사이에 남의 땅이 있는데 파이프로 끌어오려면 어쩔 수 없이 남의 땅을 거쳐야 하므로, 이때 남의 땅에 지역권을 설정하여 이용하게 된다. 참고로 이 땅의 주인이 다른 사람으로 바뀌더라도 지역권은 계속 유효하다.

3. 전세권

전세금을 지급하고 타인의 부동산을 일정기간 사용한 후 기간 종료로 그 부동산을 반환할 때 전세금도 반환받게 되는 권리를 말한다. 전세권자의 전세금 반환은 다른 채권자보다 우선변제를 받을 권리가 있고, 만약 주인이 돌려주지 않으면 경매에 들어갈 수 있다. 반대로 전세 임차인이 해당 부동산 일부를 훼손한 경우 전세금으로 손해금을 충당할 수 있다.

4. 저당권

채권자가 점유하지는 않고 그 채권의 담보로 제공된 물건(아파트, 상가 등)에 대하여 다른 일반 채권자보다 먼저 채권을 변제받을 수 있는 권리이다. 가장 대표적인 예가 주택담보대출이다. 저당권을 설정하면 집주인이 돈을 안 갚을 때 구구절절 실랑이 없이 경매로 넘겨버리면 그만이기 때문이다.

여기서 파생된 것 중에 근저당이 있다. 근저당은 특수 저당권 중 하나로, 원래 돈을 빌리고 갚는 일이 잦아지면 저당권을 설정했다가 다시 또 없애는 것을 반복해야 하는데, 이러한 번거로움을 없애기 위해 우선 변제받을 최고액만 정해두고 담보를 잡는 행위를 말한다(현재 주택담보대출은 모두 근저당권으로 설정된다).

부동산 세금

취·등록세, 재산세, 종합부동산세 — 050

과거 부동산 부흥기에는 양도세 정도 말고는 특별히 신경 쓸 만한 부동산 세금은 없었다. 취·등록세나 재산세로 나가는 몇 퍼센트의 세금 정도는 미래가치 상승을 생각하면 껌값에 불과했기 때문이다. 하지만 이제는 얘기가 달라졌다. 집값 상승의 기대가 꺾이다 보니 주택 매입 자금 이외에 나가는 비용 모두가 아까워진 것이다. 따라서 부동산 거래에서 기본적으로 발생하는 세금 정도는 꼭 알아둘 필요가 있겠다.

[표 4-9] 부동산 관련 세금

1. 취·등록세

주택의 명의를 이전하는 비용이다. 정부로부터 '이건 내 집이요'라고 인정받기 위해 내는 수수료이다. 주택을 취득할 때 내는 세금을 좀 더 자세히 얘기하면 표 4-10과 같다. 국민주택 규모 미만의 주택을 구입할 경우 취득세는 거래 가격의 1.1퍼센트이지만, 오피스텔 등을 구입할 경우 취득세는 4.6퍼센트에 해당한다(업무용 오피스텔).

[표 4-10] 취·등록세

구분		합계	취득세	농어촌특별세	지방교육세
9억 원 이하 1주택 또는 일시적 2주택	전용면적 85m² 이하	2.2	2.0		0.2
	전용면적 85m² 초과	2.7	2.0	0.5	0.2
9억 원 초과 또는 다주택자	전용면적 85m² 이하	4.4	4.0	0	0.4
	전용면적 85m² 초과	4.6	4.0	0.2	0.4

2. 재산세

재산세는 원래 부동산뿐만 아니라 선박, 항공기 등도 포함되는데, 여기서는 토지와 주택에 대해서만 언급한다. 토지와 주택에 대한 재산세 세율은 다음과 같다.

중요한 것은 과세표준인데, 여기서 얘기하고 있는 과세표준은 실거래가가 아니다. 토지의 경우는 개별 공시지가의 70퍼센트 적용, 주택의 경우는 기준시가(아파트)나 개별주택

가격(단독주택)의 60퍼센트를 적용한다. 아파트 기준시가 자체도 실거래가의 80퍼센트대 수준인 경우가 대부분인데, 여기에 다시 60퍼센트를 적용하기 때문에 여기서 말하는 과세표준은 실거래가의 절반 수준 이하일 가능성이 높다.

[표 4-11] 토지

가. 종합합산과세대상 과세표준 및 세율

과세표준	세율
5천만 원 이하	1,000분의 2
5천만 원 초과 1억 원 이하	10만 원 + 5천만 원 초과 금액의 1,000분의 3
1억 원 초과	25만 원 + 1억 원 초과 금액의 1,000분의 5

나. 별도합산과세대상 과세표준 및 세율

과세표준	세율
2억 원 이하	1,000분의 2
2억 원 초과	0억 원 이하 40만 원 + 2억 원 초과 금액의 1,000분의 3
10억 원 초과	280만 원 + 10억 원 초과 금액의 1,000분의 4

다. 분리과세대상 토지
- 전, 답, 과수원, 목장용지 및 임야 : 과세표준액의 1,000분의 0.7
- 골프장 및 고급오락장용 토지 : 과세표준액의 1,000분의 40
- 기타 : 과세표준액의 1,000분의 2

[표 4-12] 주택

가. 「지방세법」 제13조 제5항 제1호에 따른 별장 : 과세표준액의 1,000분의 40
나. 기타의 주택 과세 표준 및 세율

과세표준	세율
6천만 원 이하	1,000분의 1
6천만 원 초과 1억 5천만 원 이하	6만 원 + 6천만 원 초과 금액의 1,000분의 1.5
1억 5천만 원 초과 3억 원 이하	19만 5천 원 + 1억 5천만 원 초과 금액의 1,000분의 2.5
3억 원 초과	57만 원 + 3억 원 초과 금액의 1,000분의 4

따라서 표 4-12 주택의 '나' 항목의 과세표준 '3억 초과'의 의미는 실제로는 최소 6억 원 초과 주택이라고 봐도 무방하다. 즉, 6억 원짜리 아파트를 보유하고 있으면(과세표준 3억), 위 공식으로 재산세는 57만 원 내외에 납부할 가능성이 높다는 것이다. 참고로 재산세는 매년 6월 1일을 기준으로 7월(주택분의 절반, 건축물분)과 9월(주택분의 절반, 토지분)에 각각 납입하게 되며 합산 5만 원보다 작으면 7월에 일괄 납부한다.

3. 종합부동산세

종합부동산세는 아무나 내는 세금은 아니다. 부동산 자산이 일정 수준이 넘어가면 내는 것인데, 종합부동산세 납세 의무자는 다음과 같다.

(1) 주택 : 인별로 소유한 전국 주택의 공시가격 합계액이 6억 원을 초과하는 자(단 1세대 1주택자는 9억 원을 초과하는 자)
(2) 종합합산토지 : 인별로 소유한 전국 종합합산토지(나대지 등)의 공시가격 합계액이 5억 원을 초과하는 자
(3) 별도합산토지 : 인별로 소유한 전국 별도합산토지(주택을 제외한 건축물의 부속토지 등)의 공시가격 합계액이 80억 원을 초과하는 자

종합부동산세도 재산세와 마찬가지로 기준시가 및 공시지가 등을 기준으로 하며, 역시 할인을 위해 여기에 80퍼센트를 곱한 금액에 대하여 부과한다. 재산세와 다른 점이 있다면, 재산세와 중복되는 부분은 빼야 하며, 1세대 1주택자에 한하여 장기 보유, 고령자 공제 등을 적용한다. 자세한 세율은 표 4-13을 보면 된다.

[표 4-13] 종합부동산세 납세 기준

	과세표준	세율	누진공제
주택	6억 원 이하	0.5	–
	12억 원 이하	0.75	150만 원
	50억 원 이하	1.0	450만 원
	94억 원 이하	1.5	2,950만 원
	94억 원 초과	2.0	7,650만 원

	과세표준	세율	누진공제
종합합산토지	15억 원 이하	0.75	–
	45억 원 이하	1.5	1,125만 원
	45억 원 초과	2.0	3,375만 원

	과세표준	세율	누진공제
별도합산토지	200억 원 이하	0.5	–
	400억 원 이하	0.6	2,000만 원
	400억 원 초과	0.7	6,000만 원

꼭! 필요한 경제상식

종부세 장기보유 공제는 5년 이상 20퍼센트, 10년 이상 40퍼센트이며, 고령자 공제는 60세 이상 10퍼센트, 65세 이상 20퍼센트, 70세 이상 30퍼센트까지 공제해준다. 급격한 세금 증가 방지를 위해 재산세와 종부세 합산 금액은 전년도의 1.5배를 넘을 수 없다.

내가 산 부동산 팔 때 세금 안 내려면… 051

　양도세는 집을 팔 때 내는 세금으로, 계산된 세금에 주민세 10퍼센트를 붙여서 납부하게 된다. 부동산 매도 계획이 있다면 양도세만큼은 지속적인 모니터링이 필요하다. 특히 요즘과 같은 부동산 침체기에는 정부가 세금정책을 수시로 바꾸기 때문에 과거 정보는 오히려 매도자를 헷갈리게 만드는 독이 될 수 있다. 2011년 12월 현재 양도세율은 표 4-14와 같다.

[표 4-14] 양도소득세 세율

보유기간	과세표준	'10.1.1 ~ '11.12.31	'12.1.1 이후 양도	비고
2년 이상	1,200만 원 이하	6%	6%	-
	4,600만 원 이하	15%	15%	108만 원
	8,800만 원 이하	24%	24%	522만 원
	8,800만 원 초과	35%	33%	1,490만 원
1년 이상 2년 미만		40%		
1년 미만		50%		

(출처 : 국세청)

기본적으로 양도세를 비과세 받으려면 1가구 1주택 상황으로 3년 이상 보유해야 한다(서울, 신도시 등 2년 거주 요건은 폐지되었다). 그렇다면 2주택인 경우에도 비과세 받을 수 있는 방법이 있을까?

1. 이사를 위해 일시적으로 2주택인 경우 기존 주택을 2년 내 처분하면 비과세 받을 수 있다(이 경우 2년 기간 기산일은 잔금청산일과 등기접수일 중 빠른 날이다).
2. 결혼으로 2주택이 된 경우 혼인신고일부터 5년 이내에 주택을 처분하면 비과세 받을 수 있다(이혼과 재혼은 해당 안 됨).
3. 60세 이상 부모 봉양을 위해 합가한 경우 역시 결혼과 마찬가지로 주민등록 이전일부터 5년 이내에 주택을 처분하면 비과세 받을 수 있다.
4. 상속으로 2주택이 된 경우 상속 주택이 아닌 기존 주택 양도 시 비과세 받을 수 있으며, 상속 주택을 비과세 받기 위해서는 상속개시일(사망일)로부터 3년 이상 보유 후 양도하면 된다.

꼭! 필요한 경제상식

광역시 이하 지역 기준시가 3억 원 이하 주택은 아예 중과세 대상 주택이 아니다.

[표 4-15] 양도세 계산 흐름

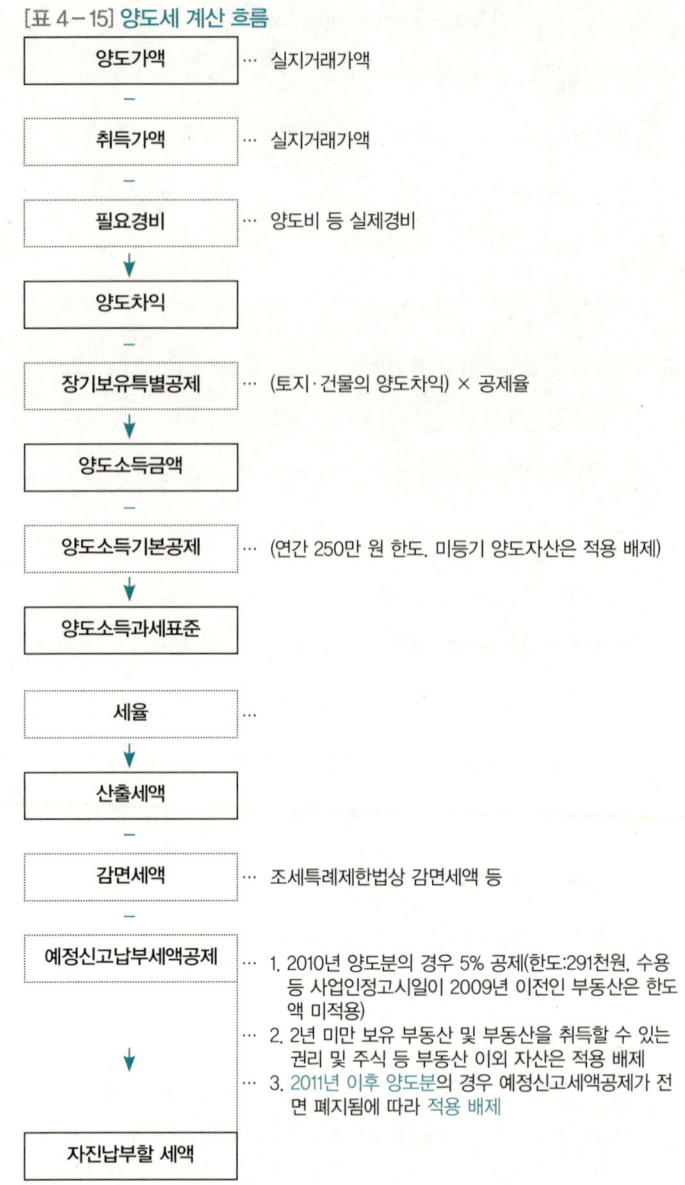

052 재개발, 재건축 그리고 뉴타운

부동산 판세

2000년대 부동산 상승 중심에 있던 재개발과 재건축. 지금 일부 지역은 자산 깎아 먹는 애물단지로 전락해버렸지만 부동산 수요자 입장에서는 상식으로라도 알아둘 필요가 있다.

재개발은 간단하게 도시의 낡은 것을 새롭게 바꾸는 일련의 작업이다. 낡고 불편한 도시구역을 살기 좋은 주거환경으로 만드는 일이니만큼 미래의 가치를 담보할 수 있기에 값은 당연히 오른다(물론 지금은 이미 많이 오른 상태이지만).

뉴타운은 재개발의 확장개념으로 보면 된다. 불량주택이 많고, 기반시설도 열악한 지역을 한데 묶어(재개발이나 재건축할 곳을 한데 묶어) 공공부문을 강화해 계획적으로 추진하는 것이다. 주택 개발이 아닌 도시 개발의 개념으로 보면 이해가 빠르겠다. 재개발의 중요한 변수인 용적률 측면에서도 유리하여 일반적으로 재개발보다 좀 더 경제 효과가 있는 편이다.

우선 재개발에 대해 알아보자. 재개발 매입의 장점은 다음과 같다.

1. 청약통장 없이 아파트를 분양받을 수 있다.
2. 조합원 우대에 따른 분양가 할인 혜택이 있다.
3. 조합원 상태이기 때문에 얼마든지 매매가 자유롭다.
4. 재개발 지분 매입이기 때문에 적은 투자금으로 매입이 가능하다.
5. 재개발 사업은 구역 지정에서 입주까지 최소 5년 이상 걸리므로 장기적인 자금 계획을 가지고 들어갈 수 있다.

재개발 사업의 추진단계는 기본계획 수립 → 정비구역지정 → 추진위원회 승인 및 조합설립 인가 → 시공사 선정 및 사업시행 인가 → 분양 신청 → 관리처분계획 인가 → 이주 및 철거 → 착공 → 준공 → 입주 순이다.

이 과정들을 설명하면 다음과 같다.

계획을 먼저 세워(기본계획 수립) 어디까지 개발을 해야 할지 지도상에 구역을 정확히 지정하고(정비구역지정), 이 사업을 주도적으로 신경 쓸 주민들의 모임을 만든다(조합 설립 인가).

하지만 주민들이 아파트를 만들 수는 없기 때문에 향후 아파트를 올리고 여기 저기 마케팅을 할 건설회사 등을 선정하여 정식으로 사업 실천에 대한 구청의 허가를 받고(사업시행 인가), 주민들로부터 분양 신청을 받은 후(분양 신청), 주민들의 재산을 평가하여 향후 구체적인 분양 일정과 추가로 필요한 금액 등을 산정하여 구청에 허가를 받는다(관리처분 인가).

거주민 이주 후 철거를 시작하고(이주 및 철거), 아파트 동, 호수 추첨 후 본격적인 공사에 들어가(착공) 아파트가 완성이 되면(준공) 분양받은 사람들이 들어가서 사는 것이다(입주).

재개발만 제대로 알면 재건축은 어렵지 않다. 재건축은 재개발과 그 추진과정과 관련 법규가 거의 같고(안전진단이라는 과정이 하나 더 있을 뿐) 주로 아파트에 해당한다는 것이 다른 점이라고 보면 된다. 향후 재개발과 뉴타운 그리고 재건축에 대한 달라진 패턴이 있다면, 모두 나중에 실거주까지 고려하고 들어가야 한다는 것이다. 과거처럼 중간에 프리미엄을 받고 다른 사람에게 팔려고 투자한다면 자칫 낭패를 볼 수도 있다. 따라서 자기 자금 여력에 맞는 것을 구매하는 것이 중요하다. 현재 추진 중인 대부분의 재건축, 재개발, 뉴타운은 이미 미래 가치가 많이 반영되어 있으므로 관리처분인가 단계나 안전진단 통과 시점에 주변 시세와 실제 향후 예상되는 집값을 비교하여 구매해도 늦지 않다.

투자 포인트가 있다면 사업 진행 속도가 빨라야 한다는 것이다. 이것은 지역 조합원들 간의 이해관계가 큰 변수로 작용한다. 사업 진행 속도가 빠르면 대출을 받았을 경우 한 달이라도 이자를 덜 내게 되므로 금융비용이 절감되고, 중간에 조합원들이 바뀌는 일이 적기 때문에 여러 면에서 이득이다.

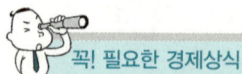
꼭! 필요한 경제상식

- **균형발전 촉진지구와 재정비 촉진지구**

뉴타운이 '주거 환경 개선'을 목적으로 하는 것에 비해 균형발전 촉신지구는 현재 도심과 강남 중심으로 되어 있는 서울의 도시 구조를 '다핵화'하려는 취지에서 벌이는 사업으로, 낙후된 시내 중심지가 다시 중심지의 역할을 할 수 있도록 개발하고 육성하는 것이다.
따라서 뉴타운이 아파트를 새로 짓는 데 주안점을 둔다면 균형발전 촉진지구는 대형 빌딩이나 주상복합 등을 지어 부도심을 육성하는 취지가 강하다고 보면 된다. 그러므로 뉴타운 용적률은 250퍼센트 이하의 아파트 단지로 꾸며지지만, 균형발전 촉진지구는 용적률 600퍼센트 이상의 건물이 대거 들어서게 되므로 주택이나 상가 등 뭐든지 뉴타운보다 비싸게 책정되는 것이다.
재정비 촉진지구는 '도시 재정비'라는 측면에서는 사업 성격이 뉴타운과 유사하나 적용되는 법이 다르고, 뉴타운에 비해 규제 완화 및 사업 속도가 빠르다는 장점이 있다. 그 전까지 뉴타운 관련 사업은 '법'이 아닌 '서울시 조례'에 의해 시행되다 보니, 말 그대로 법적 혹은 제도적 장치가 미비하여 사업 속도가 더딘 편이었는데, 정부가 2006년 7월에 '도시 재정비 촉진을 위한 특별법(도촉법)'을 제정하면서 기반시설의 대폭 확충과 규제 완화를 위해 재정비 촉진지구라는 개념을 도입한 것이다. 중요한 것은 기존의 뉴타운 사업 지구가 여기에 포함되어 추진되고 있다고 보면 된다.

그동안 주먹구구식으로 추진되던 재개발, 재건축을 한 데 묶어 뉴타운으로 추진했고, 뉴타운을 진행시키다 보니 효율성이 떨어져 이를 위해 도촉법을 제정했으며, 이로 인해 재정비 촉진지구로 탈바꿈하게 된 것이다. 이는 말 그대로 지방자치단체의 '조례'가 아닌 정식 '특별법'이기 때문에 서울시뿐만 아니라 전국적으로 도입할 수 있는 개념이 된 것이다. 재정비 촉진지구의 장점은 공공개입으로 사업 기간이 단축된다는 것, 그리고 용적률과 층고 제한, 건폐율이 완화된다는 것이다. 이로 인해 기존 재개발이나 뉴타운에 비해 미래 가치가 크다.

053 대한민국은 21개의 용도지역으로 나뉜다

보통 정부에서 특정 지역에 대한 개발 계획을 발표하면 그 지역 땅값은 하루 아침에 몇 배가 오르기도 한다. 땅의 가격은 개발 여부와 개발 정도에 따라 가격 상승의 폭도 달라진다.

용도지역이 중요한 이유는 바로 지역 개발 계획에 큰 영향을 미치기 때문이다. 용도지역은 한 번 정해지면 다시 변경되기 어렵고, 결정적으로 용도지역에서 파생되는 용적율, 건폐율, 행위제한 이 3가지가 땅의 가격을 결정한다. 부동산 가격 결정의 근원지가 되는 셈이다.

그렇다면 용도지역은 어떻게 구성이 될까?

대한민국은 먼저 4개의 용도지역으로 나뉜다. 인구와 산업 밀집이 예상되어 체계적인 개발과 정비 등이 필요한 도시지역, 농업과 임업 그리고 산림의 보전을 위해 필요한 농림지역, 자연과 생태계 그리고 문화재 등을 보호하기 위해 필요한 자연환경보전지역, 도시지역과 나머지 두 지역(농림지역, 자연환경보전지역) 사이에서 완충역할을 하기 위해 필요한 관리지역이 그것이다.

이 4가지 용도지역은 각각 특징에 따라 다시 나뉘는데, 그 중 우리의 관심이 쏠리는 곳은 바로 도시지역이다. 총 21개 용도지역 중 도시지역이 16개를 차지하고 있는 것만 봐도 도시지역이 왜 중요한지 알 수 있다.

도시지역은 다시 4가지로 나뉜다. 도시 사람들의 건전한 거주환경 보호를 위해 필요한 주거지역, 상업 등 업무의 편익을 위해 필요한 상업지역, 공업시설과 그 편익을 위해 필요한 공업지역, 그리고 도시의 무질서한 확장을 막고 도시 녹지 보전을 위해 필요한 녹지지역이 여기에 해당한다.

꼭! 필요한 경제상식

- **용적률 : 몇 층까지 지을 수 있는가 결정**
  용적률 = (건물의 연면적)/(대지면적) × 100
  예를 들어 100m² 땅에 건물이 차지하는 면적이 50m²라 하고, 용적률 제한이 200퍼센트면 이 땅에는 4층 이하의 건물만 지을 수 있다.
  200퍼센트 = (50m² × 4층)/100m² × 100

- **건폐율 : 전체 면적에서 건물이 실제 차지하는 비율**
  건폐율 = (건축면적)/(대지면적) × 100
  예를 들어 100m² 땅에 건물이 차지하는 면적이 50m²라 하면 건폐율은 50퍼센트에 해당한다.

여기서 우리의 관심이 집중되는 곳은 주거지역이다. 처음에 용도지역을 4개로 나누고, 그 중 하나인 도시지역을 또 4개로 나눠 생긴 주거지역은 주거지역 성격에 따라 3가지로 분류된다.

1. 주거지역

: 건전한 거주 환경을 위해 보호가 필요한 지역

(1) 전용주거지역
 - 제1종 : 단독주택 중심의 양호한 주거환경 보호
 - 제2종 : 공동주택 중심의 양호한 주거환경 보호

(2) 일반주거지역
 - 제1종 : 저층 주택을 중심으로 편리한 주거환경 조성
 - 제2종 : 중층 주택을 중심으로 편리한 주거환경 조성
 - 제3종 : 중고층 주택을 중심으로 편리한 주거환경 조성

(3) 준주거지역
 - 주거 기능을 위주로 상업 및 업무 기능을 보완하기 위한 지역

앞서 땅의 가치를 결정하는 것은 바로 용적률, 건폐율,

그리고 행위제한이라고 했다. 그럼 방금 소개한 지역들의 용적률, 건폐율, 행위제한은 어떻게 될까?

[표 4-16] 주거지역의 용적률, 건폐율, 행위제한

용도지역		건폐율 최대한도	용적률 최대한도	행위제한
전용 주거 지역	제1종	50% 이하	50% 이상 100% 이하	아파트, 업무, 판매/영업, 문화/집회, 위락, 숙박, 의료시설, 공장 금지
	제2종	50% 이하	100% 이상 150% 이하	업무, 판매/영업, 문화/집회, 위락, 숙박, 의료시설, 공장 금지
일반 주거 지역	제1종	60% 이하	100% 이상 200% 이하	아파트, 위락, 숙박시설 금지
	제2종	60% 이하	150% 이상 250% 이하	위락, 숙박시설 금지
	제3종	50% 이하	200% 이상 300% 이하	위락, 숙박시설 금지
준주거지역		70% 이하	200% 이상 500% 이하	위락, 숙박시설 금지

딱 보기에도 가장 부동산 가격이 높을 것 같은 지역이 어디인지 눈에 보이지 않는가? 즉, 주거지역에서는 당연히 준주거지역이 가장 가치가 높다. 이유는 간단하다. 건폐율 좋고, 용적률 높고, 행위제한도 가장 적기 때문이다.

만약 같은 지역에 여러 주거지역이 붙어 있다면 당연 준주거지역 땅값이 가장 비쌀 확률이 높다. 재개발 등 도시 내 개발 계획이 생길 때 사람들이 먼저 촉각을 세우는 부분도 바로 용도지역이다. 용적률이 커질수록 아파트와 건물을 더 높이 올릴 수 있으면서, 다양한 시설들을 들일 수 있기 때문이다. 참고로 서울시 같은 경우는 제2종 일반주거지역이 가장 많은 부분을 차지하고 있다. 그리고 강남지역의 경우는 제3종 일반주거지역의 비율이 꽤 높은 편이다.

하지만 이것은 주거지역끼리만 비교해서 그렇지 상업지역까지 범위를 넓히면 얘기는 조금 달라진다.

2. 상업지역
: 상업 및 업무의 편익을 위해 필요한 지역

(1) 중심상업지역
- 건폐율 90퍼센트 이하, 용적률 400퍼센트 이상 1,500퍼센트 이하
- 도심과 부도심의 상업기능과 업무기능 확충
- 예) 을지로입구역~명동역 사이 구역, 상암동 DMC 랜드마크빌딩 부지

(2) 일반상업지역
- 건폐율 80퍼센트 이하, 용적률 300퍼센트 이상 1,300퍼센트 이하
- 일반적인 상업기능과 업무기능 담당
- 예) 경복궁역 · 신설동역 · 왕십리역 · 서울역을 네 모서리로 하는 도시 중심가, 강남~삼성역을 잇는 테헤란로, 여의도 대부분, 잠실역 부근, 숙대입구 · 삼각지역 · 신용산역 · 용산전자상가를 잇는 용산라인

(3) 유통상업지역
- 건폐율 80퍼센트 이하, 용적률 200퍼센트 이상 1,100퍼센트 이하
- 도시 내, 그리고 지역 간 유통기능 증진
- 예) 가락시장, 노량진수산시장, 강서농산물도매시장, 장한평중고차시장, 가든파이브, 동부터미널, 성산동 자동차정비단지 등

(4) 근린상업지역
- 건폐율 70퍼센트 이하, 용적률 200퍼센트 이상 900퍼센트 이하
- 근린지역에서의 일용품 및 서비스 공급
- 예) 응암오거리, 홍대입구역 근처, 전농동 사거리 등

주거지역 중에서는 제3종 일반주거지역이나 준주거지역이 가치가 높다고 하지만 상업지역까지 포함하면 상업지역 용적율이 훨씬 크고 용도도 다양하기 때문에, 가치로만 따지면 상업지역이 더 경제 효과가 있을 것이다. 가장 대표적인 사례가 바로 도곡동 타워팰리스다. 타워팰리스가 유난히 높아 보이는 이유는 60층 내외 되는 높이도 있지만, 일반상업지역인 타워팰리스 부지를 제외한 주변 반경 1킬로미터 안은 거의 제2종 및 제3종 주거지역이기

때문이다. 타워팰리스는 용적률 1,300퍼센트를 이용하고 주변은 용적률 300퍼센트를 이용하다 보니 생긴 일이다.

3. 공업지역
: 공업과 그 편익 증진을 위해 필요한 지역

(1) 전용공업지역
- 건폐율 70퍼센트 이하, 용적률 150퍼센트 이상 300퍼센트 이하
- 중화학공업 등 공해성 공업 수용을 위한 지역
- 주택, 위락, 숙박, 업무시설 등은 들어올 수 없다.

(2) 일반공업지역
- 건폐율 70퍼센트 이하, 용적률 200퍼센트 이상 350퍼센트 이하
- 환경 파괴가 없는 공업 배치를 위한 지역
- 공동주택, 위락, 숙박, 업무시설 등은 들어올 수 없다.

(3) 준공업지역
- 건폐율 70퍼센트 이하, 용적률 200퍼센트 이상 400퍼센트 이하
- 경공업 및 주거·상업·업무 기능 보완을 위한 지역
- 위락시설은 들어올 수 없다.

공업지역의 경우 (1)→(3)으로 갈수록 가치가 높다고 보면 되겠다. 역시 용적율이 높은가와 행위제한에서 자유로운 수준에 근거한다.

4. 녹지지역

: 도시의 무질서한 확장 방지를 위해 녹지 보전이 필요한 지역

(1) 자연녹지지역
 - 건폐율 20퍼센트 이하, 용적률 50퍼센트 이상 100퍼센트 이하
 - 도시의 녹지공간 확보, 도시 확산 방지, 미래 도시용지 공급 등을 위해 보전이 필요한 지역. 불가피한 경우 제한적 개발 허용.
 - 아파트, 위락시설 등은 들어올 수 없다.

(2) 생산녹지지역
 - 건폐율 20퍼센트 이하, 용적률 50퍼센트 이상 100퍼센트 이하
 - 농업적 생산을 위한 개발 유보 지역
 - 아파트, 위락시설, 숙박시설 등은 들어올 수 없다.

(3) 보전녹지지역

- 건폐율 20퍼센트 이하, 용적률 50퍼센트 이상 80퍼센트 이하
- 도시의 자연환경과 경관, 그리고 녹지공간 보전이 필요 있는 지역
- 주택, 위락시설, 숙박시설, 공장 등은 들어올 수 없다.

지금까지 용도지역의 4대 분류 중 하나인 도시지역에 대해서 알아보았다. 용도지역으로 분류한 땅의 가치는 도시지역 → 관리지역 → 농림지역 → 자연환경보전지역 순으로 내려간다고 보면 된다.

그러나 용도지역에 대한 무조건적인 맹신이나 집착보다는 미래 발전 가능성을 봐야 한다. 특히 수도권 인근의 땅은 혹여 농림지역이라 해도 나중에 도시용지로 바뀔 수도 있으며, 반대로 도시지역 안에 있는 땅, 특히 보전녹지 등은 계속 녹지로 묶일 가능성이 높기 때문에 보다 현실적이고 미래 지향적인 시각을 갖는 것이 중요하다.

[표 4-17] 용도지역별 건폐율과 용적률

용도지역		법률		대통령령		
		건폐율의 최대한도	용적률의 최대한도	세부된 용도지역		건폐율의 최대한도	용적률의 최대한도
도시 지역	주거 지역	70% 이하	500% 이하	전용 주거 지역	제 1종	50% 이하	50% 이상 100% 이하
					제 2종	50% 이하	100% 이상 150% 이하
				일반 주거 지역	제 1종	60% 이하	100% 이상 200% 이하
					제 2종	60% 이하	150% 이상 250% 이하
					제 3종	50% 이하	200% 이상 300% 이하
				준주거지역		70% 이하	200% 이상 500% 이하
	상업 지역	90% 이하	1,500% 이하	중심상업지역		90% 이하	400% 이상 1,500% 이하
				일반상업지역		80% 이하	300% 이상 1,300% 이하
				근린상업지역		70% 이하	200% 이상 900% 이하
				유통상업지역		80% 이하	200% 이상 1,100% 이하
	공업 지역	70% 이하	400% 이하	전용공업지역		70% 이하	150% 이상 300% 이하
				일반공업지역		70% 이하	200% 이상 350% 이하
				준공업지역		70% 이하	200% 이상 400% 이하
	녹지 지역	20% 이하	100% 이하	자연녹지지역		20% 이하	50% 이상 100% 이하
				생산녹지지역		20% 이하	50% 이상 100% 이하
				보전녹지지역		20% 이하	50% 이상 80% 이하
관리 지역	계획 관리	40% 이하	100% 이하			40% 이하	50% 이상 100% 이하
	생산 관리	20% 이하	80% 이하			20% 이하	50% 이상 80% 이하
	보전 관리	20% 이하	80% 이하			20% 이하	50% 이상 80% 이하
농림지역		20% 이하	80% 이하			20% 이하	50% 이상 80% 이하
자연환경 보전지역		20% 이하	80% 이하			20% 이하	50% 이상 80% 이하

054 오피스텔과 도시형 생활주택

오피스텔 등 수익형 부동산의 분위기가 심상치 않다. 금융의 시대로 패러다임이 바뀌고는 있지만 현재로서는 아직 초기일 뿐, 최근 5년을 제외한 지난 30년간 검증된 재테크 수단은 역시 부동산이었다. 현실이 이렇다 보니 과거 부동산으로 자산 증식에 성공한 우리나라 부자들 중 절반 정도는 아직 변동성 심한 금융으로 넘어올 자신은 없고, 주택은 가망성 낮다 보니 수익형 부동산으로 몰리고 있는 것이다.

게다가 앞서 언급했듯이 임대 수요(경제 인구)는 2016년까지는 계속 증가할 예정이며, 1~2인 가구 급증에 정부의 다양한 세제 혜택 지원까지 힘입어 앞으로 오피스텔이나 도시형 생활주택 같은 수익형 부동산에 대한 사람들의 관심은 지속될 전망이다.

그렇다면 오피스텔과 도시형 생활주택의 차이는 뭘까?

도시형 생활주택은 20가구 이상 300가구 미만으로 도시지역에 건설되는 국민주택규모 이하의 주택을 말한다. 오피스텔은 주 용도가 업무시설이며, 업무 공간이 50퍼센트 이상이고 주거 공간이 50퍼센트 미만인 건축물을 말한다.

하지만 겉보기로는 이 둘을 구분하기 어렵다. 오피스텔과 도시형 생활주택 모두 1~2인 가구를 겨냥한 상품이며, 내부구조와 분양가 그리고 수익률마저 유사하기 때문이다. 단지, 각각의 현실적인 장단점을 따져보면 다음과 같다.

[표 4-18] 도시형 생활주택과 오피스텔 비교

	도시형 생활주택: 주택임대사업자	오피스텔(업무용): 부동산임대사업자
취득세	전용면적 60m² 이하 면세 전용면적 85m² 이하 50% 감면 전용면적 85m² 초과 20% 감면	4.6%
재산세	전용면적 40m² 이하 면제 전용면적 60m² 이하 50% 감면 전용면적 85m² 이하 25% 감면 전용면적 85m² 초과 혜택 없음 (단, 2주택 이상, 5년 이상 임대)	세제혜택 없음

즉, 취득세의 경우 도시형 생활주택은 기본 취득세가 오피스텔의 절반 수준인 데다, 주택임대사업자로 등록하면 표 4-18처럼 혜택이 있지만, 오피스텔(업무용)인 경우에는 4.6퍼센트에 해당하는 취득세를 그대로 내야 한다. 재산세의 경우도 마찬가지로 업무용 오피스텔은 혜택이 없다.

하지만 2011년 8월 18일 정부가 주거용 오피스텔에 대한 엄청난 세제 혜택을 부여했다. 오피스텔 1채만을 매입하더라도 주택임대사업자로 등록할 수 있게 해준 것이다. 즉, 표 4-18에서 보는 것처럼 오피스텔도 도시형 생활주택과 똑같은 취득세와 재산세 혜택을 가지며, 기존 1가구 1주택 비과세인 경우에는 주거용 오피스텔을 분양받아도 기존 주택에 대해 양도세 비과세를 그대로 받을 수 있도록 하는 등 많은 혜택을 준 것이다. 따라서 눈에 띄게 증가하고 있는 오피스텔 분양의 열기도 사실상 여기서 기인했다고 해도 과언이 아니다. 하지만 혜택이 있으면 그만큼 주의해야 할 사항도 있다.

1. 5년 이전 매각하면 세제 혜택 모두 취소

모든 세제 혜택은 5년 이상 주택임대업을 영위한다는 가정이다. 이를 어길 시 취득세, 재산세, 심지어 기존 주택 양도세 혜택까지 모두 반납해야 한다. 주의하자.

2. 소득세, 국민연금 및 건강보험료 상승 가능

특히, 자녀나 배우자 직장의료보험에 피부양자로 등재되어 있던 사람이 주택임대사업자가 되는 경우 피부양자 자격을 상실할 수 있다. 연 신고 소득 500만 원이 넘으면 (월세 기준 417,000원) 피부양자 자격이 상실되니 주의하자.

3. 취득세 혜택은 2012년 이후 신축 오피스텔에 국한

취늑세 혜택은 신축 오피스텔에 한한다. 즉, 기존 오피스텔 매입의 경우에는 취득세 혜택이 없다.

4. 수익률 계산 시 취득세, 재산세, 중개수수료 및 수리비 등과 같은 기타 비용 등을 포함

금융은 이자 소득 세금만 고려하면 되지만, 부동산은 세금뿐만 아니라 중개수수료, 수리비 등 부대 비용이 발생하므로 월세를 고스란히 수익률로 환산하면 안 된다. 여러 비용을 뺀 실수익률을 구하여 경제 효과가 없으면 그냥 예금하는 것이 낫다. 참고로 비용을 공제하기 전 오피스텔 순수 수익률은 최소 예금 금리의 1.5배는 넘어야 한다.

5. 관리비 및 편의성을 꼭 따질 것

세입자 입장에서는 월세뿐만이 아니라 관리비도 기본 거주비용으로 인식하기 때문에 다른 조건이 좋더라도 관리비가 비싸면 세입자 구하는 것이 어려울 수 있다. 주변 다른 오피스텔과 꼭 비교하여 선택하도록 하며, 전망, 채광, 엘리베이터, 주차장, 빌트인 시설 등 편의적인 부분도 꼭 함께 체크하도록 하자.

꼭! 필요한 경제상식

2011년 말 분당지역의 한 오피스텔의 경우 평균 20대 1이 넘는 경쟁률을 기록하기도 했다. 주의할 사항은 시간이 지나도 공실이 낮고 높은 수익률을 유지하는 오피스텔은 한결같이 역세권의 중소형 오피스텔이었다는 것이다. 그리고 2016년 이후 경제인구 감소에도 어떤 물건이 살아남을지 잘 생각해보고 고르도록 하자.

누구냐 넌?

수익률을 높이는 데 꼭 필요한 부동산 용어

1. 경매와 공매

부동산 시장이 살짝 침체로 빠지면서 이 기회를 잡으려는 사람들도 늘어나고 있다. 어떻게든 집을 싸게 사고자 도모하는 사람들로 경매와 공매 시장은 일반 매매 시장보다는 좋은 분위기다. 그렇다면 경매는 뭐고 공매는 뭘까?

채권 회수를 목적으로 국가가 개입하여 강제적으로 재산을 압류한다는 공통점이 있다. 이렇게 압류한 물건을 불특정 다수를 대상으로 공개 경쟁 입찰을 벌인다는 점 역시 경매와 공매에 모두 해당되는 얘기다. 그럼 이 둘의 차이점은 뭘까?

가장 확연하게 다른 것은 경매는 임차인 현황조사 보고서나 물건 명세서 등이 있어 물건에 대한 세부 정보를 어느 정도 알 수 있으나, 공매는 세부정보는 본인이 알아서 발로 뛰며 직접 알아봐야 한다는 것이다. 처분 방법도 다르다. 경매는 법원에 직접 방문하는 현장 입찰방식인 데 반해 공매는 인터넷 입찰방식으로 이뤄진다(즉, 직접 보고

들고 왔다 갔다 하는 손맛이 없으니 정말 관심 있는 사람만이 공매에 참여하게 되는 것이다). 마지막으로 유찰 후 가격 하한서 형식도 다르다. 경매는 한 번 유찰되면 20퍼센트씩 가격이 떨어지고 낙찰이 될 때까지 계속 진행되지만, 공매는 최초 감정가의 50퍼센트까지 떨어지면 중단된다. 이러한 점들(정보의 비대칭성, 가격 하한선 등) 때문에 경매보다 공매의 경쟁률이 낮은 편이지만 그만큼 공매가 더 어렵다는 반증이라고 볼 수 있다.

그 외 경매는 보통 집주인이 대출을 못 갚았을 때 은행 등의 채권자가 법원에 요청하여 진행되는 것에 비해, 공매는 세금 체납 등으로 정부·공공기관이 한국자산관리공사(www.kamco.or.kr)에 처분을 요청하여 진행된다.

경매와 공매는 적용되는 법도 다르다. 경매는 채권·채무관계에 공권력이 개입하는 것이기 때문에 민사집행법의 성격을 띠지만, 공매는 공법상의 행정처분이기 때문에 국세징수법의 성격을 갖는다.

정리하자면 경매는 노출된 정보가 많은 만큼 사람도 많아 현장감이라는 손맛이 있는 데 반해, 공매는 알아서 잘 움직일 줄 아는 일부 전문가들 간의 보이지 않는 경쟁 정도로 이해하면 되겠다(결국 공매는 경매를 많이 경험해보고 어느 정도 전문가 반열에 올라야 도전해볼 만한 것이다).

2. 공시지가, 기준시가

공시지가(公示地價)는 건물이 아닌 순수하게 땅값만을 의미한다. 표준지 공시지가와 개별 공시지가로 나뉘는데, 표준지 공시지가는 전국 2,700만 필지 중 대표성 있는 50만 필지를 표준지로 정하여 땅값을 매긴 것이고, 개별 공시지가는 표준지 공시지가를 근거로 주변 각 필지에 대해 지자체가 감정평가 등을 통해 다시 땅값을 매긴 것이다.

따라서 표준지 공시지가는 국토해양부 장관이 매년 1월 1일을 기준으로 발표하고, 개별 공시지가는 시장, 군수, 구청장 등이 발표한다. 증여세, 상속세, 재산세 등을 부과하기 위한 과세 기준으로 쓰인다.

기준시가는 땅값 + 건물분까지 포함한 가격이다. 국세청에서 발표하며 공시지가와 마찬가지로 상속세, 증여세, 재산세 등을 부과하기 위한 과세 기준으로 쓰인다. 최근에는 아파트의 경우 공동주택 공시가격, 주택의 경우 개별단독주택가격 등으로 표시하기도 한다(참고로 취·등록세와 양도세는 2006년 1월부터 모두 실거래가로 과세한다).

우리 입장에서는 공시지가는 그냥 토지만 가지고 있는 사람에게 세금을 매기기 위한 가격이고, 기준시가는 집이나 건물 등을 가지고 있는 사람에게 세금을 매기기 위한 가격이라고 이해하면 된다.

> **꼭! 필요한 경제상식**
>
> 과거에는 토지 부분 따로, 주택 부분 따로 알아봐야 했는데 이제는 아래 사이트에서 공시지가와 기준시가 모두를 한 번에 알아볼 수 있다.
> http://www.realtyprice.or.kr/

3. 시행사와 시공사

시행사와 시공사는 영화로 따지면 제작자와 감독의 관계다. 제작자는 영화 기획에서 제작 및 배급, 홍보 등 처음부터 끝까지 모든 과정을 관리하지만, 영화감독은 배우와 스텝을 데리고 영화만 찍으면 된다. 즉, 시행사는 분양 기획부터 시공, 입주까지 전 과정에 대한 책임을 맡아 관리하는 회사이고, 시공사는 이 시행사로부터 발주를 받아 공사만 해주는 회사이다. 시행사가 땅을 구입하고 인허가를 낸 후 어느 정도 자금을 확보하면, 시공사를 선정하고 공사가 시작되는 것이다.

따라서 분양 공고가 나면 꼭 시행사를 확인해야 한다. 삼성 래미안이니 GS자이니 시공사는 건물 짓고 브랜드만 제공할 뿐이다. 혹여 시행사가 잘못되어 자금에 문제가 생기더라도 시공사는 전혀 책임이 없다. 예를 들어 2011년 8월 20일에 동대문 '두산위브 더 제니스' 오피스텔 분양 공고가 나왔다. 시공사는 두산중공업이고, 시행사는 아시아신탁이다. 이 오피스텔을 분양받는 사람은 아시아신탁이라는 회사에 대해서도 알아볼 필요가 있는 것이다.

4. 전용면적, 공용면적, 공급면적

우리는 아파트 분양 광고에 나오는 공급면적과 실제 우리가 거주할 공간인 전용면적이 다르다는 것은 알고 있다. 보통 $100m^2$가 공급면적이면 전용면적은 $80m^2$ 정도다.

실제 우리가 거주하는 공간(방, 거실, 주방, 화장실) 면적을 더한 것이 바로 전용면적이다. 그리고 아파트 계단, 복도 등의 면적을 더한 것이 주거공용면적이다. 여기서 구해진 전용면적과 주거공용면적을 합한 것이 바로 아파트 공급면적이다.

공용면적 중에는 공급면적에는 포함되지 않는 기타공용면적이라는 것이 있다. 단지 내 관리사무소나 노인정 등의 면적을 더한 것이다. 그러므로 계약면적은 공급면적에 기타공용면적을 더한 것이다.

참고로 발코니 면적은 어디에도 포함되지 않는다. 말 그대로 서비스 면적이다. 마음 같아서는 발코니가 엄청 넓었으면 하는 바람이다. 공짜니까.

건설업체가 분양가를 책정할 때 아파트는 공급면적을 기준으로 삼지만, 오피스텔은 계약면적을 기준으로 분양 가를 책정한다. 같은 분양면적인데 오피스텔 전용면적이 더 적거나, 같은 전용면적이면 분양가가 오피스텔이 더 저렴한 이유이다.

5. 다가구, 다세대, 아파트

건축법상으로 보면 주택은 2가지일 뿐이다. 단독주택과 공동주택. 단독주택은 한 세대가 주거용으로 쓰는 독립된 주택이고, 공동주택은 두 세대 이상이 함께 주거용으로 쓰는 주택이다. 공동주택은 층수와 면적에 따라 아파트, 연립주택, 다세대 그리고 다가구 등으로 다시 나뉜다.

(1) 다가구 주택 : 3층 이하, 바닥 연면적 합계가 660m^2 이하, 19세대 이하 거주 가능한 주택이다. 신기한 것 은 다가구 주택은 공동주택이 아닌 단독주택에 포함

된다는 것이다. 다세대처럼 별개 세대 구성이 아닌, 아무리 세입자가 많아도 다가구주택의 집주인은 한 명이기 때문이다.

(2) 다세대 주택 : 4층 이하, 바닥 연면적 합계가 660m² 이하인 공동주택
(3) 연립주택 : 4층 이하, 바닥 연면적 합계가 660m²를 초과하는 공동주택
(4) 아파트 : 5층 이상의 공동주택

일반적으로 보면 연립주택이라는 말은 잘 안 쓰고, 주소지가 각 세대로 되어 있으면 다세대, 주소지가 주인 한 사람으로만 되어 있으면 다가구로 간주하는데 틀린 말은 아니다.

단지 주택을 지칭하는 원칙인 건축법상 분류를 따라가는 것이 좋지 않겠는가 하는 것이 필자의 생각이다.

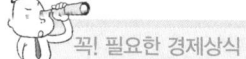
꼭! 필요한 경제상식

'빌라'의 어원에는 두 가지 설이 있다. 하나는 고급 호칭을 매기기 위해 과거 유럽 영주들 정도나 소유하던 호화 별장을 지칭하는 'villa'라는 단어를 차용한 것이고, 다른 하나는 한 주택 안에 여러 가구가 살기 때문에 일종의 마을 'village' 개념이다 해서 이 단어를 줄여 빌라라고 했다는 설도 있다. 어찌 되었건 빌라라는 단어는 건축법에는 존재하지 않는 우리들만의 용어일 뿐이다.

6. 토지이용계획확인서, 토지대장, 지적도, 건축물관리대장

일반 아파트나 주택 거래상으로는 등기부등본 정도만 볼 줄 알아도 된다. 하지만 토지 등을 거래할 때는 좀 더 많은 서류 확인이 필요하다.

(1) 토지이용계획확인서 : 여기에는 용도지역, 용도지구, 용도구역별 규제사항이 언급되어 있다. 해당 토지에 건축할 수 있는 건물의 용도와 규모 및 각종 규제나 허용사항 등을 확인할 수 있다(명시된 용도지역을 통해 용적률, 건폐율, 행위제한 등을 알 수 있다). 이를 통해 건축할 건물의 용도가 땅의 용도와 맞는지 혹은 건축물의 용도변경이 가능한지 여부를 알 수 있다.

(2) 토지대장 : 토지면적, 지목, 소유자, 토지의 분할·합병 내역, 토지등급 등이 명시되어 있다. 정확한 토지 면적과 소유자의 인적사항을 재차 확인한다.

(3) 지적도 : 해당 토지 이외에 주위 다른 지번들의 지목을 알 수 있으면, 특히 인근 도로와의 접근성 등을 확인할 수 있다. 반대로 현황도로가 아닌 지적도상의 도로인 경우도 있으므로 꼭 현장 답사는 필수다.

⑷ 건축물관리대장: 건축물관리대장에는 건물의 소재지, 건물 번호(지역마다 건물 하나에 대해 번호 지정), 건물 종류와 구조, 건물 면적, 소유자 주소, 성명 등이 기록되어 있다. 건물의 현황을 좀 더 명확하게 설명하기 위한 부동산 서류로 보면 된다. 건물의 종류는 주택, 점포, 공장, 창고, 기타로 구분되며, 건물의 구조는 주요 재료와 지붕의 종류 및 층수 등으로 표시된다. 예를 들어 철골조(재료), 슬레이트(지붕 종류), 3층 건물(층수) 등이다.

건물 상황에 변동이 생긴 때에는 이 서류를 먼저 변경한 뒤에 등기부등본상의 변경을 해야 한다. 그리고 건축물관리대장과 등기부등본의 정보가 일치하지 않으면 해당 부동산에 관한 다른 등기는 신청할 수 없으므로 주의를 요한다.

부동산 관련 서류는 www.egov.go.kr, www.minwon.go.kr 등에서 발급받을 수 있다.

CHAPTER 5

보험

10퍼센트의 확률을 무시하지 마라:

인생 전반에 걸친 위험에 대한 대비

055 보험, 꼭 필요한가

여러 가지 종류의 금융상품이 있지만 보험상품만큼은 혜택을 보기가 가장 어려운 상품이다. 3명 중 1명은 걸린다는 암도 확률로 따지면 암에 걸리지 않을 확률이 무려 2/3나 되기 때문이다. 매월 3만 원씩 20년간 총 720만 원을 암보험에 불입해도 혜택을 볼 수 있는 사람은 가입자의 1/3밖에 안 된다. 혹 순수보장형으로 가입했다면 그냥 남 좋은 일 시키고 끝날 일이다.

그런데 금융상품 중 가장 마케팅이 활발한 분야 역시 보험상품이다. 펀드 등 투자상품도 마케팅 활동을 많이 하지만 보험상품에 비하면 조족지혈에 불과하다. 펀드 등의 투자상품은 마케팅 활동에 제한이 있지만, 보험상품은 마케팅 제한이 약한 편이라 누구나 한 번쯤은 보험 가입 권유 전화를 받아보았을 것이다.

이러한 여러 가지 이유들로 가장 구매 의욕이 떨어지는 금융상품 역시 보험이다. 혜택받을 확률도 높지 않고, 귀찮을 정도로 가입 권유가 끊이지 않기 때문이다. 하지만 이럴수록 근본적인 의문을 가져볼 필요가 있다.

보험, 정말 필요한가?

일단 금융자산만 수십억 원이 넘는 자산가들은 의료실비보험이나 건강보험 등은 필요 없다. 보험료 많이 받아봐야 1억 원 남짓인데 그냥 자산으로 처리하면 되기 때문이다. 하지만 일반 사람들은 그렇지가 않다.

소탐대실(小貪大失)이라는 말이 있다. 작은 것을 탐하다가 큰 것을 잃는다는 말인데, 보험에 그대로 적용된다. 가끔씩 보험 없이 그냥 저축해서 위험에 대비한다는 사람들이 있는데, 이는 위험한 발상이다. 예를 들어 지금 이 책장을 넘기다가 종이에 손이 살짝 베었다고 해보자. 이건 당신이 원해서 베인 것이 아니다. 즉, 질병과 재해에 대한 위험은 내가 조절할 수 있는 부분이 아니기 때문에 내 자산의 규모가 병원비, 생활비 등을 모두 감당할 수 있기 전까지는 다소 비용은 들지만 위험을 보험사로 이전하는 것이 좋다.

살아가면서 겪게 되는 여러 가지 사건·사고를 크기와 빈도 수에 따라 4가지로 분류하면 표 5-1과 같다.

[표 5-1] 사고의 크기와 빈도 수에 따른 분류

	피해가 큼	피해가 작음
자주 발생함	위험 회피	위험 축소
자주 발생하지 않음	위험 이전(보험)	위험 보유

가장 확실한 위험 관리는 위험 회피다. 밖에 안 나가면 최소한 교통사고 당할 일은 없다. 물가에 가지 않으면 익사할 위험은 제로다. 하지만 이것은 불가능하다. 그래서 차에 안전벨트를 설치하거나 건물에 소화기를 비치하는 것과 같이 위험을 축소하는 방법을 취하고, 그 위험을 보험사에 이전하여 혹시 모를 위험에 대비하는 것이다. 여기서 말하는 위험은 경제적 손실을 의미한다.

보험 존재의 의미는, 확률은 낮더라도 한 번 발생하면 경제적 손실이 큰 위험을 보험사로 옮기는 것이다.

한국 남성이 15~60세 사이에 사망할 확률은 약 11.16퍼센트이다(미국 의학저널 『란셋』, 2010). 특히 아이가 어리고 자산이 충분치 않은 30대 중후반 즈음에 불의의 사고로 가장이 사망하게 되면 그 타격은 매우 크다. 말 그대로 가난해질 확률이 높다.

그렇다면 보험사로 이전할 수 있는 위험에는 어떤 것이 있을까?

1. 조기사망 위험

가장이 일찍 사망해 가정이 가난해질 위험

⇨ 종신보험, 정기보험, 질병·재해 사망 특약 등으로 이전.

2. 장기생존 위험

가진 돈에 비해 너무 오래 살아 가난해질 위험

⇨ 연금 관련 상품으로 이전.

3. 고액치료비 위험

가진 돈에 비해 너무 많은 병원비가 들어가는 위험

⇨ 의료실비보험, 상해보험, 재해·상해 특약 등으로 이전.

4. 배상책임 위험

남의 자산에 큰 피해를 줘 배상하느라 가난해질 위험

⇨ 자동차보험, 운전자보험, 가족일상배상책임 특약, 화재보험 등으로 이전.

5. 화재 위험

집에 불이 나 큰 경제적 손실을 입을 위험

⇨ 화재보험으로 이전(최근 실화법 개정으로 타인의 집으로 번진 화재나 진화 과정에서 발생한 각종 피해, 즉 그을음이나 소방용수로 인한 기물 파손 등에 대해서도 배상책임을 진다).

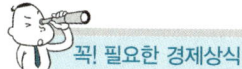
꼭! 필요한 경제상식

가정의 월 적정 보험료는 월 소득의 10퍼센트 이내이다. 그리고 집안에 암, 심혈관질환 등 중병에 대한 가족력이 있을 때는 월 소득의 15퍼센트까지 본다. 보험금으로 이득을 볼 확률이 높기 때문이다. 참고로 연금보험이나 저축성 보험은 여기에 포함되지 않는다.

종신보험, 꼭 필요한가 056

보험의 종류는 여러 가지가 있지만 종신보험에 대해서만큼은 따로 떼어 설명하는 이유가 있다.

일단 비싸다. 그리고 원금 이상의 환급금을 받을 수 있는 유일한 보장성 보험이다.

상담을 해보면 가족 보험료 중 가장 많은 부분을 차지하고 있는 보험이 종신보험이다. 일반 의료실비보험이나 건강보험이 10만 원을 넘는 경우는 별로 없다. 만약 넘는다면 보장 수준을 아주 많이 가져갔기 때문이다. 반대로 종신보험은 10만 원이 안 넘는 경우가 별로 없다. 그만큼 비싸다.

왜 유독 종신보험만 비싼 것일까? 확률이 높아지면 그만큼 보험료도 비싸진다는 것은 알 것이다. 즉, 재해사망은 확률이 낮기 때문에 매월 1천 원 남짓 되는 보험료로도 1,000만 원 이상의 보상을 받을 수 있지만, 암은 확률이 높기 때문에 똑같이 1,000만 원을 보상받으려면 한 달에 만 원이 넘는 보험료를 내야 한다. 그런데 확률 99퍼센트에 육박하는 사망위험을 보장해주려다 보니 종신보험은 자연스레 비싸지는 것이다.

그럼 사망보험금을 줄이려면 어떻게 해야 할까?

종신보험이 아닌 정기보험이라는 것이 있다. 예를 들면 60세 이전 사망 시 1억 원을 받고, 그 이후에 사망하면 보험금은 없다. 게다가 순수보장형이기 때문에 보험금은 매우 저렴하다. 비용 측면에서만 보면 종신보험보다 정기보험이 유리할 수 있다. 남은 금액으로 저축이나 투자를 하면 된다.

하지만 현실을 자세히 들여다보면 그렇지가 않다. 필자가 조사한 약 150개의 가정 중 보험료를 줄인 돈을 3년 이상 꾸준히 저축하거나 투자하고 있는 가정은 전체의 3퍼센트도 되지 않았다. 상담 초반에는 굳은 의지로 저축액을 늘리지만 시간이 지나면서 긴장이 느슨해져 다른 지출로 흘러가버리는 경우가 대부분이었다. 현실이 이렇다면 종신보험을 장기투자 상품의 일부로 볼 수도 있다. 종신보험료의 1/2~2/3 정도는 순수하게 저축이나 투자가 되는 금액이기 때문이다.

35세 남성이 20년납으로 1억 원짜리 종신보험에 가입하면 매월 약 15만 원가량을 보험료로 납입하게 되는데, 이 중 8~10만 원 정도는 보험사가 가져가지 않고 순수하게 적립된다는 의미다. 만약 펀드에 투자가 되는 변액종신보험에 가입하여 8퍼센트 정도의 수익률을 기대한다면, 납입이 완료되는 55세 시점에는 원금 3,700만 원에 해약환급금은 약 4,800만 원이 되고, 60세 시점에는 약 6,400만 원, 65세 시점에는 약 8,500만 원가량의 자산이 형성되는 것이다.

앞에서도 말했지만, 원금 이상의 환급금을 가져갈 수 있는 유일한 보장성 보험이 종신보험이기 때문에 저축에 대한 자신감이 없는 사람은 종신보험을 이용해도 된다. 단, 보장성 보험인 만큼 소득의 10퍼센트 이내에서 실시하기 바라며, 이 자금의 용도는 최소 20년 이후이기 때문에 자녀 결혼자금이나 노후자금 보강 용도로 쓰는 것이 가장 이상적이겠다.

057 | 변액보험이 필요할 때는 언제?

보험

'변액'이란 '정액'의 반대되는 개념으로 등장했다. 기존 보험상품은 정해진 액수의 사망보험금, 정해진 액수의 연금을 주는 식이었다. 하지만 주식이나 채권에 투자되어 사망보험금과 예상 연금액이 매일 변하기 때문에 '변액'보험이라는 명칭을 얻게 된 것이다. 간단하게 '변액'이라는 단어를 보면 '이 보험은 적립금의 일부가 주식에 투자되는구나'라고 생각하면 된다.

그렇다면 변액과 펀드의 다른 점은?

첫 번째는 수수료 구조 차이다. 변액은 초반 10년간은 '원금'의 10퍼센트 내외의 사업비를 차감한다. 대신 '원금 + 이자' 전체에 대해서 차감하는 운용수수료는 0.5퍼센트 내외가 많다(주식 비중이 크거나 해외 펀드일수록 운용수수료도 늘어나는 경향이 있다). 하지만 펀드는 주로 '원금 + 이자' 전체에 대해서 2~3퍼센트 수준의 수수료를 부과한다. 따라서 같은 수익률일 때 가입 초반에는 펀드가 유리하고, 10년 이상의 가입 후반에는 변액 상품이 유리하다.

두 번째는 연금 전환 시 차이다. 펀드는 연금펀드라 해도 종신 지급 상품이 없다. 하지만 변액연금은 종신 연금 지급이 가능하다. 향후 평균수명이 어떻게 증가할지 모르는 상황에서 노후자금에 있어서는 펀드보다 변액연금이 더 유리하다. 그런데 같은 종신연금 상품에도 차이가 있다. 변액유니버셜과 변액연금이다.

변액유니버셜은 주식 비중이 높아(대체로 90퍼센트 이상 가능) 기대수익이 높지만, 종신연금 시 기준이 되는 평균수명을 '연금 개시시점'으로 적용하기 때문에(예를 들어 90세) 더 많은 돈이 모이더라도 실제 받는 연금 액수는 더 적

[표 5-2] 변액유니버셜과 변액연금 비교

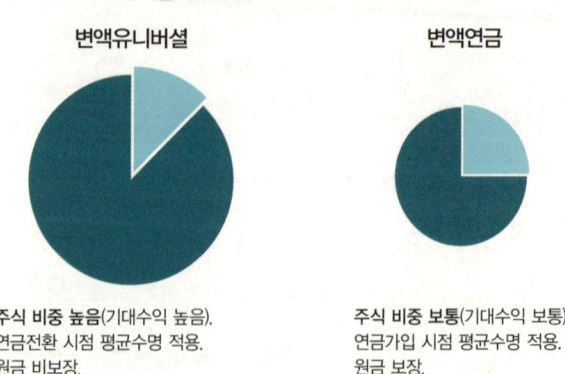

을 수 있다.

반대로 변액연금은 주식 비중이 변액유니버셜보다 낮아 (대체로 50퍼센트 수준) 기대수익은 그만큼 낮아지지만 종신 연금 시 기준이 되는 평균수명을 '연금 가입시점'으로 적용하기 때문에(예를 들어 80세) 변액유니버셜에 비해서 더 적은 돈이 모이더라도 실제 받는 연금 액수는 더 클 수 있다.

변액보험은 최소 10년 이후에 쓸 자금을 모을 때 가입하는 금융상품이다. 노후자금 마련 혹은 장기 투자를 하면서 원금을 보장받고 싶을 때 가입하는 상품이라고 보면 되겠다. 그리고 변액유니버셜보험은 장기 목돈 마련(예를 들어 자녀 학자금, 비과세 통장 증여 등)에 좀 더 적합한 상품이다. 최근 출시되고 있는 변액연금은 주식 비중이 70~80퍼센트 수준인 것도 있으니 여러 회사를 잘 비교해보고 가입하는 것이 좋겠다.

꼭! 필요한 경제상식

현재 종신연금으로 연금을 지급하는 금융기관은 생명보험사, 우체국, 농협, 새마을금고 등이 있다. 여기서 주식 등에 투자할 수 있는 투자형 연금은 생명보험사이고, 나머지 우체국, 농협, 새마을금고 등은 보통 4~5퍼센트 내외 수준에서 운용되는 정액형 연금 상품이다.

보험

자동차 보험과 운전자 보험 058

　자동차 보험과 운전자 보험은 완전히 다른 보험이다. 자동차 보험은 남을 위한 보험이고, 운전자 보험은 나를 위한 보험이다. 각 보험의 주요 보장 내용을 보자.

1. 자동차 보험

- 민사 책임, 의무 가입
- 대인 : 상대방 사망·상해 시 치료비 보상
- 대물 : 상대방 차량 파손 시 수리비 보상
- 자손 : 본인 치료비 보상
- 자차 : 본인 차량 수리비 보상

2. 운전자 보험

- 형사 책임, 의무 가입 아님.

- 교통사고처리지원금 : 형사합의 지원금
- 벌금 : 대인사고 법정확정판결 시 벌금 보상
- 방어비용 : 변호사 선임비용

※ 보장 이름은 보험사마다 조금씩 다를 수도 있다.

자동차 보험은 남의 차를 운전하다 사고가 나면 원칙적으로 보상하지 않지만, 운전자 보험은 운전자를 위한 보험이므로 보장 내용을 적용받을 수 있다. 운전자 보험은 일반 교통사고에서 보상받는 것이 아닌, 본인의 8대 중과실 중 하나, 혹은 상대에게 사고로 중상해를 입혔을 경우에 한해서 혜택받기 위한 보험이라고 보면 된다.

꼭! 필요한 경제상식

- **교통사고처리지원금**
  이 보장 내용은 다음과 같은 내용으로 형사 기소 당했을 때 형사합의금 최고 3천만 원까지 보상한다.

  (1) 8대 중과실에 해당하는 경우
  신호위반, 중앙선침범, 속도위반, 앞지르기위반, 철길건널목통과방법위반, 횡단보도 보행자보호의무 위반, 보도침범사고, 승객추락방지의무 위반(음주·무면허·뺑소니는 보장 불가능).

  (2) 중상해 교통사고
  2009년 2월 이후부터 피해자가 중상해를 입은 경우, 과실여부와 무관하게 의무적으로 형사합의를 보아야 한다. 자동차 부상급수 1, 2, 3급에 해당, 2009년 10월 이전 운전자 보험에는 이 항목이 빠져 있다.

의료실비보험 따져 고르기 059

우리는 불필요한 보장은 싹 제거하고 '의료실비'만 가입하고 싶지만, 유감스럽게도 의료실비만 파는 보험회사는 없다. 의료실비에 가입하기 위해서는 최소 100만 원에서 많게는 1억 원이 넘는 재해 혹은 질병 사망에 대한 기본 보장을 넣어야 가입할 수 있다. 따라서 의료실비를 위한 보험료에 적게는 몇 백 원, 많게는 몇 만 원 이상을 추가로 불입해야 원하는 보장을 받을 수 있는 것이다. 이는 과거 일부 외국계 보험사에서 많이 써먹던 마케팅 방식이기도 하다.

몇몇 외국계 보험사의 경우 암보험이나 입원비 보험 등과 같은 건강보험은 아예 없고, 진단자금, 수술, 입원비 등을 보장받기 위해서는 종신보험에 특약식으로만 가입이 가능하기 때문에, 단지 입원비와 수술비 보장을 받기 위해 배보다 배꼽이 더 큰 종신보험을 2~3개씩 가입하는 사람들이 의외로 많았다.

이에 비해서 손해보험사는 양반이다. 의료실비를 가입하기 위해 꼭 들어가야 할 묶음 상품(의무 보장)은 보험료가 저렴한 재해상해·재해사망이 많기 때문이다(물론 일부 회사는 보험료가 비싼 질병사망이 의무가입인 경우도 있지만, 보장기간을 조절할 수 있다면 줄이면 된다).

의료실비 보장을 위한 보험료만 놓고 보면 보험사 간 차이는 적기 때문에, 결국 의료실비 보장 이외에 어떤 보장 내용을 의무로 가입해야 하는지 알아보고 이를 최소화하는 것이 의료실비 보험을 지혜롭게 가입하는 법이라 할 수 있다. 물론 이때는 다음 장에 나올 보험사 민원등급 확인도 필요하다. 가격이 싸다고 무조건 좋은 보험은 아니기 때문이다. 의료실비 보험을 가입하려면 최소 2~3개 회사의 견적을 받아보고, 이 중 매월 보험료, 갱신보험료(의료실비 부분), 그리고 회사의 민원등급 3가지를 놓고 판단하면 후회 없는 선택이 될 것이다.

참고로 의료실비 특약이 차지하는 갱신보험료 부분은 전체 보험료가 비슷한 수준이라면 당연히 작은 것이 좋다. 말 그대로 갱신될 때마다 보험료는 계속 상승하기 때문에, 애초에 시작을 작게 하면 나중에 갱신되더라도 보험료 상승폭이 크지 않기 때문이다.

　35세 여성이 3년 갱신형 의료실비 보험에 가입했다고 치자. 이 여성이 80세에도 보장을 받으려면 보험료를 계속 내야 하며, 45년 후 시점이므로 갱신은 15회 상황일 것이다(80세 - 35세 = 45년, 45년/3년 = 15회)

　A보험사의 현재 갱신 부분 보험료는 8천 원, B보험는 1만 원이라고 해보자. 보험료는 갱신 시마다 10퍼센트씩 상승하기에 A보험사의 80세 시점 보험료는 33,417원, B보험사는 41,772원이 되어 결국 같은 보장임에도 평생보험료는 B보험사가 훨씬 커질 것이다.

　물론 의료실비 보험이라 하더라도 보험사마다 보상하지 않는 손해 부분은 조금씩 다르기 때문에(예를 들어 추간판 탈출증(허리 디스크), 신경계질환, 치매 등) 보장 부분 내용도 꼼꼼히 따져봐야겠지만, 그래도 위 3가지 기준을 가지고 가입하면 현명한 선택이 될 것이다.

　전체 보험료는 작게, 갱신보험료도 작게, 민원등급은 높게!

060 비갱신형으로 가라

보험

보험사가 워낙 광고를 많이 하다 보니 이제 '갱신'과 '비갱신'이란 단어는 한 번쯤 들어봤을 것이다. 그래도 한 번 더 언급한다면 갱신은 나이에 따라 보험료가 올라 100세까지 보장받고 싶으면 100세까지 보험료를 지불해야 하는 것이고, 비갱신은 보험료 변동은 없으며 보험료 납입은 20년 내면 100세까지 보장받는 식이다.

그렇다면 둘 중 무엇이 좋을까? 당연히 비갱신형이 좋다. 가끔 일부 설계사들이 보험료가 싸다는 이유로 갱신형 상품을 추천하는 일이 있는데, 이는 사실 본인 회사에는 비갱신형이 없기 때문이다.

젊은 사람들의 경우 갱신형 보험에 가입하면 1~2만 원으로 암, 성인병, 입원비 등을 모두 보장받을 수 있는데, 이렇게 보험료가 싼 이유는 향후 3년 혹은 5년까지만 보장하는 것이기 때문이다. 멀쩡한 20대 남자가 30세가 되기 전에 중병에 걸릴 확률은 희박하다. 하지만 갱신형일 경우 나이를 먹을수록 보험료는 2차 함수 곡선 형태로 상승하기 때문에 나중에 60세가 넘어가면 20대 때 1~2만 원 했던 보험료가 10만 원이 훨씬 넘는다. 감히 얘기하건대, 암 진단비, 뇌졸중 진단비, 급성심근경색 진단비, 수술비, 입원비는 꼭 비갱신보험으로 가입하기 바란다.

하지만 보험사 위험관리로 인해 점점 갱신보험으로 바뀌고 있어서 비갱신보험을 찾는 것이 쉬운 일은 아니다. 그러니 여러 회사를 비교한 후 가입하기 바란다.

보험료도 중요하지만 그 보험사가 좋은 회사인지 아닌지 알 필요가 있다. 이를 나타내주는 것이 바로 매년 금융감독원에서 실시하는 민원발생평가 결과이다. 금감원은 매년 각 금융기관들이 처리한 민원을 대상으로 민원건수, 금융회사의 해결노력 및 영업규모 등을 반영하여 회사별로 등급을 산정한다. 1~5등급으로 나누는데, 등급이 낮을수록 사후 서비스의 질이 좋지 않다고 보면 된다.

참고로 2010년 금융기관 민원발생 평가 결과는 표 5-3과 같다. 이 민원등급은 매년 바뀌기 때문에 가능하다면 전년도뿐만이 아니라 최근 3년 정도의 민원등급까지 확인하면 보험사 선택에 많은 도움이 될 것이다.

[표 5-3] 보험사 민원등급

※ 등급 내 회사명은 국문 우선 가나다(알파벳) 순으로 표기

등급	은행 (16개사)	카드 (5개사)	생보 (19개사)	손보 (14개사)	증권 (22개사)
1등급	대구(-)	삼성(-)	-	-	미래에셋(↑↑)
2등급	기업(-) 부산(-) 신한(↑) 전북(-) 하나(↑↑) 한국씨티(-) SC제일(↑↑↑)	신한(-) 현대(↑)	동부(-) 삼성(-) 푸르덴셜(-) KB(-)	동부화재(-) 메리츠화재(↑) 삼성화재(-) 서울보증(-) 현대해상(-) LIG손보(↑)	교보(-) 대신(↑) 대우(↑↑) 신한금융투자(↑) 한화(↑↑) 현대(↑↑) HMC투자(↓) SK(↑)
3등급	국민(↑↑) 외환(↑) 우리(↑↑)	롯데(↓)	교보(↓) 동양(-) 라이나(-) 메트라이프(↑↑) 신한(-)	악사손보(-) 한화손보(-)	동부(↓) 동양종금(↑↑) 우리투자(-) 이트레이드(↑↑) 한국투자(↑↑) NH투자(↓)
4등급	경남(-) 농협(-)	하나SK(신설)	대한(↓) 미래에셋(-) 우리아비바(-) 흥국(↑) AIA(↓)	에르고다음(신규) 흥국화재(↑)	하나대투(↑) 하이투자(↑)
5등급	광주(↓) 수협(-) HSBC(-)	-	녹십자(-) 알리안츠(-) ING(-) KDB(금호) PCA(-)	그린손보(-) 롯데손보(↓↓) ACE아메리칸(-) AHA(차티스)(-)	메리츠종금(-) 유진투자(신규) 키움(-) 푸르덴셜투자(-)

*(↑↓)는 전년 평가 대비 등급 변동, (-)는 전년 평가 대비 동일 등급 유지

꼭! 필요한 경제상식

- **최근 암보험 트렌드**

  대부분 80세 만기에서 끝나던 암보험이 최근 비갱신 100세 만기, 혹은 종신 암보험 등으로 속속 등장하고 있다. 생명보험사는 순수 암보험 형태로, 손해보험사는 통합보험의 특약 형태로 판매하고 있는 경우가 많으니 집안에 암 병력이 있는데 보장이 약한 사람들은 회사별로 꼼꼼히 비교해보기 바란다.

보상하는 손해, 보상하지 않는 손해 061

"저 이번에 임신 때문에 병원에서 치료받았는데 의료실비 보상되나요?"

의료실비 추천 후 가장 많이 받는 질문 중 하나다. 일반 보험들이 열거주의(예 : 암, 뇌졸중 등에 대해서만 보장한다)를 채택하고 있는 데 반해, 의료실비 보험만큼은 포괄주의(예 : 임신, 정신질환만 빼곤 나머지는 다 보상한다)를 채택하고 있어서 그런지 실제 보험금을 탈 확률이 가장 높은 보험이기도 하다. 병원에 다녀왔을 경우 보험약관을 한 번 뒤져봐야 하는데, 깨알 같은 글씨에 질려 바로 덮어버리고 싶은 것이 보험약관이다. 그렇다면 의료실비가 보상하지 않는 손해에는 무엇이 있을까?

1. 정신과 치료
2. 임신, 출산 관련
3. 비뇨기계 장애
4. 직장 및 항문 관련 치료 시 국민건강보험이 보상하지 않는 부분
5. 치과 치료 시 국민건강보험이 보상하지 않는 부분
6. 산재나 자동차 보험 등에서 보상을 받은 부분
7. 해외 진료비

물론 이외에 뇌 선천기형, 성형·미용, 사시 교정, 비만, 보약, 의수·의족, AIDS 등 항목은 여러 가지가 있지

만 일반적으로 빈도수가 높은 항목들이 위 7가지이다.

이 정도는 상식적으로 알아두고, 좀 더 자세한 사항은 담당 설계사에게 문의해보는 것이 좋겠다.

지금까지 설명한 것은 2009년 10월 이후 의료실비 보험에 대한 내용이고, 그 이전 가입한 경우는 약간 다르다. 가장 대표적인 부분이 바로 5번과 6번인데, 2009년 10월 이전 가입분은 아예 보상이 없으며, 2009년 10월 이후 가입 분은 건강보험 보상 부분에 대해서만 보험료를 지급한다. 2009년 10월 이전 상해의료실비에 대한 부분은 표 5-4를 참고하기 바란다.

[표 5-4] 2009년 10월 이전 상해의료실비 내용

	일반상해의료비	상해입원의료비	상해통원의료비
보험료	높음	낮음	낮음
보장범위	최고 1천만 원 (직업에 따라 다름)	3천만 원 ~ 1억 원 한도 (보험사에 따라 다름)	10만 원 ~ 50만 원 한도 (보험사에 따라 다름)
갱신여부	없음 (ex) 20년납 80세 보장)	3년 단위 갱신/ 5년 단위 갱신 (보험사에 따라 다름)	3년 단위 갱신/ 5년 단위 갱신 (보험사에 따라 다름)
보장기간	사고일로부터 180일 한도	사고일로부터 365일 한도	사고일로부터 365일 한도(통산 통원일수 30일 한도)
국민건강보험 미적용 시	발생의료비 총액의 50% 한도 보상	발생의료비 총액의 40% 한도 보상	발생의료비 총액의 40% 한도 보상
자동차 및 산재보험에서 치료비 지급 시	지급된 의료비의 50% 중복 지급	보상하지 않음	보상하지 않음
한의원, 한방병원 치료 시	보상	보상하지 않음	보상하지 않음
병실차액	상급병실 사용 시 병실료 차액 보상하지 않으나 의사 소견상, 병실 사정상으로 불가피한 경우는 7일까지는 전액 보상	병실료 차액은 2인실과 기준병실료 차액의 50% 해당액 보상	-
위험직종별 한도	상해위험등급별 보험료 차이와 가입한도 제한 등이 있음	상해위험등급별 보험료 차이는 없음	상해위험등급별 보험료 차이는 없음
기타	의수, 의족, 의안, 의치 등 신체보조장구, 진료보조기, 치아보철 등 진료 재료 구입 및 대체비용 보상	보상하지 않음	보상하지 않음

보험 기간에 따른 보험료 비교 062

일반적으로 보험은 무조건 오래 내야 하는 것으로 알고 있다. 보통 20년납이고, 갱신형 보험의 경우는 죽을 때까지 내야 할지도 모른다. 이러한 패턴은 월 보험료 부담을 줄이려는 데서 시작했다. 저축이 아닌 비용인 바에야 일단 적게 내고 볼일이라고 여긴 것이다. 하지만 어차피 내

[표 5-5] 보험 기간에 따른 보험료 비교

	월 보험료	총보험료
일시납		20,039,000
5년납	428,740	25,724,400
7년납	320,100	26,888,400
10년납	240,560	28,867,200
15년납	178,480	32,126,400
20년납	149,380	35,851,200
25년납	131,920	39,576,000
30년납	121,250	43,650,000
35년납	114,460	48,073,200

야 할 보험료라면, 그리고 소득 대비 부담이 없는 수준이라면, 꼭 20년납을 고집할 필요는 없다.

표 5-5는 35세 남성이 1억 원의 종신사망보장금을 받기 위해 불입해야 하는 금액이다. 35세 남자가 만약 2,000만 원가량의 보험료를 한 번에 내면 평생 1억 원의 사망보험금을 보장받을 수 있고, 매월 약 43만 원가량 낸다면 5년만 내면 된다. 이런 식으로 오래 내면 낼수록 매월 불입하는 금액은 점점 줄어들지만, 평생 내야 할 보험료는 자연스럽게 커진다. 이 금액을 결정하는 이율을 '예정이율'이라고 한다.

물론 사망보험금의 의미가 소득 대체용이기 때문에, 소득이 커지면 그만큼 보장받아야 할 사망보험금의 규모도 커져 결국 장기납입으로 갈 수밖에 없고(매월 종신보험료로 50만 원을 낼 수 있는 사람은 그만큼 소득이 크기 때문에 사망보험금은 1억 원이 아닌 2~3억 원 규모는 필요하다. 따라서 보험료는 결국 상승한다는 의미이다), 예정이율 이상으로 돈을 굴릴 수 있다면 가능한 한 길게 내고 남은 돈은 굴리면 더 이득이다.

표 5-5와 같은 일시납 혹은 5~10년 사이의 단기납 보험은 소득 기간이 길지 않은 사람, 혹은 소득의 기복이 심해 일단 가지고 있는 돈으로 위험 관리를 끝내려는 사람들

에게 적합하다 하겠다.

참고로 보험료를 납입할 수 없는 상황이 되었을 때는 보장 금액을 줄여 보장 기간은 그대로 가는 '감액완납'이나, 보장은 그대로 유지하되 보험 기간을 줄이는 '연장정기'보험 등으로 전환하는 경우도 종종 있었으나, 최근에는 대부분의 보험사 종신보험에 유니버셜 기능(납입 중지 가능)이 탑재되어 있어 보험료를 내지 못하더라도 남은 해약환급금으로 대체 납입할 수 있다.

063 | 어린이보험, 실버보험, 상조

보험

1. 어린이보험

사랑스런 자녀를 위한 보험은 생명보험사로 갈지, 손해보험사로 갈지, 아니면 둘 다 가입해야 하는지 고민하는 사람들이 많다. 일단 손해보험사 하나만 있어도 무방하다. 손해보험사에서 가입하는 어린이보험이 생명보험사보다 보장 특약이 더 다양하고, 보험료도 보장 내용에 비해 상대적으로 저렴하며, 보장 범위도 넓기 때문이다. 혹 보험료 여유가 된다면 생명보험사를 추가로 가입하는데, 이때 보강할 부분은 암 진단 자금, 정신과 관련 보장 그리고 입원비 정도이다.

최근에는 어린이보험이라도 80세 혹은 100세까지 보장해주는 상품도 많이 나와 있으니 여러 보험사를 비교해서 꼼꼼히 가입하기 바란다. 말이 100세지, 자녀 입장에서는 90년 넘게 함께 가야 하는 상품이기 때문이다. 특히 암 진단비나 뇌졸중, 심근경색 같은 성인병 진단자금은 미리 넣어둘 수 있을 때 넣어두자. 어린이보험 만기를 80세 이상까지 가져가면 보험료는 비싸지므로(30세 미만 만기 상품보다 2~3배 정도 비싸다) 보험료가 부담된다면 만기를 30세 미만으로 줄여가면 작은 보험료로 많은 혜택을 그대로 볼 수 있다.

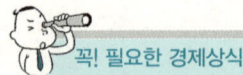
꼭! 필요한 경제상식

최근에는 연금보험도 0세부터 가입할 수 있는 상품이 출시되고 있으니 (평균수명 현재로 적용) 관심 있는 사람들은 한번 찾아 보기 바란다.

2. 실버보험

실버보험은 늦은 나이에 가입하는 것이니만큼 비싼 보험료에 비해 보장은 미비한 편이었다. 차라리 저축을 하거나 대출을 받는 것이 더 이득이었다. 하지만 지속적인 상품 개정으로 최근에는 일반 성인보험 못지않은 효율성을 보이고 있다. D생명보험사의 경우 65세 남성 기준 월 6만 원 수준으로 암진단비 1,000만원, 뇌출혈·심근경색 3,000만 원, 사망보험금 1,000만 원, 장기간병 상태 시 1,000만 원, 입원 시 1~3만 원 등에 장례비 500만 원 + α를 80세까지 보장하고 있다. 현재 부모님을 위한 의료실비보험은 같은 보장 내용이라도 보험사별로 보험료 차이가 크다. 그리고 회사나 상품에 따라 고령 나이 무진단 가입, 혹은 고혈압, 당뇨 등이 있어도 가입 가능한 경우도 있으니 여유가 되는 범위 내에서 가입한다면 미래를 대비하는 방법이 될 수 있겠다.

3. 상조

요즘 상조를 취급하는 회사들이 눈에 띄게 늘었다. 어느 시장이든 새로운 업종이 생기고, 이것이 돈이 되면 무수한 업체가 우후죽순처럼 난립한다. 그러다가 그 속에서 망하고, 합병되며 자연스럽게 질서가 잡혀 나가는데 상조도 현재 그러한 단계가 아닌가 싶다. 일본의 경우는 상조 산업이 법제화되면서 가입률이 80퍼센트가 넘는다고 하는데, 우리나라도 최근 한 대형 상조회사 부실 문제가 사회적 이슈가 되면서 제도권으로 들어오기 시작했다.

상조는 장례 서비스를 의미한다. 하지만 장례는 급작스레 치러지는 경우가 많고, 생애 가장 엄중한 행사이다 보니 병원 측에서 요구하는 대로 따르다 보면 빈약한 서비스에 무시 못할 금액이 지출되어도 그냥 넘어가는 경우가 많았다. 상조는 언젠간 반드시 치뤄야 할 부모님 장례식을 작은 금액으로 미리 준비하는 개념이다.

장례는 장례 전문가에게 따로 맡기는 시스템이지만, 경제적인 의미만을 본다면 관, 수의, 각종 의전용품 등의 가격이 올라도 현재 가격 기준으로 서비스를 제공받는 데 그 의의가 있다(참고로 상조에서는 식사를 제공하지는 않는다).

꼭! 필요한 경제상식

- 상조회사 고르는 기준
  - 회사 자본금이 30억 원은 넘어야 한다(추천은 70억 원 이상 : 외부회계감사 실시).
  - 금감원 전자공시시스템으로 해당 회사 재무상태 확인
  - 공정거래위원회 홈페이지에서 소비자 피해보상 보험 가입여부 확인
  - 표준약관 존재 유무
  - 실제 서비스 내용(각종 장례 용품, 장례 도우미, 차량 지원, 꽃 장식 등 세부 내용)

CHAPTER 6

노후설계

얼마나 일찍부터 시작하느냐가 관건이다:

현금이 넘치는 노후 40년 만들기

064 | 늙어서 가난하지 않으려면?

노후설계

필자가 2007년 첫 저서(『대한민국 30대 재테크로 말하라』)를 낼 때 책 저변에 깔려 있는 기본 마인드는, 부자가 되기보다 가난해지지 않는 것이 중요하다는 생각이었다. 이 생각은 지금도 변함없다. 필자도 재테크를 하고 있지만 목표는 부자가 아니다. 어떠한 상황이 발생해도 가정이 흔들리지 않게 만드는 것이 나의 재테크 목적이다.

저축을 하면 할수록 가난해질 시기는 멀어진다. 극단적인 가정을 한 번 해보자. 월 300만 원을 버는 30세 월급쟁이가 있다. 은퇴 전 30년 간 저축 한 푼 안 하고 버는 족족 다 써버렸다면 이 사람은 언제 가난해질까? 소득이 끊기는 은퇴 시점에 가난이 시작된다.

현재 소득이 있기에 만족하며 살 수 있지만, 그 소득이 끊기는 순간부터 당신의 가난은 시작된다. 지금 소득의 일부를 미래로 보내지 않는다면 그 시기는 더욱 빨라질 것이다.

은퇴 시점에 1억 원을 모은 사람이 있다고 해보자. 월 100만 원 가지고 생활한다면 이 사람은 10년이 지나면 가난해질 것이다. 결국 재테크의 종착역은 노후 준비다. 집도 사고, 애들 교육도 시키고, 결혼도 시키고 남은 돈이 있다면 그게 당신의 노후자금이다. 많이 남았다면 유럽 크루즈 여행도 다닐 수 있겠지만, 없으면 남는 건 비참한 노후뿐이다.

그렇다면 한정된 소득으로 노후를 잘 준비하는 비결이 있을까? 멋진 대답을 기대했겠지만, 답은 너무 단순하다. 바로 시간에 투자하는 것이다!

1970~80년대와 같은 경제 성장기, 1980~90년대와 같은 인구 급증기에는 부동산이 답이었다. 우리나라 부자들은 이 시기를 잘 잡아 현재의 부를 이룩했다. 1980년대 초반에 4,000만 원에 분양받은 압구정 현대아파트 $164m^2$(50평)가 지금은 당시 가격의 50배가 넘는 20억 원 이상에서 거래되고 있듯이, 주택 수요가 급증하던 2000년대 중반까지는 부동산 대박의 기회가 많았다. 하지만 이 20억짜리 아파트가 30년 후 다시 50배 상승해 1,000억 원이 될 확률은 이제 없다. 인구 구조의 변화에서 자유로운 곳은 없기

때문이다.

  그럼 마지막 질문 한 가지! 20년 후에 열매가 열리는 나무가 있다. 이 열매를 가장 빨리 따 먹으려면 언제 나무를 심어야 할까? 바로 '지금'이다!

065 노후 준비에서 인플레이션이 중요한 이유

물가가 오르지 않아도 5퍼센트의 이자를 받았다가 이를 모두(100퍼센트) 세금으로 내야 한다면 당신은 매우 화가 날 것이다. 하지만 5퍼센트의 이자를 받았는데 물가 또한 5퍼센트 올라버렸다면 분명 돈의 가치는 사라졌음에도 불구하고 사람들은 그래도 돈을 벌었다고 생각한다.

노후자금을 만드는 데 있어서 최대의 적은 인플레이션이다. 예를 들어 물가가 매년 4퍼센트 상승한다면 18년 후 물가는 지금의 몇 배나 될까?

72의 법칙을 적용해보자. 72를 4로 나누면 18. 4퍼센트 물가상승률이면 약 18년 후에 물가는 2배가 된다. 간단히 말하면 2011년 버스요금이 1천 원이고, 식당 밥값이 5천 원이었다면 2029년의 버스요금은 2천 원이 되고, 식당 밥값은 1만 원이 된다는 얘기다. 하지만 이 역시 이론일 뿐이다. 실제 지난 10년간 물가는 얼마나 상승했을까?

통계청이 10년 전인 2001년과 비교해 발표한 자료를 보면, 지난 10년간 식료품 및 음료수는 60.5퍼센트(연평균 4.84퍼센트 상승), 교통비 상승률은 44.9퍼센트(연평균 3.78퍼센트)를 기록했다. 기본 생활비에서 가장 많은 비중을 차지하고 있는 식품과 음료수만 보더라도 15년 후면 2배가 된다는 의미다.

30세 남자가 60세에 은퇴를 하고 90세에 사망한다고 해보자. 그리고 지금 한 끼 밥값은 5천 원이라고 해보자. 30세 한 끼 5천 원, 45세 한 끼 1만 원, 60세 한 끼 2만 원,

75세 한 끼 4만 원, 90세 한 끼 8만 원이 된다. 거짓말이라고? 36년 전 지하철 요금은 40원이었고, 자장면은 138원이었다. 각각 25배, 29배 상승했다.

인플레이션은 보이지 않는 세금이다. 앞마당에 현금이 100억 원 이상 묻혀 있는 사람이면 인플레이션 따위는 신경 쓰지 않아도 된다. 그렇지 않고 돈을 그냥 통장에 썩히거나 투자를 하지 않는 사람은 100세 수명 시대 어느 언저리에선가 가난해질 가능성이 높아진다.

노후 준비에서 인플레이션이 중요한 이유는 가랑비에 옷이 젖는 원리 때문이다. 우리는 대체로 2~3년 정도의 단기 계획을 가지고 저축과 투자를 한다. 4~5퍼센트의 물가상승은 2~3년의 단기간에는 무시해도 된다. 단기 저축과 투자는 물가상승의 영향력이 작기 때문이다.

하지만 노후 준비만큼은 얘기가 달라진다. 연 4~5퍼센트의 힘이 20년, 30년 누적되면 그 영향력은 막강해진다. 가랑비에 젖어버린 옷 무게로 인해 걷기조차 힘들다. 주의할 것은 물가상승은 은퇴 후에도 이어진다는 것이다. 간혹 60세까지만 물가상승을 고려하고, 그 이후는 고려하지 않는 사람들도 있는데 인플레이션은 죽을 때까지 내 자산을 갉아먹는다는 것을 명심하자.

066 이보다 더 쉬울 순 없다 : 초간단 노후자금 계산법

노후자금, 생각만 해도 막막하다. 신문에서는 5억 원이니, 10억 원이니 까마득한 얘기만 하고, 전문가 강연이라고 들어보면 자기 회사 상품 광고나 하니 노후 준비 얘기만 나오면 스트레스만 받는다.

재테크를 하면서 가장 쉽게 범하는 오류 중 하나가 바로 '1억 모으기', '10억 모으기' 마인드다. 이 목표를 달성하기 위해서는 무조건 절약하고 투자해야 하는데, 그 스트레스가 결코 가볍지 않다.

그러므로 노후자금만큼은 '억' 소리에 귀 기울이지 말고 평생 월급을 받는다는 목표로 얼마나 받을 수 있는지에 집중하자. 10억 원을 모을 생각에 한숨부터 쉬지 말고, 매월 200만 원씩 월급을 받으려면 어떻게 해야 하는지 그 방법에 집중한다면 과정 자체가 즐거워지고 달성 확률도 높아진다.

그럼 은퇴 후 월급은 어떻게 만들까?

먼저 목표 생활비를 설정해야 한다. 필자가 제시하는 생활비는 200만 원이다. 200만 원이면 풍족하진 않지만 도시에서 노부부가 자급자족하면서 손자들에게 용돈도 조금씩 줄 수 있는 금액이기 때문이다. 노후 준비의 출발은 이 금액에서 시작한다. 그런 다음 준비된 만큼씩 지워 나가면 된다.

일단 국민연금이 있다. 말도 많고 탈도 많은 국민연금이지만(자세한 내용은 다음 장에 다루기로 하고), 현재 30대라면 65세부터 못해도 50만 원 이상은 받을 수 있다. 그러면 내가 준비해야 할 노후 월급은 200만 원에서 150만 원으로 줄어든다. 그럼 150만 원은 어떻게 만들까?

그 다음으로 개인연금을 보자. 투자성 연금(변액연금 등)을 기준으로 본다면(연수익률 8퍼센트 가정), 간단하게 내가 지금 매월 내고 있는 돈의 2배를 60세 이후 받는다고 보면 된다. 예를 들어 현재 변액연금에 매월 50만 원씩 내고 있다면, 60세 가까운 시점까지 계속 납입한다는 조건하에 은퇴 이후 현재가치 약 100만 원가량의 연금을 받을 수 있다. 이렇게 되면 국민연금과 개인연금을 합산하여 노후 월급 150만 원을 확보한 셈이다. 그럼 나머지 50만 원은 어떻게 만들어 나갈 것인가?

　자금 여력이 있어 연금을 더 가입하여 채워 넣으면 그만큼 쉬운 노후 준비도 없겠으나 30대에는 노후 준비 외에도 목돈이 필요한 일이 많다. 따라서 나머지 부분은 은퇴 시기 즈음에 결정해도 좋다. 퇴직연금으로 채울 수도 있고, 주택을 처분하여 즉시연금에 가입하는 등 변수는 충분히 존재하기 때문이다.

　물론 임대소득 등으로 채울 수도 있겠지만, 월 생활비 200만 원만큼은 자산시장과 무관하게 매월 받을 수 있는 연금성 소득으로 채워 나가는 것이 바람직하다.

국민연금, 이것만 알면 된다 — 067

2004년 6월, 청와대 홈페이지 게시판에 글이 하나 올라왔다. 중소기업을 운영하며 자금난에 시달리던 형부가 국민연금 미납액 압류 때문에 자살했다는 것이다. 이 글은 엄청난 파장을 몰고 왔다. 순식간에 국민연금 반대 여론이 들끓었다. 결국 압류 금지 등 국민연금 측의 체납 징수 포기로 사건은 수그러들었지만 아직 그 여운은 남아 있다.

분명한 것은 매월 급여에서 최대 16만 9천 원이 빠져나가는 것치고는 그럭저럭 노후자금 기본 역할을 충실히 해낸다는 것이다. 물론 용돈 연금이라는 비판도 있지만, 매월 국민연금 불입액과 같은 금액을 연금 관련 상품으로 굴려보고 예상 수령 연금액을 비교해보면 결코 낮은 수익률은 아니다.

그렇다면 국민연금에서 꼭 알아야 할 점은 뭘까?

1. 소득이 끊겨도 60세까지 무조건 내라.

표 6-1은 내가 받을 국민연금을 산정하는 공식이다. 본인의 소득, 타인의 소득, 가입 기간, 출산, 군복무 여부 등 나의 국민연금 액수를 정하는 데는 이처럼 여러 가지 변수가 개입되어 있다. 이 중에서 가장 중요한 변수는 가입 기간이다. 특히 공식에서 네모 친 부분인 '20년 초과 가입 가입 기간'에 주목해야 한다. 국민연금을 많이 내봤자 전체 가입자 소득이 적으면 연금 상승률은 떨어진다. 하지만 20년 초과 가입 기간은 전체 연금액을 1년 초과 가입마다 5퍼센트씩 올려주기 때문에 결국 국민연금액을 가장 확실히 높일 수 있는 방법은 적게 내더라도 오래 내는 것이다 ('n'을 늘리는 것이 중요).

[표 6-1] 국민연금액 산정 공식

기본연금액

$$= \left(\frac{2.4(A+0.75B) \times P1/P}{1988\text{-}1998년} + \frac{1.8(A+B) \times P2/P}{1999\text{-}2007년} + \frac{1.5(A+B) \times P3/P}{2008년} + \frac{1.485(A+B) \times P4/P}{2009년} + \frac{1.2(A+B) \times P23/P}{2028년 \text{ 이후}} + \frac{X(A+A) \times C/P}{\text{출산크레딧}} + \frac{X(A+1/2A) \times 6/P}{\text{군복무크레딧}} \right) \times \boxed{(1+0.05n/12)}$$

- A = 연금수급 전 3년간의 평균소득월액의 평균액
- B = 가입자 개인의 가입기간 동안의 기준소득월액의 평균액
  ※ 가입자 개인의 가입기간 동안의 기준소득월액을 매년 보건복지가족부장관이 고시하는 연도별 재평가율에 의하여 연금수급전년도의 현재가치로 환산한 후 그 합계액을 가입자의 전체 가입월수로 나누어 산정
- P = 가입자의 전체 가입월수(노령연금액 산정 시에만 출산 및 군복무 크레딧을 포함한 전체 가입월수)

구분	1988-1998년	1999-2007년	2008-2027년	2028년 이후
상수	2.4	1.8	1.5(매년 0.015씩 감소)	1.2
소득대체율	70%	60%	50%(매년 0.5%p씩 감소)	40%
가입월수	P1	P2	P3 … P22	P23

· n = 20년 초과월수(노령연금액 산정 시에만 출산 및 군복무 크레딧을 포함한 전체 가입월수)
※ 2008. 03. 01 이후 지급사유발생자에게 적용할 연금 수급 전 3년간의 평균소득월액(A) : 1,676,837원
· X : 1.5 ~ 1.2까지의 비례상수 중 노령연금 수급권 취득시점의 상수
· C : 추가가입기간 12, 30, 48, 50 (균분하는 경우에는 6, 15, 24, 25)
(출산 및 군복무 크레딧으로 인한 연금액 및 증가되는 가입 기간은 노령연금액 산정 시에만 적용됨)

2. 물가상승을 방어해준다.

앞에서도 얘기했지만 노후자금을 갉아먹는 요인은 바로 인플레이션이다. 다행히도 국민연금은 물가상승을 방어해준다. 그런데 이것이 얼마나 강력한 무기인지 아는 사람들은 많지 않다. 100만 원 연금의 가치가 50만 원으로 떨어지는 데는 20년도 안 걸린다. 그런데 국민연금은 물가상승을 방어해주므로 지금 100만 원 받고 있다면 20년 후에는 200만 원을 받게 된다는 의미다. 물가 연동해서 주는 연금은 국민연금밖에 없다. 보험사의 연금상품도 10년 이상은 물가상승을 방어해주지 않으며, 주택연금은 가능하나 물가상승 옵션을 달면 초기 연금 수령액이 30퍼센트 가까이 깎여서 지급되므로 비효율적이다.

3. 배우자 사망 시에는 둘 중 하나만 받는다.

한 사람만 국민연금에 가입되어 있다면 상관없다. 하지만 둘 다 연금 수급자일 때 한 사람이 일찍 사망하면 좀 골치 아프다. 둘 중 하나만 선택해서 받아야 하기 때문이다. 국민연금의 가장 큰 단점이다. 국민연금은 금융상품이 아닌 사회복지의 성격이기 때문이다. 예를 국민연금으로 남편이 100만 원을 받고, 아내가 40만 원을 받고 있다고 해보자. 그러다 남편이 사망했다. 그럼 아내는 남편이 받던 100만 원의 60퍼센트인 60만 원을 받거나 본인이 받던 40만 원 + 12만 원(유족연금의 20퍼센트)인 52만 원 중 하나만 받아야 한다(당연히 60만 원을 선택하겠지).

> **꼭! 필요한 경제상식**
>
> - 국민연금, 사학연금, 군인연금, 공무원연금만이 물가상승을 방어해준다.
>
> - 배우자 사망 시의 상황을 좀 더 자세히 설명하면 다음과 같다.
>   일단 배우지기 사망하면 유족연금을 받게 되며, 유족연금은 '(기본연금액의 40~60퍼센트) + (소액의 부양가족연금)' 수준이다. 앞선 사례처럼 사망자의 배우자도 연금을 수령하고 있다면 '유족연금'과 '본인의 노령연금 + 유족연금의 20퍼센트' 중 하나만 선택해야 한다.

퇴직연금은 별로다? 068

퇴직연금을 둘러싼 여러 가지 우호적인 환경으로 인해 퇴직연금 시장이 커지고 있다. 그러다 보니 주변에서도 퇴직연금 가입자들이 부쩍 늘어났다.

그렇다면 퇴직연금이란 무엇일까? 매우 간단하다. 퇴직금을 연금으로 받는 것뿐이다. 이렇게 좋은 의도에도 불구하고 퇴직연금에 대해서 보수적인 이유는 다음과 같다.

1. 퇴직연금은 주식 비중이 낮아 기대수익이 낮다.
2. 평균수명이 가입 시점이 아닌 연금 개시 시점에 정해져 연금 수령액이 많이 낮아질 것이다.
3. 연금 수령 시 국민연금 + 퇴직연금 + 소득공제 개인연금 모두 합산하여 종합소득세를 내야 한다(6~35퍼센트).

이 3가지 특징으로 인해 퇴직연금은 한순간에 저능률 연금으로 돌변한다.

장기 투자 관점에서 가장 중요한 것은 주식 비중이다. 그런데 퇴직연금의 주식 비중은 심하게 낮다. 특히 DC형의 경우 최대 주식 투자 비중은 16퍼센트밖에 안 된다. 그리고 우리가 생명보험사의 변액연금에 가입하는 이유 중 하나는 평균수명을 연금 개시 시점이 아닌 연금 가입 시점으로 적용하기 때문이다. 지금(연금 가입 시점) 평균수명은 80세이지만 나중에는(연금 개시 시점) 평균수명이 90세가 넘는다면, 어느 평균 수명을 적용하느냐에 따라 종신 연금액은 큰 차이가 난다.

그럼 퇴직연금을 잘 활용하는 요령은 다음과 같다.

1. 실제 은퇴 시점과 국민연금 수령 전까지의 기간 생활비로 활용한다. 예를 들어 은퇴는 55세인데 국민연금은 65세부터 수령한다면 퇴직연금을 공백기간(10년) 동안 몰아서 받을 수 있으며, 세금도 아낄 수 있다.
2. 퇴직연금을 연금으로 받지 말고 일시금으로 찾은 뒤, 향후 여행이나 의료비, 혹은 인플레이션 방어를 위해 재예치한다.

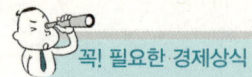
꼭! 필요한 경제상식

- **퇴직연금의 위험자산 투자한도 제한:**
  - DB형(확정급여형)
    주식 및 주식형 펀드는 30퍼센트 이내로 제한, 혼합형 펀드는 40퍼센트 이내로 제한한다. 따라서 전체 자산 배분을 볼 때, 아무리 공격적으로 운용하더라도 퇴직연금 자산의 절반 이상이 채권과 같은 저위험 저수익 자산으로 편성될 수밖에 없다.
  - DC형(확정기여형) 및 IRA형(개인퇴직계좌)
    두 가지 유형은 DB형보다 훨씬 보수적이다. DB형은 투자 위험을 기업이 감수하지만 DC형나 IRA형은 투자 위험을 모두 개인이 감수해야 하기 때문이다. 따라서 두 가지 유형은 원리금 보장 상품이 하나 이상 포함되어 있어야 하며, 주식 등을 40퍼센트 이상 편입하고 있는 펀드에는 투자 자체가 불가능하다. 주식형은 물론, 혼합형 펀드에도 투자할 수 없다. 게다가 주식 비중이 40퍼센트 이하인 펀드에 대한 투자도 40퍼센트 이하로 제한하고 있다. 이론상으로는 주식 비중을 40퍼센트까지 가져갈 수 있다고 되어 있으나 자세히 들여다보면 퇴직연금 전체 자산 중 주식 투자 비중은 16퍼센트 이상은 불가능하다.

069 소득공제용 연금 활용법

소득공제용 연금은 연말정산의 히어로다. 다른 금융상품은 직장인에게만 소득공제가 허용되지만, 연금저축은 직장인, 사업자 할 것 없이 누구나 소득공제를 받을 수 있다. 게다가 다른 금융상품들은 납입 금액의 일부만을 공제해주는 데 비해, 이 상품은 납입한 금액 전부를 연 400만 원 한도 내에서 소득공제 해주니 절세폭은 타의 추종을 불허한다.

하지만 세상에 공짜는 없듯, 그 이면에는 주의할 사항도 있다. 최소 10년 이상 가입해야 하며, 55세 이후 최소 5년 이상의 기간 동안은 연금 형식으로 받아야 한다. 이 중 하나라도 어긋나면 천벌을 받는다(이자뿐만 아니라 원금의 일부가 날아갈 수도 있다). 따라서 소득공제용 연금에 가입했으면 눈 딱 감고 위 사항만 지켜주면 별 탈 없다. 혹자는 55세 이후 일시에 찾으면 되겠지, 라고 알고 있는 경우가 있는데 안 된다면 안 되는 거다.

소득공제용 연금에는 또 다른 단점이 있다. 나중에 국민연금(사학연금, 공무원연금도 마찬가지)과 소득공제용 연금을 합산하여 세금을 매기기 때문에 세금 규모가 의외로 커질 수 있다. 잘못하면 젊었을 때 받은 세금 혜택보다 더 큰 금액을 세금으로 내야 할 수도 있다. 그러므로 가급적 공적연금 개시 전에 몰아서 받도록 하자. 그 이유는 다음과 같다.

1. 세금을 줄이기 위해서다. 국민연금 개시 전(65세 이전) 5~10년 정도로 나눠서 받으면 절세에 도움이 된다.

2. 국민연금 개시 전 공백기를 메우기 위해서다. 최근 자녀 학자금 대느라 노후 준비라고는 국민연금밖에 없는 사람들이 은근히 많은데, 은퇴를 일찍 해버리면 생활비에 공백이 생기는 경우가 허다하다. 이때 소득공제용 연금을 단기간 나눠서 받으면 제격이다.

3. 노후 기간 중 돈이 가장 많이 들어가는 시기가 60대이다(사실 70대가 넘으면 멀리 움직이는 것이 쉽지 않다). 60대는 활동이 왕성한 시기인 만큼 노후자금이 집중되는 시기이다. 자녀 결혼 시기와 맞물릴 수도 있으

니 신경 써야 한다. 다른 수단으로 노후 준비가 충분히 된다면, 소득공제용 연금은 5년 동안 집중해서 받은 후 자녀 결혼 자금 등에 보태줘도 좋다.

꼭! 필요한 경제상식

2002년 이후 납입한 공적연금(국민/사학/공무원연금 등)은 소득공제를 해주는 대신에 연금 수령 시 세금을 내야 한다.

070 나에게 맞는 변액연금 고르기

변액연금이 노후자금 마련을 위한 수단으로 오랜 기간 각광받고 있다. 주식에 투자되어 기대수익이 높으면서도 원금(혹은 그 이상)을 보장받을 수 있기 때문이다. 물론 일부 전문가들은 '20년, 30년 후에 원금을 보장해주는 게 무슨 의미가 있나'라고 투정부리기도 하지만 2000년 IT버블이나, 2008년 금융 위기 등을 겪어본 일반인들 입장에서는 '원금 보장'이라는 문구 자체가 주는 의미는 매우 크다. 일종의 방탄복을 입는 느낌이라고나 할까?

물론 보험사 상품이기 때문에 최소 10년 이상의 기간을 기다려야 하지만, 여러 가지 금융상품을 비교해볼 때 ①주식에 투자되면서 ②원금 + α 보장하고 ③종신까지 연금을 주는 상품은 아직 변액연금밖에 없다.

문제는 변액연금이 회사별로 천차만별이라는 것이다.

어떤 상품이든 전문지식이 없을 때 다양한 정보에 노출이 되면 아예 선택을 포기하게 되듯이 회사별, 상품별로 너무나 다양해져버린 변액연금은 전문가들에게도 쉽지 않은 영역일 때가 있다. 이럴수록 기준을 명확히 세워야 한다. 그 기준은 다음과 같다.

1. 원금 보장 수준

변액연금은 노후에 연금으로 받을 경우 납입 원금은 보장해준다. 회사에 따라 원금+수익까지 연금으로 보증·지급하는 경우도 있다. 총 원금 1억 원이 3억 원이 되었다가 2억 원으로 떨어져도 연금으로 받으면 3억 원을 재원으로 연금을 지급해주는 것이다. 상품에 따라 원금 보장 수준은 제각각이니, 어떤 상황에 어떻게 원금 이상을 보장해 주는지에 초점을 맞추면 이해하기 쉬울 것이다.

2. 최대 주식 비율과 채권 의무 비율

주식 비중은 곧바로 기대수익과 직결된다. 방탄복을 입고 있으면 더 센 펀치가 들어와야 만족도는 더 높이 올라갈 것이다. 일반적인 변액연금 주식 비중은 50퍼센트이나 회사에 따라서는 더 낮거나 높을 수 있으니 실제 주식 비중이 어느 정도인지 알아볼 필요가 있다. 특히 일부

회사는 자기네 펀드는 주식 비중이 높다고 광고하면서 뒤로는 채권 의무 비율을 높게 가져가는 회사도 있으니 주의하자(채권 비율이 높아질수록 안정적이나 기대수익은 그만큼 낮아진다).

3. 해약환급금 비교

펀드에 수수료가 있다면 변액에는 사업비가 있다. 사업비는 당연히 적은 것이 좋다. 하지만 이것을 비교하기는 정말 쉽지 않다. 여러 회사의 설계서를 받아본 다음, 똑같이 8퍼센트의 수익률이 발생했을 때 내가 연금 받을 시점에 어느 회사 상품이 가장 해약 환급금이 높은지 비교해보는 것이 확실한 방법이다. 대부분 보험사 홈페이지에서도 설계가 가능하다.

4. 해당 상품 고유의 특징

회사에 따라 변액연금은 고유의 특징이 있다. 예를 들어 원금 + 수익까지 보장해주는 것도 고유의 특징이다. 다른 변액연금은 그렇게 많이 보장해주지 않기 때문이다. 어떤 회사는 해약 환급금은 적은데 장애나 중증치매에 걸리면 연금을 2배로 올려 지급하는 상품도 있다. 집안에 환자로 인해 우환이 있었던 사람은 충분히 귀가 솔깃할 수 있다.

어떤 회사 상품은 주식 비중이 100퍼센트인 상품도 있다. 이런 경우에는 원금 보장을 안 하고, 다만 종신연금 평균수명만 가입 시점으로 잡아준다.

변액연금을 고르는 데 있어서 이 4가지 기준이면 충분하다. 컴퓨터 게임에서 육각형으로 능력치 맵을 그리듯, 여러 회사를 한 번 비교해보면 본인에게 맞는 변액연금을 쉽게 고를 수 있을 것이다.

일반적으로 변액연금 선택 시 언급되는 펀드 구성과 과거 수익률 등은 언급하지 않았다. 이유는 장기적인 관점

에서 펀드 구성과 과거 수익률은 대체로 벤치마크로 수렴하는 경향을 보이고 있기 때문이다. 또 위 4가지 기준에 비해 중요도는 오히려 많이 떨어진다.

071 | 주가지수연계형 연금의 아쉬움

    2008년 가을, 주가가 폭락하고 갑자기 뜬 연금상품이 하나 있다. 바로 주가지수연계형 연금상품이다. 이 상품은 매월 상승률과 하락률의 상한과 하한을 둬 너무 올라도 막고, 너무 떨어져도 막아 1년치 평균이 마이너스면 최소 수익률(1~2퍼센트)을 주는 상품이다.

    이론대로라면 얼마나 아름다운 콘셉트인가! 하지만 실상을 들여다보면 그렇지가 않다. 내 연금이 조울증에 걸리지 않도록 수익과 손실의 균형을 잡아주는 것이 핵심인데, 이 상한과 하한이 많이 다르다는 것이 문제다.

    예를 들어 상한이 +5퍼센트이고, 하한이 −5퍼센트라고 해보자. 이대로면 한 달간 7퍼센트가 오르면 5퍼센트만 인정해주지만, 반대로 −10퍼센트면 −5퍼센트로 손실을 막아주는 역할을 한다. 소비자가 가치를 느끼게 하려면 이 정도의 서비스는 제공해줘야 한다.

하지만 현재 출시되어 있는 주가지수연계 상품들은 상한은 +3퍼센트가 안 되고, 하한은 −7퍼센트 전후에서 결정된 것들이 대부분이다. 즉, 오르면 잽싸게 막고, 빠지면 한참 기다렸다가 막아주는 것이다. 2008년 이 상품이 사람들의 관심을 끈 이유는 엄청난 하락폭을 막아주고 오히려 최소수익률을 돌려주었기 때문이다. 하지만 2008년과 같이 10년에 한 번 정도 오는 끝없는 하락장을 제외하고 나면, 미안하지만 매우 비효율적인 상품이다.

지금은 별 볼일 없지만 금융 위기 직전까지는 최고의 펀드로 명성을 날리던 M증권사의 D펀드, 이 펀드는 한때 코스피가 약 200퍼센트 오르는 동안 약 700퍼센트의 수익률을 거둔 경이로운 펀드였다. 하지만 이를 분석해보니 운용 기간 1,600일 중 급등한 날 10일 제외하면 500퍼센트로 수익률이 떨어지고, 같은 방법으로 50일을 제외하면 놀랍게도 수익률은 100퍼센트로 떨어졌다.

주식이 상승하는 것은 순식간이기 때문에 이를 놓치면 투자의 의미가 없는데, 주가지수연계형 상품은 이를 다 막아버리는 꼴이다. 당연히 폭락장을 제외하고 나면 일반 적금만도 못한 수익을 가져다줄 확률이 높으니 이미 게임은 끝난 것이다.

물론 금융상품 하나 가지고 폄하하고 싶은 생각은 없다. 단지, 고객의 노후를 책임질 상품으로 볼 때 모자란 점이 많아 아쉬워서 하는 소리다.

안전하게 가려면 확실하게 안전하게 가고, 위험하게 가려면 아예 위험하게 가라. 이도 저도 아니면 정말 이도 저도 아닌 노후자금을 갖게 될 수도 있다.

월 지급식 금융상품 072

부동산 시장 침체와 베이비 부머의 본격적인 은퇴가 맞물리면서 월 지급식 금융상품이 속속들이 출시되고, 또 인기를 끌고 있다. 국민연금과 함께 변액연금 등을 이용해 종신연금을 준비하더라도 그 이외의 자산은 월 지급식 상품으로 해결하는 것도 좋은 방법이다. 월 지급식 금융상품은 오피스텔 등과 같은 수익형 부동산의 대안도 될 수 있어, 꼭 은퇴를 앞둔 사람이 아니더라도 많은 사람들의 관심을 끌고 있다.

1. 월 지급식 펀드

일시에 돈을 넣으면 그 돈을 가지고 투자해서 미리 약속한 분배율에 따라 매달 돈을 지급한다. 펀드와 마찬가지로 주식 비중에 따라 주식형, 혼합형, 채권형 등으로 나뉜다. 예를 들어 월 수령액이 '납입금의 0.5퍼센트'라고 되어 있다면, 이 펀드에 1억 원을 투자했을 때 매월 50만 원을 받을 수 있게 된다(연 수익률 6퍼센트).

주의할 사항은, 이 상품은 운용성과에 따라 만기 원금이 달라진다는 것이다. 위 50만 원(분배금)은 원금을 제외한 수익이 아니다. 일단 고객과의 약속을 지켜야 하기 때문에 원금에서 떼어주고 나머지를 계속 재투자하는 방식이기 때문에 전체 투자 수익이 고객에게 준 분배금보다 작을 경우 원금 손실이 날 수 있다.

즉 1억 원을 투자하여 매월 50만 원씩 10년을 받았다면 총 6천만 원을 받은 것이다. 1억 원부터 시작하여 분배금을 주면서 나머지로 낸 수익이 총 5천만 원이면 10년 후 만기 때 9천만 원만 받는다는 얘기다.

실제로도 월 지급식 펀드의 경우 은행 정기예금보다 수익을 내지 못한 것도 있으니 포트폴리오의 일부 정도에서 투자하는 것이 바람직하겠다.

2. 월 지급식 채권형 신탁상품

채권을 사서 매월 이자를 받을 수 있는 연금형 채권 투자 상품이다. 일반적으로 신용등급 AA+ 이상인 지방채나 특수채 등에 투자하며, 지방정부 등이 지급을 보증하는 경우는 확정금리 상품이 되므로 금리 변동으로 인한 수익률 하락 리스크를 피할 수 있고, 원금 보장이 된다. 하지만 안정적인 채권인 만큼 수익률이 낮고, 이자소득세까지 내야 하기 때문에 실제 통장에 찍히는 금액은 생각보다 적어 많은 사람들이 이용하고 있지는 않다.

이러한 점을 보완하기 위해 해외 국채에 투자하는 경우가 있다. 가장 대표적인 예가 '브라질 국채'이다. 브라질 채권은 신용등급은 BBB-이지만 표면 금리 10퍼센트짜리 채권이기 때문에 표면상으로는 일단 고수익 상품이다. 일반인에게는 다소 생소한 해외 채권이기 때문에 주의할 점을 얘기하면 다음과 같다.

(1) 금융거래세 2.5퍼센트

투자 초기에 환전 시 발생하는 2.5퍼센트의 금융거래세가 있는데, 이는 1억 원을 투자하면 250만 원은 일단 세금으로 내고 나머지 9,750만 원이 투자된다는 의미이다. 게다가 회사에 따라 운용수수료도 다르기 때문에(보통 1퍼센트 이상) 투자 후 초기 1년은 지나야 본전이 된다. 국내 시판 브라질 채권의 만기가 긴 이유가 이것이 될 수도 있겠다(만기 최소 3년~10년).

(2) 환율 변동

브라질 화폐인 헤알화 환율이 떨어지면 월 지급 금액도 줄고 만기 금액도 손실이 발생할 수 있다. 반대로 환율이 상승하면 월 지급 금액도 늘고 만기 때 수익도 챙길 수 있다. 외화로 투자되는 해외 펀드와 마찬가지로 환율 변동만큼 손실과 이익이 발생한다고 보면 된다.

(3) 채권 가격 변동

브라질 국채도 채권이기 때문에 가격은 수시로 변동한다. 물론 만기까지 보유하면 상관없지만 중간에 돈을 찾게 되면 환율과 별도로 채권 가격 변동에 노출될 수 있다. 예를 들어 물가상승 압박으로 브라질 기준 금리가 오른다면 채권 가격이 하락하여 손실을 볼 수 있고, 반대로 기준 금리가 내리면 채권 가격이 상승해 이익을 볼 수도 있다. 하지만 한 번 투자했으면 만기까지 가는 것을 기본으로 하는 것이 좋겠다

3. 저축은행 월 복리 예금

예전부터 존재하던 상품이다. 말 그대로 은행에 예치하면 매월 이자를 지급받을 수 있다. 가끔 예금 금리가 딱 떨어지지 않고 6.168퍼센트 등으로 되어 있는 것을 볼

수 있는데, 이는 월 지급식 이자를 받지 않고 원금에 합쳐 월 단위로 다시 굴렸을 때 이자율이다. 즉, 예금 이자는 6퍼센트이고 매월 이자를 받으면 원금의 0.5퍼센트 꼴로 매월 받을 수 있는데, 이를 받지 않고 월 복리로 굴리면 6.168퍼센트를 만기 때 받을 수 있는 것이다.

저축은행은 꼭 예금자 보호한도인 5천만 원 이내, 이자까지 고려해야 하니 4,700만 원 수준에서 여러 저축은행에 분산하여 예치하는 것이 현명하다.

4. 즉시연금

보험사에서 취급하는 것으로, 이름 그대로 지금 목돈을 넣으면 바로 다음 달부터 연금을 받을 수 있는 상품이다. 다른 상품에 비해 만기 없이 종신 혹은 약정한 기간 동안 중도해지 없이 그냥 연금으로만 받는 상품이다.

즉시연금은 이자만 주는 것이 아닌, 원금도 함께 조금씩 깎아서 주는 금융상품이다(이자만 받으려면 '상속형'으로 연금 수령 → 사망하면 원금은 유족 지급). 월 지급식 상품 중 기간이 가장 길고 안정적이라는 것이 장점이다(죽을 때까지도 수령 가능). 그리고 여러 가지 연금 유형 중 상속형이나 종신형 연금을 택하면 이자소득세와 종합소득세 모두 비과세이며, 상속 시에는 상속세 절감 효과도 함께 있다(상황에 따라서는 즉시연금을 이용해 수십억 원의 자산을 상속자산에 전혀 포함시키지 않을 수도 있다. 상속세가 없는 것이다).

단점은 4~5퍼센트 수준의 금리이기 때문에 수익성은 다소 떨어진다는 점이다. 따라서 이 상품은 노후에 안정적인 종신연금과 절세용 상품으로서 효용가치가 있다고 하겠다.

꼭! 필요한 경제상식

은퇴 인구 증가와 부동산 시장 침체로 최근 들어 월 지급식 상품이 늘고 있는 추세다. 앞서 소개한 ELS나 회사채와 같은 상품도 월 지급식 상품이 속속 출시되고 있으니, 월 지급식 상품에 관심 있는 사람들은 자산관리사나 증권사 직원 등에게 신상품에 대한 문자 메시지를 부탁해보자.

주택연금으로 이득을 보려면… 073

천성적으로 '연금'을 싫어하는 사람들 중에는 주택연금으로 노후를 보내겠다는 이들도 있다. 결론적으로 말하자면 주택연금은 '최후의 보루'다. 즉, 효율성이 낮다는 의미다. 일단 주택연금 가입 요건은 아래와 같다.

[표 6-2] **주택연금 가입 요건**

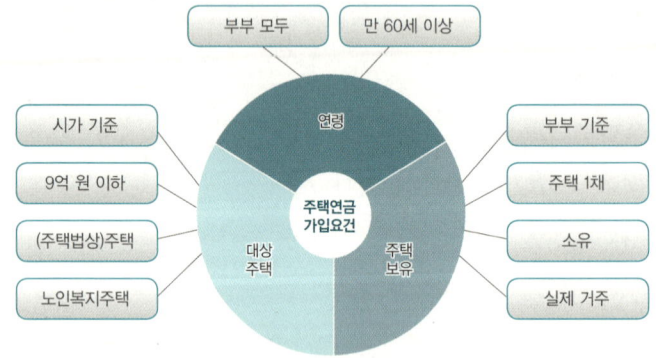

- 오피스텔, 상가주택, 상가, 판매 및 영업시설, 전답(x)
- 경매, 압류, 가압류, 가처분 있는 경우(x)
- 보증금 있는 임대차 계약(x)

부부 모두 60세 이상으로 9억 원 이하 1주택 소유자면 일단 대상이 된다. 취지는 좋다. 안 그래도 하우스 푸어가 만연하는 마당에 계속 집에 살게 해주면서 연금까지 주니 얼마나 고마운 일인가. 하지만 필자가 주목하는 부분은 주택 가격 대비 매월 연금액이다. 표 6-3은 주택 가격에 따른 매월 주택연금 수령액이다.

[표 6-3] 주택 가격에 따른 주택연금 수령액

연금지급방식	종신(정액형)	3억
월지급금	709,410원	
연금지급방식	종신(정액형)	4억
월지급금	945,890원	
연금지급방식	종신(정액형)	5억
월지급금	1,182,360원	
연금지급방식	종신(정액형)	6억
월지급금	1,418,830원	
연금지급방식	종신(정액형)	7억
월지급금	1,655,300원	
연금지급방식	종신(정액형)	8억
월지급금	1,891,770원	
연금지급방식	종신(정액형)	9억
월지급금	2,128,240원	

3억 원의 집을 맡기면 사망할 때까지 매월 약 71만 원의 연금을, 5억 원의 집을 맡기면 매월 118만 원가량의 연금을 받게 되는 것이다. 그렇다면 이것을 즉시연금 개념으로 돌리면 어떻게 될까?

보통 60세 성인이 1억 원을 즉시연금으로 맡기면 매월 약 45~50만 원 사이의 금액을 연금으로 받게 된다. 이러한 논리로 보면 결국 집값의 절반은 은행에 주고 절반만으로 생활한다는 결론에 이르게 된다(예를 들어 매월 71만 원을 평생 받으려면 즉시연금에 약 1억 5천만 원만 넣어도 된다는 의미).

그러므로 가능하다면 집을 팔아서 지방에 내려가거나 전세로 옮겨 거주비용을 줄인 다음에 나머지를 즉시연금에 가입하는 것이 더 낫지 않을까 싶다. 그나마 보증금은 은행이 아닌 자녀들이 가져가기 때문이다. 그래도 다 쓰고 가는 것보단 조금이라도 남겨 자손에게 보태주는 것이 좋지 않을까?

물론 주택연금을 하지 말라는 얘기는 아니다. 단지 주택연금 상품 자체의 효율성으로 인해 '최후의 보루' 정도로 생각해야 한다는 것이다.

074 현금이 나오는 부동산

인구 구조의 변화로 주택 시장에 변화가 많다는 얘기는 앞에서 전한 바 있다. 2006년을 정점으로 주택 수요의 대부분인 30~40대 인구가 줄어 장기적으로 아파트 시장은 쉽지 않을 전망이다. 그리고 한 가지 더 주목할 만한 인구 구조의 변화가 있다. 바로 가구원 수의 변화다. 일단 표 6-4와 6-5를 보자.

[표 6-4] 가구원 수 규모(1980~2010) (단위: 천 가구, %)

구분	1980년	1985년	1990년	1995년	2000년	2005년	2010년
일반가구	7,969 (100.0)	9,571 (100.0)	11,355 (100.0)	12,958 (100.0)	14,312 (100.0)	15,897 (100.0)	17,339 (100.0)
1인	383 (4.8)	661 (6.9)	1,021 (9.0)	1,642 (12.7)	2,224 (15.5)	3,171 (20.0)	4,142 (23.9)
2인	840 (10.5)	1,176 (12.3)	1,566 (13.8)	2,185 (16.9)	2,731 (19.1)	3,521 (22.2)	4,205 (24.3)
3인	1,153 (14.5)	1,580 (16.5)	2,163 (19.1)	2,636 (20.3)	2,987 (20.9)	3,325 (20.9)	3,696 (21.3)
4인	1,620 (20.3)	2,422 (25.3)	3,351 (29.5)	4,110 (31.7)	4,447 (31.1)	4,289 (27.0)	3,898 (22.5)
5인 이상	3,974 (49.9)	3,734 (39.0)	3,253 (28.7)	2,385 (18.4)	1,922 (13.4)	1,582 (10.0)	1,398 (8.1)

(자료: 통계청, 2010년 센서스 보도자료)

[표 6-5] 가구원 수 규모(1980~2010)

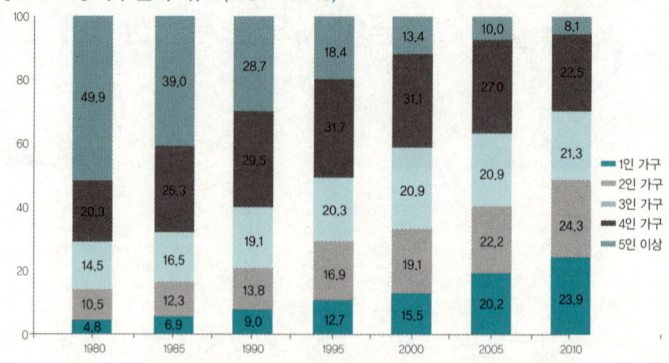

(자료: 통계청, 2010년 센서스 보도자료)

1980년대에는 5인 이상 가구가, 1990년대와 2000년대에는 4인 가구가 대세였다. 하지만 2010년 대세는 1~2인가구이다. 표 6-5를 보면 알겠지만 1인 가구, 2인 가구만 합쳐도 전체 가구 수의 절반에 육박한다. 향후 이러한 흐름은 가속화될 것이다.

그럼 이 흐름이 주택 시장에는 어떤 영향을 미칠 것인가? 일단 소형 평수 주택, 도시형 생활주택, 오피스텔 위주로 주택 시장은 재편될 것이다. 최근 웰빙 바람으로 4인 가족 이상은 단독주택을 찾는 신규 수요층까지 생기다 보니 중대형 아파트, 중대형 주상복합은 자칫 애물단지로 전락할 확률이 높다.

우리나라는 전 세계에서 유일하게 전세 제도를 가지고 있는데, 이 또한 눈에 띄게 줄어들고 있다. 물론 전세 제도가 없어질 것인가에 대한 논란은 시기상조지만, 우리나라 다주택자들의 상당수가 은퇴를 했거나 은퇴를 앞두고 있는 사람들이고, 향후 줄어드는 소득을 대체하고 오르지 않는 아파트 가격을 보상할 수 있는 수단은 월세가 가장 손 쉬운 방법이기 때문에 주택시장은 결국 임대 시장으로 편입될 가능성이 높다.

1~2인 가구에 임대 시장 위주로 부동산 시장이 재편된다면, 결국 중소형 면적을 가진 오피스텔이나 도시형 생활주택이 아파트를 대신하며 선호도가 증가할 것으로 보이며, 실제 건설회사들도 아파트보다는 임대 시장으로 많이 변화하고 있는 상황이다.

하지만 주택 수요든, 임대 수요든 2020년이 지나면 그 무엇도 쉽지 않을 수 있다. 따라서 수익형 부동산을 구입한다면 현재뿐만이 아니라 미래에도 경쟁력 있는 물건을 골라야 한다. 최근 서울 시내 임대 수익률이 높고 잘나가는 오피스텔의 공통점을 보면 다음과 같다.

1. 역세권이거나 한강조망권이다.
2. 중소형 평수가 대세다.
3. 입주 후 오랜 시간이 지났다.

[표 6-6] 서울시내 임대수익률 '톱10' 오피스텔 현황   (단위 : 만 원, %)

지역	오피스텔명	총가구수	입주일	면적(m²)	매매가	보증금	월세	임대수익률
서초구 서초동	석탑	110	1996. 9	73.5	1억 3,000	2,000	130	14.18
광진구 광장동	현대골든텔3	112	1991. 2	86.2	8,000	1,000	62.5	10.71
영등포구 문래동5가	대륭오피스텔	144	1992. 1	74.9	7,000	500	57.5	10.62
영등포구 양평동2가	코업레지던스	739	2004. 3	41.5	1억 250	1,000	75	9.73
영등포구 여의도동	맨하탄21	189	2001. 1	66.9	1억 2,000	1,000	87.5	9.55
구로구 구로동	현대파크빌	202	1999. 12	113.2	9,000	1,000	62.5	9.38
동대문구 휘경동	유니스텔	156	1999. 3	47.7	7,500	2,000	42.5	9.27
강서구 화곡동	VIP오피스텔	108	1991. 12	94.1	8,500	1,000	57.5	9.20
동대문구 용두동	두산베어스타워	101	1998. 10	69.0	8,500	1,000	57.5	9.20
강남구 역삼동	현대역삼벤처텔	282	2001. 6	124.6	2억 5,000	2,000	175	9.13

※ 매매·보증·월세는 4월 말 평균 기준   자료 : 부동산114

〈파이낸셜뉴스 2011년 5월 7일〉

물론 그렇다고 해서 오래된 오피스텔을 구입하라는 얘기는 아니다. 어차피 사놓고 시간이 지나면 저절로 오래된 오피스텔이 되기 때문이다. 오래된 오피스텔의 임대수익률이 높은 이유는, 오피스텔은 대지 지분이 매우 적기 때문에 지가 상승의 경제효과를 덜 받는 대신 반대로 감가상각으로 인한 가치하락 부분도 있기 때문이다.

임대 소득 위주로 노후를 준비하는 것은 다소 위험한 일이다. 하지만 기본 생활비 이상이 갖춰진 경우라면 분산 투자, 수입원을 다양화하는 포트폴리오 차원에서는 충분히 고려해볼 만한 대상이다.

075 소득을 늘리는 것이 가장 확실한 재테크다

제1장에서 원금의 크기가 미래를 결정한다는 얘기를 했다. 다시 한 번 강조하지만 수익률이 아무리 날고 뛰어봤자 저축을 많이 하는 사람을 못 따라간다. 하지만 한 달에 10만 원 저축해서는 100퍼센트 수익이 나도 20만 원이지만, 한 달에 100만 원 저축하는 사람은 10퍼센트의 손실을 봐도 90만 원이 남기 때문에 저축원금 자체가 큰 사람이 그렇지 않은 사람보다 넉넉한 인생을 살 확률이 높다.

소득 − 세금 − 대출이자 − 보험료 − 생활비(교육비 포함) = ?

본인 소득에 비추어 위 계산을 한 번 해보자. 얼마가 남는가? 그 남는 돈이 바로 당신의 저축원금이다. 그럼 위 공식에서 저축원금을 늘리는 가장 확실한 방법은 무엇일까?

소득을 늘리고, 세금을 줄이고, 대출이자 줄이고, 보험료 줄이고, 생활비도 줄이고……. 이 중 뭐니 뭐니 해도 소득을 늘리는 것이 가장 확실한 방법이다. 소득은 본인 노력에 따라 무한으로 늘릴 수 있지만, 나머지는 줄이는 데 한계가 많기 때문이다.

물론 안다. 월급쟁이가 소득 늘리는 것은 쉬운 일이 아니란 것을. 그러나 여건이 된다면 내가 잘하고, 좋아하고, 또 남에게도 이득이 되는 일에 과감하게 도전해볼 필요도 있다.

실제 2011년 4월 한 취업포털 사이트가 직장인을 대상으로 부업 현황에 대해 조사한 결과 13.2퍼센트가 현 직업 이외에 부업을 갖고 있다고 답했다.

1. 현재 부업 개수는?
   - 82.1퍼센트 : 1개
   - 17.9퍼센트 : 2개

2. 투잡을 하는 이유는?
   - 44.6퍼센트 : 퇴직 후 대비를 위해서
   - 33.9퍼센트 : 수입이 줄어 부족분을 보충하기 위해서
   - 10.7퍼센트 : 물가가 올라 생활비가 부족해서
   - 8.9퍼센트 : 자기계발을 위해서
   - 1.8퍼센트 : 기타

3. 투잡을 고르는 기준은?
   - 37.5퍼센트 : 시간대가 알맞은가?
   - 28.6퍼센트 : 내가 할 수 있는 분야의 일인가?
   - 17.9퍼센트 : 내가 예전부터 하고 싶었던 일인가?
   - 8.9퍼센트 : 돈은 많이 벌 수 있는가?
   - 5.4퍼센트 : 부업할 수 있는 여건만 되면 다른 조건과 기준은 안 따진다.
   - 1.8퍼센트 : 얼마나 힘든 일인가?

4. 투잡으로 얻는 수입은?

- 현 수입의 1~10퍼센트 : 25.0퍼센트
- 현 수입의 11~20퍼센트 : 48.2퍼센트
- 현 수입의 21~30퍼센트 : 17.9퍼센트
- 현 수입의 31~40퍼센트 : 1.8퍼센트
- 현 수입의 41~50퍼센트 : 7.1퍼센트

투잡이 대단한 것이 아니다. 용돈벌이 수준이라도 무언가 시간을 내어 하고 있다는 것이 중요하다.

흔히 부업, 투잡 등을 이야기하면 거창하게 생각하기 쉬운데, 창업과 부업은 완전 별개의 것이다. 창업은 생계가 걸린 만큼 목숨 걸고 매진해야 하지만, 부업은 본업에 지장을 주면 안 되기 때문에 본인이 할 수 있는 시간에, 할 수 있는 일을 찾아서 하면 된다. 예를 들어 결혼식 하객으로 아르바이트를 하는 것도 훌륭한 부업이 될 수 있다. 물론 결혼식 하객 아르바이트는 문턱이 낮아 경쟁률이 높으니 본인 전문 분야일수록 좋을 것이다.

076 다양한 부업의 종류

 부업이든 창업이든 본인이 모르는 것을 시작하면 99퍼센트는 망한다. 따라서 소득을 늘리고 싶으면 본인의 장점부터 다시 생각해볼 필요가 있다. 특정 외국어를 잘 하는 사람은 이를 십분 살리는 것이 좋다. 악기를 잘 다루는 사람이면 악기 과외를 하면 된다. 굳이 남에게 아쉬운 소리 해가며 스트레스 받는 부업을 할 필요는 없다는 얘기다. 이러한 부업을 재능 부업이라고 한다.

 재능 부업의 가장 큰 장점은 초기 투자비용이 없다는 것이다. 본인의 특기로 승부를 거는 것이기 때문에 비교적 시간의 자유로움도 함께 누릴 수 있다. 외국어 번역, 악기 교습, 홈페이지 제작, 자료 제작, 이벤트 진행 등이 여기에 속한다.

 평소 창업의 꿈이 있는 사람에게는 창업형 부업도 좋

다. 물론 부업 중 리스크가 가장 높은 편이긴 하다. 초기 투자비용이 크기 때문이다. 창업형 부업은 두 가지로 나뉘는데, 본인이 직접 운영하는 CEO형 창업과 지분 투자만 하고 수익만 받는 대주주형 창업이 그것이다.

직장인 입장에서는 형제 자매 등의 가족과 함께 초기 자본을 투자하되, 경영은 본인이 아닌 형제 자매에게 맡기는 대주주형 창업이 좋다. 대주주형 창업에서 가장 큰 리스크는 동업자와의 신뢰 부분인데, 선후배, 친구 사이더라도 창업 후 운영방식, 이익과 손실 배분 문제가 불거지면 사이가 틀어지는 경우가 많기 때문이다. 물론 가족이라도 이러한 갈등이 없는 것은 아니지만 혈맹(?) 관계이기 때문에 사업 리스크는 상대적으로 작다고 하겠다.

본인의 시간과 능력이 되면 CEO형 창업도 나쁘지 않다. 특히 외식업의 경우 본사의 시스템(물류, POS, 인력 공급, 슈퍼바이저 등)이 잘 갖춰져 있는 곳이라면 퇴근 이후 2시간 남짓의 시간 투여로도 운영이 가능하다. 중요한 것은 현실적인 정보를 잘 취득하고, 무리하지 않는 선에서 자금을 투자하는 것이 관건이다. 만약 가맹 본점의 지원 등이 약하다면 과거 운영 경험이 있는 전문 경영인을 두어 모든 권한과 운영을 맡기는 것이 좋다. 이때 월급제보다는 전체 수익의 몇 퍼센트를 가져가는 식으로, 서로 파트너 관계로 운영할 수도 있다. 파트너 개념인 만큼 상호간의 신뢰가 중요하며, 서로 합의하에 CCTV 등을 설치하는 것도 의외의 긴장감을 올릴 수 있어 도움이 되기도 한다. 창업형 부업의 경우 직장과 집 사이의 동선도 매우 중요하다. 매장이 회사나 집과 가까우면 관리에 더 힘을 쏟을 수 있기 때문이다.

창업 중에도 초기 투입 비용이 낮고 혼자서도 운영이 가능한 테마형 창업도 고려해볼 만하다. 외식업, 카페 등은 초기 투자 비용이 많이 들고, 아무래도 점포와 직원이 있기 때문에 이에 대한 관리만 하더라도 많은 에너지가 소모되기 때문이다. 배달음식점을 모집하여 광고책자에 수록해 후불제로 광고비를 받는 배달음식통합콜센터, 자판기, 향기 관리업, 임대형 등이 여기에 속하는데, 이러한 직종 역시 수익보다는 본인에게 맞는지부터 꼼꼼히 따져보고 다가가는 게 좋다.

단순한 부업 차원에서 하는 노동형 부업도 있다. 주부를 위한 부업이 주를 이루는데, 귀차니즘에 빠진 도시인들을 위한 심부름 알바, 바쁜 부모를 대신해 자녀를 챙겨주는 시터 알바(예를 들어 자녀 생일 챙겨주기, 과제를 위해 함께 공연장 가주기 등) 그리고 수작업 알바(십자수, 종이학, 각종 포장 등) 등이 있다.

마지막으로 지식형 부업도 있다. 최근 네티즌의 힘이 점점 막강해지면서 생긴 인터넷 홍보 알바(각종 사이트, 게시판, 블로그, 카페, 지식in 등에 해당 제품에 대한 품평이나 간접 홍보 등으로 독자들의 시선 및 소비 유도), 광고 회사나 리서치 회사의 패널 및 모니터 요원이 되어 테스트 및 좌담회 등에 참가하는 패널형 알바, 주말에 주요 자격증 시험 등의 시험 감독으로 나서는 시험 감독 알바, 웹사이트나 커뮤니티 관리하는 시삽 알바, 주민신고제를 적극 이용하여 쓰레기 불법 투기, 유사휘발유 판매, 선거법 위반, 불법학원 적발 등 파파라치 알바 등이 여기에 속한다.

꼭! 필요한 경제상식

- 부업업체 이용 시 주의사항
  - 부업 내용, 조건, 해지 및 환불 조건 등을 서면으로 확인하고, 계약서는 꼭 받아두며, 구두상의 약속 등은 계약서 특약란에 기재하여 확인하도록 한다.
  - 소프트웨어나 소모품인 경우에는 반품이 어려우므로 샘플을 먼저 요구하는 것이 좋다.
  - 060으로 시작되는 전화 통화 유도 시 다른 곳을 알아보는 것이 좋다. (정보이용료 부과 등)

077 자기계발도 부업이다

본인에게 딱 맞는 부업을 찾는 것은 쉬운 일이 아니다. 게다가 부업은 기본적인 멀티태스킹 능력을 전제로 하기 때문에 부업 자체가 본인 체질에 맞지 않거나 건강 문제 등도 걸림돌이 될 수 있다. 이러한 경우에는 자기계발에 더욱 매진하여 몸값을 높이는 것도 좋은 방법이다. 가장 일반적인 예가 외국어 능력 배양이다. 특히 기술직의 경우 외국어 능력이 겸비되면 확실한 경쟁력을 확보할 수 있다.

영어가 기본 업무에 포함되어 있는 직업이라면 영어 이외의 제2외국어 능력을 키우는 것도 도움이 된다. 대기업일수록 현지 전문가를 요하는데, 이때 파견되어 업무 경험을 쌓아놓으면 본인만의 경쟁력을 확보할 수 있기 때문이다.

또한 시간과 재력이 허락한다면 혹은 회사의 지원을 받아서라도 학사는 석사, 석사는 박사학위에 도전하는 것이 좋다. 실무진일 때는 별 차이를 두지 않을 수도 있지만 이직 시에는 분명 가산점으로 작용하며, 업무 성격에 따라 특정 학위를 요구하는 경우(특히 박사학위의 경우)도 있으므로 남보다 좋은 조건에서 근무할 수 있는 확률은 그만큼 높아지는 것이다. 그리고 업계에 따라 전문가로 인정받을 수 있는 자격증이 존재한다면 반드시 도전하자.

가시적인 능력도 중요하지만 평소 본인이 성과에 비해 낮은 평가를 받고 있는 부분도 꼼꼼히 관리할 필요가 있다. 이는 연봉 협상 시 중요한 영향을 줄 수 있다. 현 직장에서는 인정받지 못하더라도 향후 언젠가 있을 이직에 대비하여 자신의 경력 및 성과를 관리해야 한다.

현재의 직업을 통해 계속 커리어를 쌓아 나갈 계획이라면 회사 내에서(가능하다면 업계 전체에까지) 본인의 평판을 우호적으로 만들려는 노력도 함께 기울일 필요가 있다. 업무 능력이 탁월한 사람일수록 조직 내 융화와는 거리가 있는 경우가 많은데, 대리나 과장급의 실무진에서는 상관없을지 모르나 차장, 부장 이상의 관리자급에게 요구하는 능력은 개인 스킬보다는 조직 활성화 부분이기 때문이다.

당신이 사장이 되기 전까지는 결국 누군가에 의해 '쓰임'을 받아야 한다. 어떻게 하면 사장들의 눈에 당신이 군계일학(群鷄一鶴)처럼 보이게 할 것인가?

당신도 상속세를 낼 수 있다 078

상속세, 과거에는 부자들이나 내는 세금이었지만 최근에는 상속세를 내는 사람들이 많아지고 있다. 그럼 자산이 얼마나 있어야 상속세 대상이 될까?

1. 배우자가 있는 경우 10억 원 이상
2. 배우자가 없는 경우 5억 원 이상

그런데 실제 상속 재산을 평가할 때는 우리가 알고 있는 것과는 조금 다르게 나온다. 토지는 공시지가, 주택은 기준시가, 금융자산은 20퍼센트 공제 등을 적용하므로 실제는 위 금액보다 더 많은 자산을 보유하고 있을 때 상속세 대상이 된다(실제 현장에서는 따로 감정 평가를 하지 않기 때문에 위와 같이 과세하는 경우가 대부분이다).

중요한 것은 지금 시점의 자산이 아니라 당사자가 사망할 당시의 자산 규모로 평가하는 것이기 때문에 인플레이션, 금리 등을 고려하면 향후 상속세 대상이 되는 사람들의 수는 점점 늘어날 것으로 보인다.

"나중에는 물가상승 때문에 세금 구간도 올라가지 않을까요?"

일리 있는 말이다. 표 6-7을 보면 지금까지 상속세 세율 변화 추이를 알 수 있다. 최고세율 적용 한계 추이만 따로 떼어놓고 보면 다음과 같다.

[표 6-7] 상속세 세율 변화 추이

'89.1.1 ~ '90.12.31		'91.1.1 ~ '93.12.31		'94.1.1 ~ '95.12.31	
[8단계, 5%~55%]		[5단계, 10%~55%]		[금융실명제 실시에 따른 세율 완화]	
•3백만 원 이하	5%	•2천만 원 이하	10%	•5천만 원 이하	10%
•1천만 원 이하	10%	•2억 원 이하	20%	•2억 5천만 원 이하	20%
•3천만 원 이하	15%	•5억 원 이하	30%	•5억 5천만 원 이하	30%
•6천만 원 이하	20%	•10억 원 이하	40%	•10억 원 이하	40%
•1억 원 이하	25%	•10억 원 초과	55%	•10억 원 초과	50%
•3억 원 이하	35%				
•5억 원 이하	45%				
•5억 원 초과	55%				
'96.1.1 ~ '96.12.31		'97.1.1 ~ '99.12.31		2000.1.1 이후	
[5단계에서 4단계로 단순화]		[최고세율 인상]		[최고세율 인상, 최고세율 적용 구간 하향조정]	
•5천만 원 이하	10%	•1억 원 이하	10%	•1억 원 이하	10%
•2억 5천만 원 이하	20%	•5억 원 이하	20%	•5억 원 이하	20%
•5억 5천만 원 이하	30%	•10억 원 이하	30%	•10억 원 이하	30%
•5억 5천만 원 초과	40%	•50억 원 이하	40%	•30억 원 이하	40%
		•50억 원 초과	45%	•30억 원 초과	50%

이처럼 들쭉날쭉 일관성이 없다 보니 미래의 세율과 구간이 어떻게 바뀌어 나갈지 예측하기 어렵다. 다만 지금을 기준으로 미래를 준비할 뿐이다.

월등하게 자산이 많은 상황이 아니라면 굳이 30대부터 상속 준비를 할 필요는 없다. 상속세 준비를 해야 할지, 말지는 보통 40대 후반 정도에서 판가름이 난다.

단, 누구나 상속세 납부 대상이 될 수 있다는 점을 명심하고, 혹 본인이 그 대상이 될 가능성이 높아 보인다면 미리미리 사전 증여를 하고 동시에 상속세 재원을 따로 마련해야 할 것이다.

'허 대리

- 노후대비는 철저히!

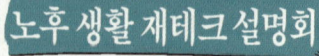

CHAPTER 7

경제상식

상위 1퍼센트만이 아는 경제 정보:

세상을 움직이는 경제학 이야기

079 물가가 오르는 진정한 이유

경제상식

어느 땐들 경제가 어렵지 않았던 적이 있었으랴. 하지만 지나고 보니 우리는 2000년대 초에서 2008년 금융 위기 전까지가 경기 호황기였음을 알았다. 기업 이익 상승과 금융의 발달로 전 세계 유동성이 아주 좋았고, 중국이 워낙 싸게 물건을 공급해주어 물가는 매우 안정적인 시기였다. 하지만 금융 위기 이후 지금까지 물가는 이전과는 다른 패턴으로 움직이고 있다. 먼저 소비자 가격을 분석해보자.

소비자 가격(물가)은 원료(원자재) 값에 가공비(인건비, 설비비, 임대료, 전기·연료 등), 관리 및 판매비(급여·상여, 세금, 광고·선전, 영업 및 판촉, 연구개발 등), 기업 이윤, 간접세(부가가치세, 개별소비세, 교통세, 주세, 관세 등)가 포함된 것이다.

물가가 상승했다는 얘기는 이 5가지 중 몇 가지가 올랐다는 얘기다. 그럼 이 중에서 무엇이 많이 올라서 우리를 괴롭히는 것일까?

　가장 큰 이유는 원료, 원자재 가격 상승이다. 그럼 원자재 가격은 왜 올랐을까?

[표 7-1] 원자재별 가격 상승 그래프

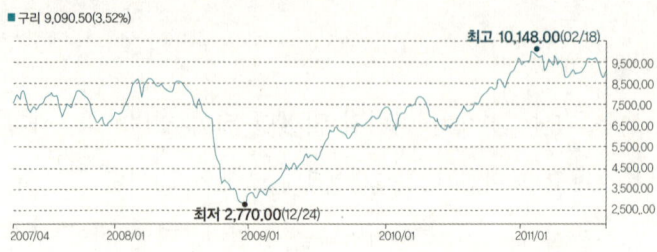

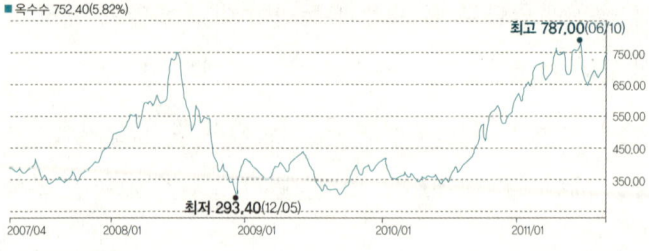

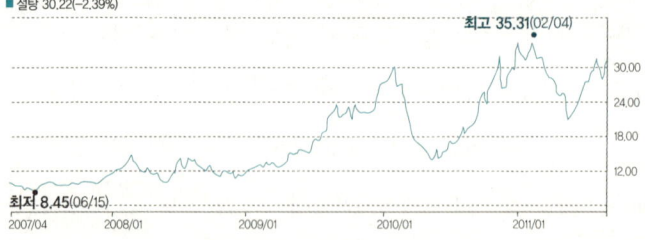

　그 이유는 간단하다. 미국은 2008년 금융 위기 때 사실상 금융 시스템이 붕괴되면서 그 공백을 메우기 위해 엄청난 양의 달러를 찍어냈다.

　여기서 상식적으로 생각해보자. 연필 한 자루에 1달러라고 하자. 연필보다 달러가 많아지면 연필 가격은 오른다. 반대로 달러보다 연필이 많아지면 연필 가격은 떨어진다(달러 가치가 오른다).

　달러가 순식간에 많이 풀렸다는 것은 달러가 흔해졌다는 뜻이고, 이것은 곧 달러가 아닌 것은 모두 오르는 것을 의미한다. 결국 물가가 오른 이유는 세계 공통화폐인 달러가 많아졌기 때문이다. 달러가 원자재 시장으로 적극

유입되다 보니, 많은 원자재 가격(특히 농산물)은 사상 최고치를 경신하게 된다.

금융 위기 이후 물가상승의 가장 큰 주범은 미국이 달러를 풀어냈기 때문이다. 하지만 물가상승에 오직 한 가지 이유만 있는 것은 아니다. 가공비인 중국의 인건비도 많이 올랐다. 실제 중국 근로자의 연평균 임금은 2000년 이후 매년 평균 10퍼센트 이상씩 상승하여 2009년에는 10년 만에 3배 이상 상승했다. 중국 진출 기업 중 일부는 중국의 저임금 매력은 사라졌다고 말하고 있을 정도다.

게다가 소비자 가격을 구성하는 5가지 요소 중 마지막 요인인 간접세도 많이 올랐다. 2007년에 비해 3년 만에 20퍼센트 이상 상승했다. 2008년 금융위기가 터지면서 정부는 국민들이 혜택을 바로 체감할 수 있도록 정부세원의 40퍼센트 가까이를 차지하고 있는 소득세와 법인세를 인하해주었지만, 이 부분을 충당하기 위해 올려도 조세저항이 적은 간접세의 비중을 늘린 것이다.

참고로 간접세에는 부가가치세, 개별소비세(사치품에 붙는 세금), 교통세(기름에 붙는 세금 등), 주세, 증권거래세, 인지세, 관세 등이 있는데, 이는 말 그대로 소득과 무관하게 모든 국민에게 공통으로 적용되는 세금이므로 간접세 비중이 높은 사회일수록 빈부의 양극화는 심해진다(이건희

회장이 담배를 사도 2,500원, 월급 88만 원 받는 아르바이트생이 담배를 사도 2,500원이기 때문이다).

정리하면 최근 물가가 많이 오르는 이유는 일단 달러가 급증하여 돈의 가치가 떨어지고, 급증한 달러가 원자재, 농산물 시장에 유입되어 더더욱 물가상승을 부추기며, 여기에 중국의 인건비 상승, 정부의 간접세 상승이 겹치면서 진행되고 있는 시나리오라고 보면 된다.

향후 미국이 경기 침체를 이유로 계속 달러 공급을 늘린다면 이러한 분위기는 당분간 계속될 가능성이 높다.

물가와 금리, 환율의 관계는? 080

인플레이션 이야기가 나온 김에 금리와 환율에 대해서도 이야기해보자. 인플레이션의 원인과 더불어 금리와 환율을 이해한다면 세상을 움직이는 경제 원리가 피부에 와 닿을 것이다.

물가가 오르는 상황이 정부 입장에선 좋은 일일까? 절대 그렇지 않다. 국민들의 소득이 물가 이상 오르지 못하는 시간이 장기간 지속되면 민심이 악화되기 때문이다. 그럼 정부가 할 일은 단 하나, 물가상승을 막는 것이다. 이때 꺼내 들 수 있는 카드가 바로 금리와 환율이다.

일단 질문 하나. 물가상승을 억제하려면 금리를 올려야 할까, 내려야 할까? 정답은 금리를 올려야 한다. 앞에서도 잠시 언급했듯이 물가는 생필품과 화폐와의 비율이다. 연필보다 돈이 더 많아지면 연필 가격은 올라간다. 반대로 돈보다 연필이 더 많아지면(흔해지면) 연필 가격은 떨어진다. 물가가 급등한다는 얘기는 시중에 돈이 많이 풀려 있다는 의미이므로, 물가를 잡으려면 시중의 돈을 은행으로 다시 끌어들여야 한다. 금리를 올리면 시중의 자금이 은행으로 흡수된다.

금리가 오르면 예금 금리도 오르므로 사람들의 돈이 은행으로 몰린다. 금리가 오르면 대출 금리도 오르므로 기업, 개인 모두 대출을 덜 받거나 중도상환한다. 시중 자금이 은행으로 흡수되면 돈의 가치가 올라가 결국 물가는 안정되는 것이다.

그렇다면 물가를 잡고 싶을 때는 금리를 확 올려버리면 될까? 경제가 이렇게 단순하면 정말 좋겠다. 금리를 올리면 물가는 잡을 수 있지만 그에 못지않은 단점도 있다.

금리를 올리면 기업은 커진 이자 비용 때문에 투자 의욕이 저하된다. 그로 인한 실업률이 증가하고(기업 활동 위축으로 사람을 안 뽑는다), 사람들은 은행에 돈을 넣고 소비를 줄인다(기업은 이로 인해 이익이 감소한다). 최근 가계 부채 문제가 심각한 상황에서 대출금리 상승은 가정 경제에 치명타를 입히므로(이자 비용 증가로 인한 소비 감소 및 가계 부실 심화) 결국 정부 입장에서는 금리 인상 카드를 사용하는 것에 항상 신중할 수밖에 없다.

물가를 잡으려면 경기 침체와 가계 부실이 우려되고, 경기를 활성화시키고 가계 부실을 막으려면 물가를 잡을 수가 없는 딜레마에 빠지게 되는 것이다. 게다가 금융 위기 이후 더욱 거세진 외풍(미국의 통화량 조절 등)으로 물가 상승을 억제하는 데 금리 카드의 약발이 잘 먹히지 않는 경향이 있다.

그렇다면 환율 카드를 써보면 어떨까?

역시 먼저 질문 하나. 물가를 잡으려면 환율을 올려야 할까, 내려야 할까? 정답은 환율을 내려야 한다.

예를 들어보자. 수입 연필 한 자루가 1달러이다. 그런데 어제는 1달러당 환율이 2,000원이었다가 하루 만에 환율이 떨어져 1달러당 1,000원으로 바뀌었다. 어제까지 나는 2,000원을 주고 그 연필을 사야 했지만, 오늘은 같은 값으로 연필 2자루를 살 수 있다. 이렇게 환율이 떨어지면 국내 물가는 내려간다.

그럼 물가를 잡으려면 환율을 확 떨어뜨리면 되는 것 아닌가? 금리와 마찬가지로 환율도 떨어뜨리면 그에 못지않은 폐단이 생긴다. 당장 수출이 타격을 받는다. 환율이 떨어지면 수입 단가가 낮아져 국내 물가는 잡을 수 있지만, 반대로 수출 단가는 높아져 국산제품의 가격 경쟁력이 떨어진다(환율이 반으로 떨어지면 수출품의 가격은 2배로 상승한다). 게다가 우리나라 GDP(Gross Domestic Product, 국내총생산) 중 수출이 차지하는 비중이 43퍼센트에 해당하므로 수출에 타격을 입으면 우리나라 경제 전체에 악영향을 미칠 수 있기에 환율을 떨어뜨리는 데도 한계가 있다.

하지만 환율과 수출 간의 상관관계 또한 떨어지고 있다. 환율이 929.2원이던 2007년 무역흑자는 371억 달러, 환율이 1156.3원이던 2010년의 무역흑자는 419억 달러로 큰 차

꼭! 필요한 경제상식

본문에서는 물가-금리, 물가-환율에 대해서 이야기했는데, 추가로 금리-환율의 관계에 대해서도 이야기해보자.

금리가 오르면 우리나라 예금 금리도 오른다. 예를 들어 미국과 유럽의 예금 금리 1퍼센트인데 우리나라는 5퍼센트가 되었다면 외국인들이 우리나라 예금에 가입하려고 한다. 그런데 한국 예금은 원화로만 가입이 가능하다. 결국 외국인들이 원화를 사들이면서 원화 수요가 늘어난다. 그러면 원화 가치가 상승하면서 환율은 하락한다. 즉, 우리나라 금리가 오르면 환율은 하락하는 경향이 있다.

반대로 금리가 하락하면 우리나라 예금 금리도 하락한다. 같은 예를 들어 미국과 유럽의 예금 금리 1퍼센트인데 우리나라도 1퍼센트가 되었다. 우리나라 예금은 더 이상 경제 효과가 없어진다. 그러면 외국인들은 예금을 인출해 자기 나라로 가져간다. 원화를 팔고 달러나 유로를 사들인다. 원화를 팔려는 세력이 강해지면 원화 가치가 하락한다. 그럼 환율은 상승한다. 즉, 우리나라 금리가 하락하면 환율은 상승하는 경향이 있다.

결국 금리는 돈의 가격이다. 금리가 높은 나라는 돈이 귀하다는 얘기고, 금리가 낮은 나라는 돈이 흔하다는 얘기다. 돈이 귀한 나라의 화폐가 돈이 흔한 나라의 화폐에 비해 가치가 올라가는 것이 당연하다(환율이 하락하는 것은 당연하다. 1달러 1,500원에서 1,000원으로).

이가 없다. 이는 국산 제품의 경쟁력이 높아져 가격 변수가 수출에 미치는 영향이 낮아진 것으로 보인다.

이처럼 물가-금리-환율은 서로 물고 물리는 관계에 있기 때문에, 최근 물가상승의 원인을 중심으로 금리와 환율을 이해하면 경제를 보는 눈의 훨씬 넓어질 것이다.

081 꼭 알아야 할 자본 시장의 버블

앞에서 물가·금리·환율에 대한 설명을 2011년 시점에 맞추어 가로로 잘라서 설명했다면, 이젠 시대를 아울러 세로로 잘라서 살펴보자.

먼저 1944년으로 가보자. 1944년 7월, 제2차 세계대전이 끝나갈 무렵 44개국 연합군 대표는 세계 무역의 원활한 성장을 위해 미국의 달러와 금을 중심으로 하는 고정환율제를 도입한다(금 1온스 = 35달러 고정). 하지만 이럴 경우 미국이 흑자면 전 세계는 통화 부족에 시달릴 수밖에 없어 미국은 항상 적자여야 했다. 또한 통화 발행을 위해 금을 매입해야 하니 스스로 부채를 안아야 하는 모순적인 구조를 안고 출발한 시스템이었다.

그러다 1970년대 초반 베트남 전쟁 비용이 겹치면서 미국은 더 이상 버티지 못하고 1971년 금태환을 정지했다.

즉, 이후 금이 없어도 달러를 발행할 수 있는 새로운 변동환율제를 채택하게 된 것이다. 이 당시 금값 추이를 보면 정말 살벌하게 상승했다. 1980년 금 1온스가 약 850달러까지 상승했는데, 현재 가치로 따져보면 약 2,300달러 수준이다.

이렇게 달러의 위치가 흔들리면서 아랍 산유국들이 본인들의 위력을 과시하고자 이스라엘을 지원하는 서방에 대한 석유 수출 금지 조치를 단행했다(1차 오일 쇼크). 유가 급등은 불 보듯 뻔한 일이었다. 지금이야 3차 산업이 발달해 유가가 급등에도 경제 타격은 적은 편이지만, 1970년대 세계 경제는 제조업인 2차 산업이 주종을 이루고 있었기 때문에 그 타격은 어마어마했다(전 세계 물가상승률 14.3퍼센트). 미국은 날로 높아지는 물가를 막기 위해 급격한 금리 인상을 단행한다(기준금리 13퍼센트까지 상승).

[표 7-2] 미국의 기준금리 상승 흐름

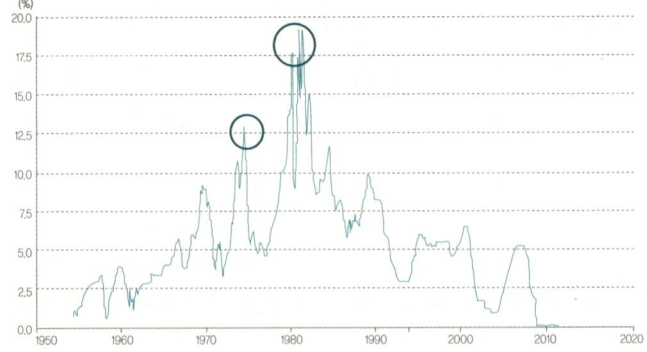

이후 안정화 국면으로 들어서는가 싶었지만, 1978년 말 이란 이슬람혁명을 도화선으로, 당시 선진국들의 원유 매점 등으로 위기감을 느끼고 있던 OPEC(석유수출국기구)은 다시 유가 폭등을 주도했다. 이로 인해 물가는 다시 요동을 치기 시작하고, 당시 미국 대통령이었던 로널드 레이건은 특단의 조치를 내린다. 기준금리를 무려 17퍼센트까지 올린 것이다.

　말이 17퍼센트지, 이렇게 되면 정말 튼실한 기업이 아니고서는 자금 조달에 문제가 생겨 경영이 위태로울 지경이었다. 미국은 이를 기점으로 제조업에서 금융업으로 경제 체질을 바꾸었고, 이 기회는 바로 일본이 잡는다. 이로 인해 일본은 엄청난 무역흑자를 누리게 되었다.

　일본의 지나친 독주가 이어지자 미국을 비롯한 유럽의 선진국들이 모여 대일 적자 해소를 위해 강제적으로 환율을 떨어뜨린다(1달러 약 250엔 → 1달러 120엔). 앞서도 언급했듯이 환율이 떨어지면 수출 상품의 가격은 2배가 되므로 일본은 수출에 엄청난 타격을 받고, 이를 타계하기 위해 일본은 금리를 5퍼센트에서 2.5퍼센트까지 떨어뜨렸다. 하지만 금리가 떨어지면 시중의 유동성이 늘어나므로 이때부터 일본의 부동산은 엄청난 폭등의 시기를 맞는다.

[표 7-3] 인구변동과 주택지가격 추이

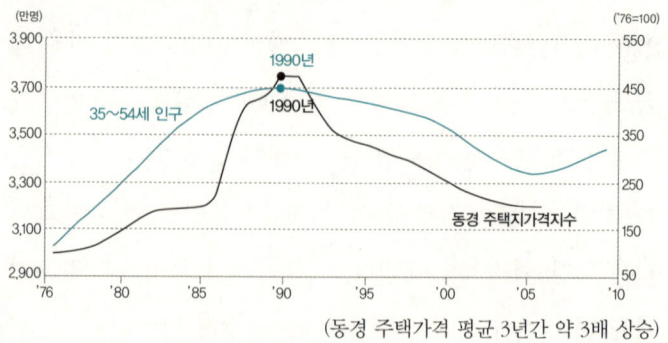

(동경 주택가격 평균 3년간 약 3배 상승)

집값이 너무 가파르게 오르다 보니, 일부 은행은 집값의 120퍼센트까지 담보를 잡아주는 초유의 사태가 발생하기도 했다(5억 원짜리 집에 6억 원을 대출해주는 꼴). 우리 상식으로는 절대 이해가 안 가지만, 그만큼 당시 일본이 부동산으로 인해 얼마나 흥분 상태였는지를 단적으로 보여주는 사례다. 하지만 버블은 오래가지 못했다. 1989년 6월 이후 약 1년 동안 일본은 기준금리를 2.5퍼센트에서 6퍼센트로 급격히 인상하며 대출 규제도 함께 실시했다. 결과는 참담했다. 약 4만까지 상승했던 일본 니케이지수는 6개월 만에 2만 5천 대로 추락(현재는 1만 미만), 도쿄 부동산 가격은 그후 15년 동안 약 87.2퍼센트만큼 하락했다. 금리의 힘은 이렇게 세다.

20세기 말 세상을 떠들썩하게 만들었던 IT 버블. 대기업 혹은 공기업에 멀쩡하게 잘 다니던 사람들이 너도나도 벤처회사를 하겠다고 뛰쳐나와 IT 관련 창업을 하고, 전 세계 주가는 사상 유래 없는 급등을 맞았다. 하지만 그 흥분은 오래 가지 않았다.

버블이 있는 곳에는 언제나 금리가 있다. 당시 경제 대통령이라 불리던 미국 연방준비제도 그린스펀 의장이 금리를 급격히 올리자 전 세계 주식시장은 급격히 무너져 내렸다. 창대하게만 보였던 새로운 밀레니엄의 시작은 아쉽게도 많은 사람들에게 상처를 안기고는 막을 내린다.

버블이 붕괴되면 중앙정부가 바로 착수하는 일이 있다. 금리를 급격히 내리는 것이다. 1990년대 일본도 그랬고,

[표 7-4] 미국 S&P/케이스-실러 주택가격지수 흐름

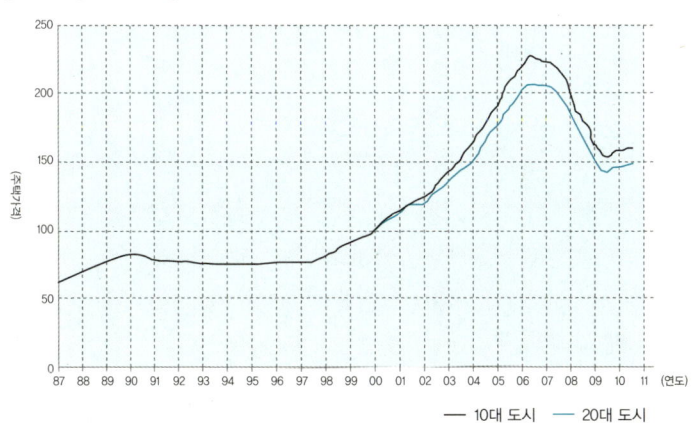

※ 2006~2007년 사이가 미국 부동산 최고 호황기였다는 것을 알 수 있다.

2000년대 미국도 그러했다. 6.5퍼센트까지 올렸던 기준 금리를 1년 동안 1퍼센트대까지 낮추자 너무 낮은 금리에 반한 나머지 이번엔 다른 곳에서 버블이 꿈틀대기 시작했다. 바로 미국 부동산 버블과 이와 파생된 금융상품 버블이 그것이다.

미국에서는 무차별적인 주택 분양과 대출, 그리고 이와 관련된 파생상품이 쏟아져 나왔다. 하지만 2006~2007년경부터 부동산 시장이 하락하자, 집값이 오르면 오르는 대로 추가로 대출을 받아서 펑펑 소비하던 미국 저신용자들이 하나 둘씩 집을 버리고 도망가기 시작했고, 이들이 이자를 부담해야 유지되던 원금 대비 30배에 육박하던 금융상품들은 하루아침에 휴지조각이 되고 말았다. 이것이 가장 최근에 있었던 미국 서브프라임 모기지에서 촉발된 금융 위기이다.

[표 7-5] 미국 서브프라임 모기지 연체율 현황(%)

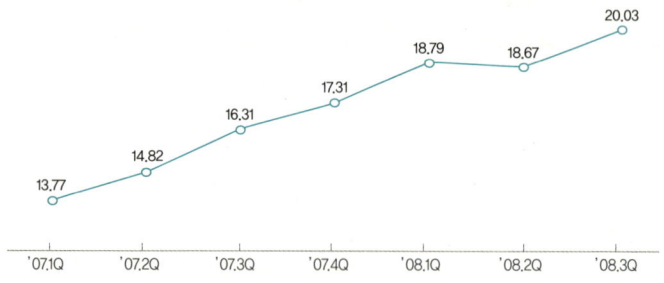

미국 역시 버블이 붕괴되자 또다시 금리 카드를 든다. 2007년 가을, 5.25퍼센트까지 상승했던 기준금리를 1년 하고도 몇 개월 만에 제로로 만들어버린 것이다.

이처럼 금리와 버블은 밀접한 관련이 있다. 금리가 떨어지면 시중의 유동성이 늘어나 어딘선가 버블이 나타나고, 버블이 심해지면 금리 규제가 들어와 돈을 회수해간다. 시기마다 그 테마는 달랐지만, 버블과 금리는 서로 뗄래야 뗄 수 없는 애증관계인 것이다.

경제상식

미국은 고용, 중국은 소비자물가 082

경제 뉴스를 보면 참 많은 경제지표들이 난무한다. 그도 그럴 것이 경제지표라는 것이 매주 혹은 매달 발표되다 보니 미국, 중국, 일본 등 주요 국가의 소식만 전해도 주요 경제지표는 쏟아져 내리기 일쑤다. 이 중 어떤 지표가 더 중요한지 알려주는 사람도 없고, 그냥 전문가들끼리 유식한 단어 놀음으로 일관하다가 끝나는 경우가 대부분이다. 비전문가 입장에서는 필자가 얘기하는 2가지 정도의 경제지표만 알아도 큰 도움이 될 것이다. 미국의 고용지표와 중국의 소비자 물가이다.

1. 미국 고용보고서(비농업부문 취업자 수와 실업률)

미국의 고용보고서는 매달 첫째 주 금요일에 발표한다. 말 그대로 농업 부문이 아닌 사업에 취업한 사람이 지난

달에 비해 얼마나 늘었는지, 그리고 실업률은 얼마인지를 알려주는 것이다. 그런데 이 지표가 왜 중요할까?

미국은 세계 최대의 소비시장이다. 미국은 전세계 GDP의 30퍼센트 가까이를 차지하고 있으며, 이 중 약 70퍼센트가 미국인들의 소비 지출이다. 즉, 전 세계 총생산의 약 20퍼센트(30퍼센트의 70퍼센트) 가까이를 미국 소비시장이 좌우하고 있기 때문에 이 지표는 매우 중요하다.

실업률과 소비시장은 무슨 상관관계가 있을까?

예를 들어 취업자 수가 10만 명이 늘었다고 해보자. 이 사람들이 첫 월급을 타면 차도 사고, 외식도 할 것이다. 즉, 취업자 수가 늘어나면 월급을 받는 사람이 늘고, 나라 전체의 소비 지출이 늘어나므로 기업의 이익 향상에 도움이 된다. 더 나아가 전 세계 경제에 기여를 하는 꼴이 된다. 미국 경제의 규모와 특성을 고려해볼 때, 고용 관련 지표는 무엇보다도 큰 중요성을 갖는다(실제 고용지표 발표 결과에 따라 미국 주식시장을 비롯한 전 세계 주식시장이 함께 출렁인다).

표 7-6은 1988년 이후 미국의 실업률과 기준금리의 관계를 나타내는 그래프다. 앞에서도 언급했지만 경기 과열 시 금리를 인상하고, 경기가 안 좋아지면 금리를 인하한다. 결국 실업률과 미국 기준금리 그래프는 서로 반대로

움직일 수밖에 없다(특히 맨 마지막 2008~2011년 주목 : 실업률 폭등, 기준금리 급락). 참고로 실업률이 10퍼센트를 넘은 때는 대공황 이후인 1930년대 초반, 2차 오일쇼크 이후인 1980년대 초반, 그리고 금융 위기 이후 이렇게 세 번이다.

[표 7-6] 미국의 실업률과 기준금리의 관계

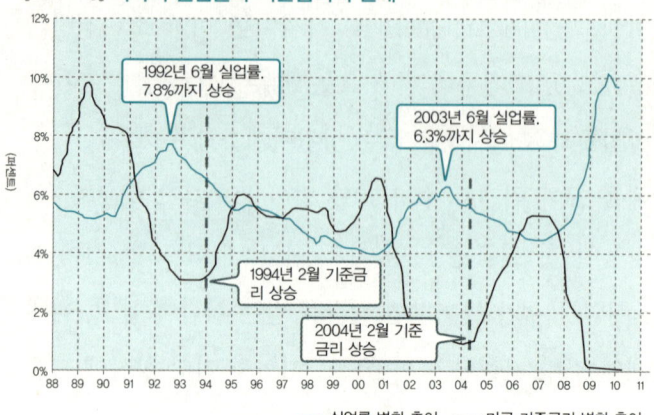

> **꼭! 필요한 경제상식**
>
> 미국의 고용보고서만큼 중요한 지수가 또 한 가지 있다. 바로 미국의 부동산 가격지수인 S&P/케이스—실러 지수이다. 이 지수는 칼 칩 케이스 교수와 로버트 실러 교수가 공동으로 만들었으며, 얼마 전 미국의 신용등급을 떨어뜨렸던 신용평가사 S&P가 매월 마지막 주 화요일에 두 달 전 수치를 발표한다. 이 지수는 미국 20개 대도시의 주택 가격을 지수화한 것으로 2000년 1월을 기준으로 한다(100). 이 지수가 중요한 이유는 부동산 가격이 하락하면 그만큼 소비 활동에 영향을 주기 때문에 개인 소비가 살아 나지 못하고, 신규주택 건설 지연, 주택 압류 누적 및 대량 매물 출회 등 전체 경기에 악영향을 미치기 때문이다. 따라서 이 지수가 살아나고 있는지, 아니면 하락하고 있는지에 관심을 가져볼 필요가 있다.

2. 중국 소비자물가지수(CPI)

중국의 소비자물가지수는 미국의 고용보고서 못지않게 중요한 주요 경제지표이다. 미국이 전 세계 소비시장이라면, 중국은 전 세계의 공장이다. 따라서 미국은 어떻게 하면 소비를 많이 하게 하는가가 중요하고, 중국은 어떻게 하면 공장을 모두 가동시키는가가 관건이다(단순하게 미국이 열심히 소비해주면 중국은 열심히 공장을 돌려 물건을 만들어내는 선순환 구조가 제일 좋다).

[표 7-7] 중국 소비자물가지수 증감률

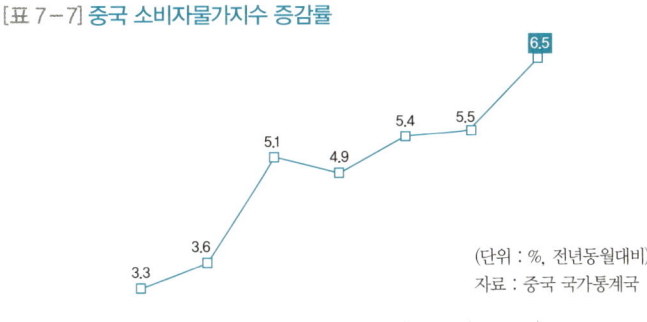

(단위 : %, 전년동월대비)
자료 : 중국 국가통계국

하지만 미국이 풀어놓은 달러로 인해 중국 물가가 계속 심상치 않다. 나라를 다스리는 데 가장 중요한 요소는 물가 안정과 고용 안정이다. 이 중 하나라도 틀어지면 민심이 흉흉해지고, 둘 다 틀어지면 폭동이 일어난다. 2011년 초 혁명으로 전 세계를 들썩였던 튀니지, 이집트, 리비아 모두 물가와 고용에서 실패했다는 점은 시사하는 바가 크다(두 자리 수 물가상승률, 두 자리 수 실업률).

다행히 중국은 경제성장률이 높아 고용면에서는 아직 큰 걱정할 것은 아니다. 문제는 물가이다. 중국은 13억 인구의 민심을 잡으려면 물가 안정은 필수인데, 이렇게 물가가 가파르게 오르면 어쩔 수 없이 금리 인상 등으로 긴축할 수밖에 없다. 하지만 중국은 이미 세계 2위의 강대국, 중국이 긴축을 한다는 얘기는 물가를 잡기 위해 중국 안에 있는 돈을 거두어들여 공장 가동을 잠시 중지시키겠다는 얘기인데, 이렇게 되면 중국 공장에 납품하던 원유, 원자재, 농산물 양이 갑자기 줄어들게 되고, 이는 전 세계 경기에 악재가 될 수밖에 없다.

금융 위기 때는 중국의 고용과 물가가 안정적이었기 때문에 중국이 구원투수 역할을 할 수 있었지만, 지금은 자기 살림 챙기기에도 바빠 물가가 잡힐 때까지는 중국에 대한 기대는 살짝 접어두는 것이 좋겠다. 반대로 얘기하면 중국의 소비자물가지수가 안정되는 날이 바로 세계 경기에 청신호가 켜지는 날이라고 해도 과언이 아니겠다.

중국의 소비자물가지수를 비롯한 주요 경제지표는 매월 9일에 발표한다.

 꼭! 필요한 경제상식

- BDI지수

세계 경제의 대표적인 선행지수이다. BDI가 살아나고 있으면 경기가 좋아지고 있다는 것을 의미하며, BDI지수가 하락하면 세계 경기가 안 좋아지고 있다는 것을 의미한다.

그럼 BDI지수는 무엇인가? BDI는 '발틱운임지수'라 하여 'Baltic Dry Index'의 약자이다. 여기서 'Dry'의 의미는 건화물, 즉 원유 같은 액체가 아닌 곡물, 시멘트, 원목, 석탄, 철광석 등과 같은 화물을 의미하며, 이를 컨테이너 등으로 포장하지 않고 운반하는 배를 벌크선이라고 한다. BDI지수는 벌크선의 대표항로를 정하여(26개) 각 항로의 운임과 용선료 등을 종합한 종합운임지수인 것이다(우리나라 개별 주식을 모두 합한 것이 종합주가지수이듯이, BDI도 세계 해운업계의 종합지수라고 보면 된다. 1985년 1월 4일을 기준으로 BDI지수는 1,000부터 시작).

그렇다면 BDI지수가 높아지면 왜 국제 경기가 살아나는 증거일까? BDI가 높아졌다는 얘기는 앞서 언급한 건화물(우리 생활의 대부분을 구성하는 주 원료)의 국가 간 이동이 많아졌다는 의미이며, 이는 그만큼 세계 경기가 좋아지고 있다는 것을 의미한다. 이 건화물(원자재)들은 향후 공장을 거쳐 일반 제품으로 변하여 전 세계로 다시 이동할 것이기 때문에, 결국 벌크선 운임 상승은 경기 회복 혹은 경기 상승으로 보면 된다.

세계 주가 역시 승승장구하던 2007년 5월 한때 BDI는 12,000 가까이 근접하는 기염을 토했으나, 약 1년 반 후 금융 위기가 터지자 20년 전 운임만도 못한 660선까지 하락하는 모습을 보이고는 2011년 11월 현재 약 2,000 전후에서 움직이고 있다

- 2012년 이후 중국의 모습은?

2012년 이후 중국의 모습은 이전과는 많이 달라질 전망이다. 앞서 중국은 세계의 공장이라는 표현을 썼으나, 앞으로는 세계 최대 공장에서 세계 최대 소비 국가로 바뀌어 나갈 전망이다. 2008년 미국발 금융 위기, 2011년 유럽발 금융 위기를 거치면서 세계 경제의 불확실성이 커지자 중국은 13억 인구를 이용한 내수 소비를 부양하여 높은 경제성장률을 계속 유지하는 방향으로 국가 정책 자체를 바꾸었기 때문이다.

향후 5년은 의식주는 물론 의료·교육·여행·문화오락 등을 필두로 한 중국의 강력한 소비력에 주목해볼 필요가 있다. 또한 미래 발전 가능성을 충분히 알면서도 미국과 유럽이 경제 위기 때문에 쉽게 투자하고 있지 못하는 차세대 성장산업(환경관련 사업 : 태양광 및 풍력, 전기자동차, 신소재)도 중국이 어떻게 치고 나가는지 함께 주목해보자.

30대 경제생활 완전정복

1판 1쇄 2012년 1월 20일
    8쇄 2012년 12월 20일

지 은 이 최성우

발 행 인 주정관
발 행 처 북스토리
주   소 경기도 부천시 원미구 상3동 529-2 한국만화영상진흥원 311호
대표전화 032-325-5281
팩시밀리 032-323-5283
출판등록 1999년 8월 18일 (제22-1610호)
이 메 일 bookstory@naver.com

ISBN 978-89-93480-74-0 13320

※잘못된 책은 바꾸어드립니다.

이 도서의 국립중앙도서관 출판시도서목록(CIP)은 e-CIP 홈페이지
(http://www.nl.go.kr/ecip)에서 이용하실 수 있습니다.
(CIP제어번호 : CIP2011005408)